Naumburg

Ausgemotzt

Dr. Carla Naumburg ist Autorin, Rednerin und klinische Sozialarbeiterin. Sie hat bereits drei erfolgreiche Elternratgeber geschrieben und verfasst Artikel unter anderem für die New York Times, die Washington Post, die Huffington Post, CNN und das Mindful Magazine. Carla lebt außerhalb von Boston zusammen mit ihrem Ehemann, ihren Töchtern und zwei völlig verrückten Katzen.

Für meine Töchter, ohne die ich nicht aus der Haut gefahren wäre.

Für meinen Mann, der so gut wie nie die Nerven verliert und mich immer noch liebt, ganz gleich, wie oft ich überkoche.

Dr. Carla Naumburg

Ausgemotzt

Wie Sie es schaffen, Ihr Kind ohne Schimpfen & Schreien zu erziehen

Aus dem amerikanischen Englisch
von Christoph Trunk

TRIAS

Höchste Zeit für mehr Gelassenheit

Hier kommt sie, die ungeschminkte Wahrheit über Eltern, die die Nerven verlieren. Die gute Nachricht: Sie können nichts dafür und Sie kriegen das hin.

Die Kinder bringen Sie also manchmal zur Weißglut, und Sie fahren sie an, Sie werden laut, Sie kriegen einen Schreianfall. Öfter, als Sie gerne zugeben möchten, reagieren Sie gereizt und entnervt. Sie haben ein klares Bild davon, wie Sie als Eltern sein möchten, nämlich gelassener und abgeklärter. Aber sosehr Sie sich auch anstrengen: Immer wieder rasten Sie aus.

Ich kenne ja weder Sie noch Ihre Familie und weiß auch nicht, wie das typischerweise aussieht, wenn Sie die Fassung verlieren. Trotzdem kann ich Ihnen sechs Tatsachen nennen, die Ihnen helfen werden, sich dafür nicht so zu schämen und mit Ihrem Groll und Ihren Aggressionen besser zurechtzukommen.

Sechs Fakten zum Thema Ausrasten

1 **Eltern zu sein ist eine schwere Aufgabe.** Das gilt für alle Eltern – und ich meine wirklich alle, also auch diese schrecklich perfekten Eltern mit ihrem fettarmen Soja Latte und ihrem picobello aufgeräumten Minivan. Dass es so schwer ist, hat viele Gründe. Manche haben mit uns selbst zu tun, manche mit unseren Kindern. Und auf manche haben wir anscheinend genauso wenig Einfluss wie auf die Ziehung der Lottozahlen.

2 **Wir rasten alle manchmal aus.** Manchen passiert es öfter als anderen, und manchmal werden sie dabei so laut, dass alle um sie herum es mitbekommen. Aber niemand von uns ist immun dagegen. Das heißt, Sie sind damit definitiv nicht allein – daran kann es nicht den geringsten Zweifel geben. Vor einigen Jahren hieß es in der *New York Times*: Schreien ist das neue Prügeln – wir sind die Generation, die rumschreit.

3 **Nein, Sie haben Ihrem Kind nicht sein Leben verpfuscht**, auch wenn es Ihnen gerade so vorkommt. Verstehen Sie mich nicht falsch – Ausraster tun niemandem gut, weder Ihrem Kind noch Ihnen selbst noch irgendjemand anderem. Aber das wissen Sie ja längst. Was Ihnen aber vielleicht noch nicht so klar ist: Wir Menschen können mehr verkraften, als wir uns selbst zutrauen. Viele von uns hatten Eltern, die ständig die Beherrschung verloren haben, und sind dennoch zu tüchtigen, produktiven Mitgliedern der Gesellschaft herangewachsen, auch wenn wir vielleicht mehr oder weniger versessen auf Süßes sind oder uns andere kleine Neurosen leisten. Die Scham, die Schuldgefühle und die Selbstzweifel, mit denen Sie sich herumplagen, können Sie sich also getrost sparen, und Sie müssen vermutlich auch kein Geld für die künftige psychotherapeutische Behandlung Ihrer Kinder zurücklegen.

4 **Ausrasten ist trotzdem ätzend.** Es kostet Kraft und ist schlimm für alle Beteiligten. Es setzt das Kind unter Stress, belastet Ihre Beziehung zu ihm und lässt Sie an sich selbst und Ihrer Eignung als Eltern zweifeln. Die Ausraster fressen wertvolle Zeit und Energie auf, ohne die Situation wirklich zu klären und ohne dafür zu sorgen, dass sie nicht erneut auftritt. Sie machen es uns schwerer, die Eltern zu sein, die wir eigentlich sein möchten. Vielleicht am ärgerlichsten ist dabei, dass wir den Kindern etwas vorführen, das wir ihnen eigentlich auf keinen Fall beibringen möchten.

5 **Mit Willenskraft kommen Sie nicht weiter.** Viele Eltern denken, sie müssten sich einfach fest vornehmen, an sich zu halten, die Zähne zusammenzubeißen und schwierige Situationen durchzustehen, ohne die Geduld zu verlieren. Manchen gelingt das auch eine Weile, aber leider ist Willensstärke nicht so berechenbar oder verlässlich, wie wir uns das wünschen würden. Wenn Sie sich also nicht stark genug fühlen, Gleichmut zu bewahren, dann sollten Sie sich vor Augen halten, dass es nicht um Willensstärke geht. Entscheidend ist, die Gründe für das Ausrasten zu erkennen und die richtigen Gegenstrategien zu entwickeln.

6 **Sie können lernen, seltener die Nerven zu verlieren** und sich schneller zu fangen, wenn es doch mal wieder passiert ist. Das werden Sie nicht im Handumdrehen schaffen, und Sie werden sich ziemlich anstrengen müssen. Doch leider gibt es die besten Dinge im Leben eben nicht umsonst und Ihre Kinder werden vermutlich Ihre Bemühungen erschweren. Es kann nicht darum gehen, einen Idealzustand zu erreichen, sondern nur darum, die Situation zum Positiven zu verändern.

Dies dürfte ein guter Zeitpunkt sein, Sie vorsorglich auf Folgendes hinzuweisen. Ich kann Ihnen keine hundertprozentige Geld-zurück-Garantie geben, dass Sie nie mehr ausrasten werden, nachdem Sie dieses Buch gelesen haben. Das ist leider nicht drin. Doch erfreulicherweise müssen Sie, ich und alle unvollkommenen Eltern, die wir unsere Kinder so zu erziehen versuchen, dass sie ein klein wenig besser geraten als wir selbst, nicht gleich zur Dalai-Mama oder zum Dalai-Papa werden, damit wir nicht ständig austicken und besonnener vorgehen. Denn jedes Mal, wenn Sie es schaffen, die Ruhe zu bewahren, gewinnen Sie damit einen Freiraum, in dem Sie überlegt vorgehen und die Elternrolle so ausfüllen können, wie Sie sich das wünschen und vorstellen.

Um das zu erreichen, müssen Sie zum Glück Ihr Leben nicht komplett auf den Kopf stellen, Sie müssen keine Supernanny engagieren, und Sie müssen auch keinen absurd teuren 27-Schritte-Elternkurs buchen, der Sie dann schon bei Schritt 3 vollkommen überfordert. Ich werde Ihnen in gut verständlicher Sprache erklären, was Sie tun müssen, um gelassener zu werden. Die Regeln und Strategien, die ich Ihnen in diesem Buch vorstellen werde, helfen Ihnen nicht nur, gegenüber den Kindern entspannter und geduldiger zu sein, sondern auch in Ihrem Leben insgesamt zu mehr Zufriedenheit, Produktivität und Gestaltungsfreiheit zu finden.

Vielleicht haben Sie schon Hinweise zur Wutkontrolle gelesen: wie Sie ruhig bleiben können, wenn Ihre Knöpfe gedrückt werden. Ich vermute mal, die Tipps haben nicht so richtig gewirkt – sonst würden Sie nicht gerade das hier lesen. Ich habe selbst die ganzen Zeitschriftenartikel und die Listen mit den »zehn besten Tipps« gelesen, und zwar keineswegs nur, weil ich für mein Buch recherchieren musste. Meine erste Suche nach hilfreichen Tipps startete ich vor einigen Jahren, als ich meine zwei Haustyranninnen vor der Zeichentrickserie *Der kleine Tiger Daniel* geparkt hatte. Dadurch gewann ich etwa zweiundzwanzig Minuten Zeit, um »Will mein Kind nicht mehr anschreien« zu googeln. Ich fand die Situation einigermaßen demütigend, denn immerhin bin ich in Klinischer Sozialarbeit promoviert. Wenn Sie also einfach nicht mehr weiterwissen, ist das ganz sicher kein Alleinstellungsmerkmal.

Warum Sie's bislang nicht hinkriegen

Aus meiner persönlichen und beruflichen Erfahrung weiß ich, dass es mehrere Gründe haben kann, wenn gängige Ratschläge den meisten Eltern nicht weiterhelfen.

- Viele Bücher zum Thema Erziehung sind zu dick, und den meisten Eltern fehlen Zeit, Energie und Lust, das alles zu lesen. Ich verspreche Ihnen, dass ich mich aufs Wesentliche beschränke.
- Erziehungsratgeber stellen oft unrealistisch hohe Erwartungen an Eltern und beschreiben Vorgehensweisen, die in der Theorie gut klingen, aber nicht für den Alltag taugen. Wenn solche Vorschläge für Sie dann nicht funktionieren, haben Sie das Gefühl, Sie hätten versagt, und geben auf. Ich bin eine berufstätige Mutter von zwei Töchtern, die beim Schreiben dieses Buches acht und zehn Jahre alt sind, und ich werde Ihnen hier keine Tipps auftischen, die in meiner eigenen Familie nicht umsetzbar waren. Das ist auch ein guter Moment, um Ihnen noch einmal zu versichern:

Um gute Eltern zu sein, müssen wir keine perfekten Eltern sein.

- Je mehr wir uns unter Perfektionsdruck setzen, desto größer ist die Gefahr, dass wir wieder ausrasten. Das ist zwar total ironisch, aber nicht auf die coole Hipster-Art.
- Übliche Ratschläge legen den Fokus meistens auf den Moment des Austickens und darauf, was Sie besser tun sollten, anstatt die Nerven zu verlieren. Ich nenne das die »Hätte,

hätte, Fahrradkette«-Tipps: Hinterher weiß ich dann natürlich, dass ich besser zehn Liegestütze oder vierzehn tiefe Atemzüge hätte machen sollen, anstatt loszuschreien, und wenn ich das hinbekommen hätte, dann hätte ich's auch getan. Ich werde Ihnen etwas anderes vorschlagen.

- Manche Ratschläge passen einfach nicht zu Ihnen und Ihrer Situation. Ein Beispiel: Ich habe mal gelesen, ich solle, anstatt meine Kinder anzubrüllen, in die Kloschüssel schreien. Bei der Mutter, die das schrieb, hat die Strategie wahrscheinlich funktioniert, aber zu der Zeit trug meine jüngere Tochter noch Windeln, und die ältere hatte beim Töpfchentraining gerade eine sehr schwierige Phase. Die Toilette war der allerletzte Ort, an dem ich noch mehr Zeit verbringen wollte als ohnehin schon. Ich werde also darauf achten, dass meine Empfehlungen sich in jeder Familie umsetzen und leicht an Ihren eigenen Stil und an Ihre Vorlieben anpassen lassen.
- Schließlich habe ich nur wenige Ratschläge dazu gefunden, was Eltern denn *nach* ihrem nächsten Ausraster tun sollten (er wird kommen). Nach einem Ausraster haben Sie Optionen, die eindeutig schlechter sind, und Optionen, die eindeutig besser sind. Die sinnvolleren Strategien sind diejenigen, die Ihnen helfen, sich rasch wieder zu fangen, und die dafür sorgen, dass Sie nicht so bald wieder an die Decke gehen. Darauf werde ich also den Schwerpunkt legen.

Wichtig ist: Wenn trotz aller guten Vorsätze wieder die Nerven mit Ihnen durchgehen, heißt das nicht, dass Sie unfähig sind oder mit Ihnen irgendetwas nicht stimmt. Das ist ein zentraler Punkt, und deshalb bekräftige ich ihn in Großbuchstaben: NEIN, SIE MACHEN IHRE SACHE ALS ELTERN NICHT SCHLECHT! Elternsein ist anstrengend, und Ausraster sind etwas zutiefst Menschliches. Es ist so, dass Sie bislang noch nicht die richtige Mischung aus geeigneten Ratschlägen und Unterstützung gefunden haben. Sie kriegen das hin, ich versprech's.

Warum es nichts bringt, sich für unfähige Eltern zu halten

Vielleicht denken Sie jetzt, dass es doch auch wirklich schlechte Eltern gibt – Eltern, die sich furchtbar aufführen, die ihre Kinder schlagen, ihnen immer wieder drohen, sie beschämen oder vernachlässigen. Vielleicht denken Sie sogar, dass Sie selbst zu dieser Gruppe gehören, und vielleicht haben Sie ja recht damit. Ich weigere mich dennoch, den Begriff »schlechte Eltern« zu verwenden. Er bringt uns einfach nicht weiter. Wenn Sie einmal ein solches Etikett verpasst bekommen haben, stecken Sie in der Sackgasse, ohne Aussicht auf irgendeine positive Veränderung. Anstatt Eltern »schlecht« zu nennen, reden wir besser von Eltern, die es wirklich schwer haben und denen es an Informationen, Ressourcen und Unterstützung fehlt. Wenn wir eine solche mitfühlende Perspektive einnehmen, können wir anfangen, uns Gedanken darüber zu machen, was die nächsten sinnvollen Schritte sind.

Schritt 1: Verstehen, wie es zu Ausrastern kommt

Zunächst müssen wir klären, was im Einzelnen passiert, wenn Sie ausrasten, und warum es immer wieder passiert. Die Kurzfassung ist: Sie rasten aus, weil Ihre Knöpfe gedrückt werden. Die Langversion dreht sich darum, warum es bei Ihnen so viele Knöpfe gibt, die sich drücken lassen, warum Sie in der Elternrolle so ungeheuer dünnhäutig sind und was eigentlich genau passiert, wenn Sie an die Decke gehen.

Um zu begreifen, was da vor sich geht, müssen wir uns etwas genauer anschauen, was in Ihrem Kopf und in Ihrem ganzen Körper abläuft. Sobald Sie durchschaut haben, auf welche Trigger Ihr Nervensystem anspringt, wird Ihnen auch klar, dass es dabei nicht um etwas wie moralisches Versagen Ihrerseits oder um eine persönliche Schwäche geht. Dahinter stehen vielmehr ganz normale angeborene Muster, die uns auf bestimmte Reize mit Kampfbereitschaft, Flucht, Erstarrung oder Austicken reagieren lassen, und zwar auch in Situationen, in denen uns solches Verhalten definitiv nicht weiterbringt. Wenn Sie aber nicht nur begreifen, was da geschieht, sondern auch, warum es geschieht, schämen Sie sich nicht mehr so dafür. Sie fühlen sich dann nicht mehr ausgeliefert und besser dafür gerüstet, die Möglichkeiten Ihres manchmal unberechenbaren Gehirns sinnvoll zu nutzen, anstatt jedes Mal überrumpelt zu werden, wenn es von einer Situation überfordert ist.

Schritt 2: Zu den eigenen Triggern stehen

Lassen Sie uns von den Knöpfen reden, die Ihr Kind bei Ihnen zu drücken weiß. Wir können uns das menschliche Nervensystem so vorstellen, dass es aus sensiblen Stellen besteht, die über unseren ganzen Körper verteilt sind. Sobald ein Trigger, also eine bestimmte Situation oder ein anderer auslösender Reiz, Ihr Nervensystem auf Hochtouren laufen lässt, werden diese Knöpfe empfindlicher, größer und auffälliger und sind für unsere Kinder leichter zu finden.

Und es kann nicht ausbleiben, dass sie diese Knöpfe dann auch drücken. Kinder sind durch Evolution und Gene und in ihren physiologischen, psychischen, interaktiven und emotionalen Mustern geradezu darauf programmiert, mit ihren kleinen, süßen Händchen auf unseren Knöpfen herumzupatschen, wenn sich die Chance dazu bietet. Manche Kinder drücken entschlossener und schneller darauf als andere, aber keines wird sich die Gelegenheit entgehen lassen. Das bedeutet nicht, dass unsere Kinder uns fertigmachen wollen. Es kommt einfach daher, dass es *unsere* Kinder sind.

Viele Elternratgeber legen den Schwerpunkt darauf, wie wir Kinder dazu bringen können, das Knöpfedrücken endlich sein zu lassen. Zwar gehört es zu unseren Aufgaben als Eltern, ihnen beizubringen, dass sie nicht gleich alles anfassen sollen, doch wenn es um unsere Ausraster geht, ist dieser »pädagogische« Ansatz nicht zu empfehlen. Denn wollen Sie Ihr seelisches Gleichgewicht wirklich von der Selbstbeherrschung eines Dreikäsehochs abhängig machen, der mit der Zunge den Geschmack von Tapeten testet oder beim Anblick einer Scheibe Toast vor Entzücken völlig außer sich gerät, weil ihm die eckige Form so gut gefällt? Wohl eher nicht.

Ich empfehle Ihnen ein anderes Vorgehen. Lernen Sie die Knöpfe kennen, die es bei Ihnen zu drücken gibt. Wir werden erkunden, welche Trigger bei Ihnen die Knöpfe sozusagen aufleuchten lassen, sodass sie für Ihr Kind noch einladender werden, und wie Sie diese Signalwirkung abdämpfen können. Zum Glück ist das alles nicht sonderlich kompliziert, und wenn Sie die Zusammenhänge verstehen, hilft Ihnen das nicht nur bei der Kindererziehung, sondern auch in anderen Lebensbereichen. Allerdings ist die praktische Anwendung oft auch anstrengend, vor allem wenn Sie in Ihrem Alltag viel um die Ohren haben und deshalb die meiste Zeit leicht zu triggern sind. Andererseits trifft es sich gut, dass Sie als Eltern ja schon jede Menge Erfahrung darin haben, mit schwierigen und anstrengenden Situationen klarzukommen.

Schritt 3: Zusammenhänge verstehen

Bei manchen Eltern kommt bereits vieles in Bewegung, wenn sie die Zusammenhänge zwischen ihren Triggern und ihren Ausrastern ein wenig besser verstehen. Sobald sie sehen können, wie bestimmte Situationen oder Erfahrungen ihr Nervensystem aufstacheln, lassen die Triggereffekte bereits merklich nach. Allerdings hilft diese Einsicht allein den meisten Eltern nicht weiter. Sie müssen auch lernen, wie genau sie ihre Knöpfe so klein und reaktionsträge wie möglich machen

Warum Kinder unsere Knöpfe drücken

Es gibt viele verschiedene Gründe dafür, dass Kinder ständig unsere Knöpfe drücken. Sie tun das zum Beispiel, um unsere Aufmerksamkeit auf sich zu ziehen oder um etwas von uns zu bekommen, was sie haben möchten. Sie können auch gar nicht anders, denn sie sind noch nicht reif genug, ihre Impulse zu kontrollieren. Manchmal machen sie auch einfach, was Kinder eben so machen, und das kann laut, lästig und nervenaufreibend sein. Außerdem gibt es Situationen, in denen ein Kind auf seine eigenen Trigger reagiert und deshalb auf Ihren Knöpfen herumpatscht, etwa wenn es müde, hungrig, durcheinander, aufgeregt oder ängstlich ist oder von anderen großen Gefühlen überrollt wird. Die beste Strategie in solchen Momenten ist, es dadurch zu unterstützen, dass Sie seine Aufmerksamkeit auf etwas anderes lenken, ihm etwas zu essen geben oder es trösten. Damit führen Sie ihm immer wieder vor, wie es auf sinnvolle Weise mit seinen Triggern umgehen kann. Ihre Aufgabe besteht nicht darin, das Kind dazu zu bringen, Sie in Ruhe zu lassen. Vielmehr geht es darum, es geduldig dabei anzuleiten, die eigenen Trigger wahrzunehmen und geschickt darauf zu reagieren (also genau das zu tun, was ich in diesem Buch Ihnen nahebringen möchte). Außerdem sollten Sie daran arbeiten, dass Ihre Knöpfe nicht mehr ganz so reaktionsfreudig sind.

können. Wir können das Selbstfürsorge nennen. Weil manche Eltern allergisch auf dieses Wort reagieren, werde ich es möglichst vermeiden und lieber von Dingen sprechen, um die Sie nicht herumkommen, wenn Sie nicht immer wieder ausrasten wollen. Zum Glück sind diese Schritte nicht allzu kompliziert, und Sie müssen es auch nicht die ganze Zeit perfekt hinbekommen. Sie trainieren nicht für einen Marathon. Wir arbeiten hier lediglich darauf hin, dass bei Ihnen keine Schnappatmung einsetzt, wenn die kleine Prinzessin wieder einmal, zwanzig Minuten nachdem sie bei Tisch »keinen Hunger« hatte, um etwas zu essen bettelt.

Schritt 4: Cool bleiben

Sobald Sie besser mit Ihren Triggern klarkommen und es schaffen, die Empfindlichkeit Ihrer Knöpfe herunterzuregeln, steigen die Chancen, dass die Kinder Sie nicht mehr so leicht aus dem Gleichgewicht bringen.

Aber – es gibt immer ein Aber – da sind immer noch Knöpfe, auf die Kinder drücken können. Ich weiß das, Sie wissen es, und vor allem wissen das die Kinder. Mit unseren Knöpfen kennen sie sich sogar noch besser aus als mit der Bedienung eines Touchscreens. Und sobald sie einmal die Lust verlieren, auf einem Bildschirm herumzutippen, werden sie umso eifriger nach Knöpfen Ausschau halten, die sie bei uns Erwachsenen ausprobieren können. Wir haben dann zwei Optionen: Entweder wir rasten aus oder wir machen etwas ganz anderes.

> — Wenn Sie niemals mitbekommen, dass Sie kurz vorm Explodieren sind, haben Sie auch keine Chance, einen Schritt zurückzutreten und sich abzuregen. —

Ich vermute, Sie würden gern wissen, was sich hinter Option zwei verbirgt – denn sonst würden Sie wohl nicht dieses Buch lesen. Das Geheimnis der Gelassenheit ist eine gute Selbstbeobachtung: Sie *nehmen bewusst wahr*, dass Sie gleich in die Luft gehen werden, und geben sich selbst die Chance, sich zu beruhigen. Sich selbst bewusst wahrzunehmen ist der Trumpf, den Sie in der Hand haben. Erst wenn

Sie schon früh registrieren, dass Ihre Schultern sich verspannen und Sie einen heißen Kopf bekommen (»das Kind soll jetzt aber verdammt nochmal endlich die Schuhe anziehen«), werden Sie den Ausraster diesmal abbiegen können.

Sobald Ihnen bewusst wird, dass Sie gerade die Beherrschung verlieren oder knapp davor stehen, können Sie innehalten und in den Etwas-ganz-anderes-tun-Modus umschalten. Dazu müssen Sie sich klarmachen, dass a) bewusstes Wahrnehmen eine ausbaufähige Fertigkeit ist und dass Sie b) jederzeit innehalten, sich die Situation anschauen und eine andere Richtung einschlagen können, selbst wenn Sie bereits zu schimpfen anfangen. Das alles ist möglich, ohne dass Ihre Autorität leidet, ohne dass Sie klein beigeben müssen, ohne dass Sie sich vor den Kindern lächerlich machen und ohne dass irgendetwas anderes passiert, das Ihnen Kopfzerbrechen bereitet.

Ich weiß, Sie können das schaffen. Ich werde Ihnen zeigen, wie es geht, und mit etwas Übung (Ihre Kinder geben Ihnen genügend Gelegenheiten zum Üben, keine Sorge) werden Sie dann immer besser darin.

Schritt 5: Was tun nach einem Ausraster?

Ich habe Ihnen gerade versprochen, dass Sie Fortschritte machen werden, aber nicht, dass Sie dann perfekt sind. (Das ist vielleicht ein guter Moment, um Sie mit Ihrem neuen Mantra bekanntzumachen: *Perfektion kann ganz schön ätzend sein.*) Auch in Zukunft wird Ihnen manchmal noch der Geduldsfaden reißen. Die Versuchung ist dann vielleicht groß, so zu tun, als wäre nichts passiert, aber ich würde Ihnen das nicht empfehlen. Dinge nicht klar zu benennen ist für Sie selbst und Ihr Kind verwirrend und erhöht die Wahrscheinlichkeit, dass bald der nächste Ausraster folgt.

Wenn es doch mal wieder passiert ist, gibt es glücklicherweise einige Optionen, die Ihnen helfen können, den Kopf freizubekommen, die Beziehung zu Ihrem Kind wieder einzurenken und das nächste Mal, wenn Ihre Knöpfe gedrückt werden, nicht gleich wieder aus der Haut zu fahren. Ich möchte Ihnen zwei dieser Optionen nennen. Je schneller Sie es schaffen, eine davon in Ihr Repertoire aufzunehmen, desto schneller wird die Gewitterwolke, die über Ihnen hängt, sich verziehen.

Sie können entweder ein wenig Mitgefühl mit sich selbst zeigen oder Sie können voller Neugier erforschen, was da eigentlich geschehen ist. Dies sind die zwei besten Optionen, die Sie haben. Natürlich können Sie sich auch selbst fertigmachen, indem Sie sich zum Beispiel die ganzen schrecklichen Fehler vorhalten, die Ihnen bei der Erziehung unterlaufen und die Ihr Kind womöglich für immer traumatisieren werden. Eine andere Möglichkeit der Selbstbestrafung wäre, Vergleiche mit anderen Eltern zu ziehen, bei denen Sie sehr schlecht abschneiden. Falls Ihnen gerade kein Vergleich einfällt, wird ein kurzer Blick auf die Selbstdarstellungen von Supereltern in den sozialen Medien Sie zuverlässig herunterziehen.

Leider bringt es gewisse Nachteile mit sich, wenn Sie derart mit sich selbst ins Gericht gehen: 1. Sie fühlen sich schrecklich dabei. 2. Die Wahrscheinlichkeit neuer Ausraster steigt, was genau das Gegenteil dessen ist, was Sie erreichen wollen. Dagegen hilft Ihnen Mitgefühl mit sich selbst nicht nur, sich von einem Ausraster zu erholen, sondern es ist auch eine exzellente Vorbeugungsstrategie. Auf das Thema Selbstmitgefühl werde ich in Kapitel 5 »Darum kommen Sie nicht herum« (Seite 119) näher eingehen. In Kapitel 9 »Wenn der Sturm sich legt« (Seite 204) werden wir uns dann genauer anschauen, wie Selbstmitgefühl und Neugier Ihren Blick auf die Dinge und Ihre Stimmung schlagartig verändern, sodass Sie sich schnell von einem Ausraster erholen können.

Ich hoffe, Sie haben eine ungefähre Vorstellung davon bekommen, wie dieses Buch Ihnen helfen kann. Vielleicht würden Sie am liebsten gleich zu Kapitel 8 »Nicht ausrasten: Wie geht das jetzt?« (Seite 181) springen und sich das ganze Zeug mit den Triggern und Knöpfen sparen. Bitte tun Sie's nicht. Gelassen zu bleiben ist unmöglich, wenn Sie drei Tage lang kaum ein Auge zugemacht haben, wenn Ihre Mutter ständig anruft oder wenn Sie nicht wissen, wie Sie diesen Monat über die Runden kommen sollen. Sobald Sie aber ein bisschen besser durchschauen, was die Situation mit den Kindern denn eigentlich so schwierig für Sie macht, wird es Ihnen leichter fallen, in Krisenmomenten ruhig zu bleiben. Wenn Sie sich außerdem über die Anzeichen klar werden, die einen Ausraster ankündigen, sind Sie besser in der Lage, ihn abzufangen oder zumindest abzumildern.

Denken Sie, und das ist das Wichtigste, immer daran, dass Sie nicht allein sind. Alle Eltern tun sich mit diesen Dingen schwer, und Sie können es schaffen. Ich werde Ihnen dabei helfen.

1 Warum rasten Sie aus?

Hier geht es um die typischen Merkmale explodierender Eltern, warum Ausrasten nicht gut und warum es so schwer ist, sich zusammenzureißen. Außerdem werfen wir einen kurzen Blick auf die Hirnforschung.

Zunächst einmal sollten wir klären, was unter dem Ausrasten eines erwachsenen Menschen zu verstehen ist. Es gibt da viele individuelle Muster, ähnlich wie bei unseren erotischen Vorlieben. Manchmal ist es gar nicht so einfach, Ausraster zu definieren, aber wir erkennen sie sofort, wenn wir sie sehen.

Die typischen Kennzeichen eines Ausrasters

Es gibt einige Merkmale, die den meisten Ausrastern gemeinsam sind. Fest steht: Sie sind nicht allein damit, dass Sie manchmal aus der Haut fahren. Ausraster sind ein zwar unschöner, aber völlig normaler Teil des Menschseins. Es passiert uns allen (auch wenn manche so tun, als wäre das bei ihnen anders). Wir können bestimmte Dinge in unserem Leben verändern, um dieses Problem abzumildern, aber ganz verschwinden wird es nicht. Das Gute daran ist: Wenn Sie einen Ausraster kommen sehen, können Sie etwas dafür tun, seine Auswirkungen abzufedern. Ich werde daher jede Gelegenheit nutzen, Sie daran zu erinnern, dass Elternsein eine viel zu ernste Sache ist, als dass Sie Ihren Humor verlieren dürfen.

Schauen wir uns die Merkmale im Folgenden einmal genauer an.

HOCHEMOTIONAL. Ein Ausraster wird meistens durch starke Gefühle mit ausgelöst, und zwar nicht unbedingt nur durch Ärger oder Groll. Fast jeder intensive emotionale Zustand kann dabei im Spiel sein: Angst, Traurigkeit, Verwirrung, Hilflosigkeit, Überforderung, Verbitterung, Anspannung, Scham, Schuldgefühle. Manchmal sind unsere starken Emotionen Reaktionen auf die Eskapaden unserer Kinder, manchmal aber auch nicht. Manchmal sind uns die eigenen Empfindungen alle bewusst, manchmal nicht. Machen Sie sich jedenfalls klar, dass a) ein Ausraster keine durchdachte Handlung, sondern eine Gefühlsreaktion ist und dass b) wir nicht annähernd so viel Kontrolle über unser Gefühlsleben haben, wie wir das gern glauben würden. Wir können uns nicht zwingen, bestimmte Gefühle zu haben oder nicht zu haben, sondern nur aufmerksam registrieren, was in uns vor sich geht, um dann zu entscheiden, wie wir darauf reagieren sollen.

— *Selbst positive Emotionen können zum Trigger für einen Ausraster werden, so wie bei einem Kind, das sich in einen Lachkrampf hineinsteigert und schließlich in Tränen ausbricht* —

AUTOMATISCH. Es ist wichtig, sich immer wieder vor Augen zu halten, dass einem Ausraster in der Regel keine bewusste Entscheidung vorausgeht. Wenn wir nach einem stressigen Arbeitstag nach Hause kommen, denken wir ja nicht: »Ich kann nicht mehr! Ich glaube, das wäre ein guter Abend, um mal so richtig wild zu werden, wenn mir die Kinder auf die Nerven gehen.« Meistens entsteht ein Ausraster in einem unbewussten Prozess, den Sie nicht unter Kontrolle haben und der oft etwas mit Ihrer eigenen Kindheit zu tun hat und damit, wie Ihre Eltern damals explodiert sind. Deshalb können Sie das Ausrasten auch nicht einfach durch gute Vorsätze hinter sich lassen. Ihre Explosionen kommen nicht durch vernunftgeleitete Entscheidungen zustande, sind aber durchaus nachvollziehbare Folgewirkungen von Prozessen in Ihrem Körper und Ihrem Gehirn.

SITUATIONSABHÄNGIG. Situationsabhängiges Verhalten hat zwei Aspekte. Erstens ist das, was wir sagen und tun, immer eine *Reaktion* auf etwas. Ein Ausraster kommt also nicht aus heiterem Himmel, sondern es muss etwas geschehen sein, das das Fass zum Überlaufen bringt. Manchmal ist der Anlass offenkundig, und wir können den Weg vom Trigger bis zum Ausraster ohne Weiteres nachvollziehen. In anderen Situationen haben wir keinen blassen Schimmer, was uns auf die Palme gebracht hat. Vielleicht liegt der Grund für unsere Gereiztheit fünf Minuten, fünf Stunden oder gar fünf Jahre in der Vergangenheit und hat nicht das Geringste mit den Kindern zu tun. Entscheidend ist, sich darüber klarzuwerden, worauf Sie reagieren, was immer es auch sein mag und wann immer es auch passiert ist. Wenn Sie sich nie bewusstmachen, dass der Mai für Sie ein schrecklicher Monat ist, weil Sie in einem Mai eine Fehlgeburt hatten, dann können Sie sich auch nicht vornehmen, im Mai besonders gut auf sich achtzugeben. Wenn Sie sich nicht eingestehen, dass Ihre Zahnschmerzen wohl nicht auf wundersame Weise von allein verschwinden werden, dann werden Sie sich auch nicht aufraffen, zum Zahnarzt zu gehen.

Der zweite Aspekt situationsabhängigen Verhaltens ist unsere Fähigkeit, schnell zu reagieren, sobald wir eine *Gefahr* wahrnehmen. Die

Evolution hat unser Gehirn darauf optimiert, uns vor körperlichen Bedrohungen zu schützen. Leider ist bei ihm aber noch nicht angekommen, dass die meisten Stressfaktoren, mit denen wir heutzutage zu tun haben, nicht lebensbedrohlich, sondern nur emotional oder psychisch belastend sind. Deshalb leitet das Gehirn auch in Situationen, in denen das gar nicht erforderlich wäre, unverzüglich massive Maß-

Besonders schädliche Ausraster und was dagegen hilft

Es gibt viele Arten von Ausrastern, aber manche sind schädlicher als andere. Besonders destruktiv wirken Beschimpfungen und Drohungen sowie körperliche Gewalt jeder Art, etwa wenn Eltern ihre Kinder ohrfeigen, verprügeln oder Dinge nach ihnen werfen. Vielleicht ist das in dem Umfeld, in dem Sie aufgewachsen sind oder wo Sie jetzt selbst Kinder haben, gang und gäbe, vielleicht ist diese Art der Aggression aber auch neu für Sie. Klar ist jedenfalls: Wenn so etwas in Ihrer Familie geschieht, *muss das aufhören.* Hören Sie vor allem auf, sich Vorwürfe zu machen. Ja, die Situation ist ernst, aber je eher es Ihnen gelingt, ein wenig nachsichtiger mit sich umzugehen, desto eher sind Sie auch in der Lage, sich Unterstützung zu sichern und einige wichtige Dinge zu verändern. Wenn Sie Ihr Kind einmal geschlagen haben, sind Sie damit keine Ausnahme, aber das heißt nicht, dass Schlagen in Ordnung ist. Sie werden einen anderen Weg finden, das verspreche ich Ihnen. Vielleicht bekommen Sie es nicht allein hin, aber das heißt dann nicht, dass Sie als Mutter oder Vater versagt haben. Es heißt nur, dass Ihnen die Situation über den Kopf gewachsen ist. Der erste Schritt ist, mit einer Person zu sprechen, der Sie vertrauen. Das kann eine Freundin sein, jemand in der Familie, Ihre Hausärztin, der Kinderarzt, eine Psychotherapeutin oder ein Geistlicher. Es wird kein einfaches oder angenehmes Gespräch sein, aber es ist notwendig. Sie kriegen das hin.

nahmen ein. Außerdem ist es nicht besonders gut darin, zwischen wirklich ernsten und eher unbedeutenden Problemen zu unterscheiden, und deshalb stehen wir oft auch in Situationen unter Dampf, in denen eine solche Reaktion überflüssig ist.

TOXISCH. Erinnern Sie sich daran, wie Ihr Kind einmal, ohne nach rechts und links zu schauen, über die Straße wollte oder wie es beinahe die Treppe hinunterfiel? Da regten sich bei Ihnen wahrscheinlich starke Gefühle, und Sie reagierten automatisch und ohne zu überlegen, etwa indem Sie einen Warnschrei ausstießen oder das Kind schnell am Arm packten. Auch wenn der Schrei sehr laut war oder Sie ziemlich fest zupackten, würde ich hier nicht von einem Ausraster sprechen. Dies sind vielmehr Beispiele dafür, wie Ihr Nervensystem angesichts einer Gefahr angemessen reagiert. Es ist kein »toxischer Moment« entstanden, das heißt, Sie haben nicht unnötig schroff agiert, und die Beziehung zu Ihrem Kind hat nicht gelitten. Eine starke Reaktion ist also nicht unbedingt eine Entgleisung.

Toxische Ausraster sind unerwartete und verstörende Reaktionen, die übers Ziel hinausschießen: Wir lassen Dampf ab, mit Worten oder auch körperlich, wir attackieren unser Gegenüber, beschämen es und machen ihm Vorwürfe. Wir haben uns in diesem Moment nicht unter Kontrolle. Toxische Ausraster werden durch Trigger ausgelöst und führen dann wiederum zu heftigen Reaktionen bei allen Beteiligten. Beispiele sind, dass Sie Ihr Kind anschreien, weil es seine Müslischale umgeworfen hat, dass Sie aus der Haut fahren, weil es beim Schuheanziehen herumtrödelt, oder dass Sie es ausschimpfen, weil es seine Hausaufgaben vergessen hat. Derartige Ausraster schwächen und untergraben die gute Beziehung zwischen Ihnen und Ihrem Kind.

Außerdem setzen häufige Stress- und Spannungssituationen dem Nervensystem zu und erhöhen das Risiko, dass Sie bald von neuem ausrasten. Deshalb ist es sehr wichtig, sich klarzumachen, was Sie tun können, um nicht mehr so oft die Beherrschung verlieren, und wie Sie, wenn es dann doch wieder passiert ist, die Beziehung zu Ihrem Kind stärken können.

Fassen wir zusammen: Wenn wir ausrasten, sind starke Gefühle im Spiel, wir springen automatisch auf bestimmte Trigger an, und unsere Reaktionen haben toxische Effekte. Ich bin übrigens aus gutem Grund nicht näher darauf eingegangen, ob ein typischer Ausraster bei Ihnen nun so aussieht, dass Sie Ihr Kind anblaffen oder anschreien, dass Sie türenknallend davonstampfen oder dass Sie sich schmollend und eine sarkastische Bemerkung murmelnd zurückziehen. Wir rasten alle auf unsere eigene Art und mit unterschiedlicher Heftigkeit aus. Deshalb ist es sinnvoll, sich nicht auf die Form dieses Verhaltens, sondern auf seine Wirkung zu konzentrieren. Ich habe stumme bohrende Blicke erlebt, die einem Kind genauso weh tun, als würde jemand eine Fernbedienung nach ihm werfen, und finstere Drohungen, wie sie eine Clint-Eastwood-Figur an einem sehr schlechten Tag ausstoßen würde.

Die meisten von uns reagieren immer wieder ähnlich, wenn es ihnen zu viel wird (zum Beispiel mit Schimpfen, Kreischen oder Türenschlagen). Es ist äußerst wichtig, dass Sie ein genaues Bild davon haben, was Sie bei einem Ausraster tun, denn Ihr Verhalten ist der *einzige* Faktor, auf den Sie Einfluss nehmen können.

Ich hoffe nun, ich habe mit diesem letzten Satz ein wenig Verwunderung bei Ihnen ausgelöst. Falls nicht, waren Sie beim Lesen wohl nicht ganz bei der Sache. Denn ich hatte Ihnen ja erzählt, dass Sie über Ihre Gefühle keine Kontrolle ausüben können und dass Ihre Ausraster automatische Reaktionen auf einen Trigger sind – und jetzt behaupte ich plötzlich, Sie könnten etwas an Ihrem Verhalten während eines Ausrasters ändern. Wie soll das gehen, wenn ein Ausraster völlig automatisch abläuft?

Um genau diese Frage dreht sich mein Buch. Keine Sorge, ich werde Ihnen nicht erzählen, Sie sollen einfach cool bleiben, statt auf die Palme zu gehen. Wenn das so einfach wäre, dann würden Sie's einfach so machen, und ich genauso, und wir würden nicht in Büchern nach Ratschlägen suchen, sondern lieber einen heißen Tee schlürfen oder uns mit einer Netflixserie vergnügen. Ich werde Ihnen zeigen, wie Sie die Wahrscheinlichkeit des nächsten Ausrasters verringern, indem Sie sich klarmachen, welche Knöpfe andere bei Ihnen drücken können und woran Sie erkennen, dass Sie kurz vorm Explodieren sind. Dann können Sie sich rechtzeitig abbremsen, noch bevor Ihr Kind Ihren Zorn abbekommt. Und schließlich werde ich Ihnen zeigen, wie Sie festen Boden unter die Füße bekommen, nachdem Sie doch wieder einmal ausgerastet sind – damit das nicht gleich ein weiteres Mal passiert.

Ist das so weit klar? Gut. Wir haben geklärt, was unter einem Ausraster zu verstehen ist, und müssen uns nun anschauen, was denn eigentlich passiert, wenn es *nicht* so weit kommt.

Was bedeutet es, nicht zu explodieren?

Manche denken, das Gegenteil von Ausrasten sei, die ganze Zeit ruhig und gelassen zu bleiben und mit unseren Kindern nie aneinanderzugeraten. Wir müssten es doch eigentlich hinbekommen, so stellen sie sich vor, in jedem Moment zufrieden, geduldig und hellwach zu sein und mit einem Lied auf den Lippen und einem Lächeln auf dem Gesicht für unsere Kinder da zu sein, ganz gleich, wie viel Energie sie uns abverlangen und wie sehr sie unser Nervenkostüm strapazieren. Dieses perfektionistische Denken funktioniert aber weder bei mir noch bei Ihnen noch bei irgendwelchen anderen Eltern auf diesem Planeten.

Spannungen, Reibereien, Frustration und andere starke Gefühle: Das sind im menschlichen Miteinander völlig normale, angemessene und zumutbare Phänomene, und *sie bedeuten nicht, dass wir irgendetwas falsch machen.* Denn auch wenn wir die Menschen, mit denen wir zusammenleben, innig lieben, muss uns nicht alles gefallen, was sie tun. Besonders anstrengend kann es aber werden, wenn wir unter Dauerstress stehen und es mit kleinen Menschen zu tun haben, deren Gehirn erst noch reifen muss. Als klinische Sozialarbeiterin mache ich mir eher Sorgen um konfliktscheue Zeitgenossen als um diejenigen, die akzeptieren können, dass es in ihrer Familie nicht immer harmonisch zugeht, und sich der Situation stellen.

Es ist durchaus möglich, von starken Emotionen überflutet zu werden und trotzdem nicht auszuticken. Auch wenn Sie stinksauer oder erschrocken, traurig oder durcheinander sind, muss das nicht dazu führen, dass die Situation eskaliert. Sie können Ihren Kindern zeigen, dass Sie mit starken Emotionen zu kämpfen haben, *ohne* dass die Sache aus dem Ruder läuft.

Nicht ausrasten setzt voraus, dass Sie aufmerksam registrieren, was in Ihnen selbst und um Sie herum vor sich geht. Dann können Sie sich bewusst dafür entscheiden, erst einmal Ruhe zu bewahren und nichts zu sagen – selbst wenn Sie nicht wissen, was Sie als Nächstes tun sollen. Ich verspreche Ihnen: Auch wenn Sie erst einmal keinen blassen Schimmer haben, wie Sie damit umgehen sollen, dass Ihr Kind besonders quengelig oder unausstehlich ist oder dass Sie heute nur besonders dünnhäutig sind, versuchen Sie am besten zunächst einmal innezuhalten und etwas ruhiger zu werden. Damit schaffen Sie sich in jedem Fall eine bessere Ausgangssituation und werden mehr erreichen, als wenn Sie reflexhaft Ihren Impulsen folgen.

Warum Ausrasten schlecht ist

In den letzten Jahren hatte ich einige Gespräche mit Eltern, denen zunächst einmal nicht einleuchtete, dass Ausrasten überhaupt problematisch sein soll. Deshalb möchte ich das begründen.

ES IST NICHT GUT FÜR SIE SELBST. Jedes Mal, wenn Sie aus der Haut fahren, läuft Ihr Nervensystem heiß, und Ihre Stresshormone gehen durch die Decke. Das tut keinem Teil Ihres Körpers gut. Denn chronischer Stress kann letztlich zu Bluthochdruck, einer Schwächung des Immunsystems, Migräne und Schlafstörungen führen. Durch häufige Ausraster und den damit einhergehenden Stress handeln wir uns auf lange Sicht gesundheitliche Probleme ein. Es geht aber nicht nur um die körperlichen Auswirkungen. Mit der Zeit wird das Gehirn durch die Ausraster neu verschaltet, und zwar nach einem ungünstigen Schaltplan. Je öfter Sie gegenüber den Kindern ausrasten, desto mehr verfestigen sich die »Ausraster-Schaltkreise« und vernetzen sich mit anderen Teilen des Gehirns, sodass es noch leichter aus dem Gleichgewicht zu bringen ist.

— *Jeder Ausraster untergräbt unser Selbstvertrauen und lässt uns daran zweifeln, dass wir die Eltern sein können, die wir sein möchten.* —

Und dann ist da natürlich die Frage, wie stark die Beziehung zu Ihren Kindern unter all dem leidet. Diese Frage hat Sie wahrscheinlich dazu gebracht, mein Buch in die Hand zu nehmen. Nehmen Sie sich einen Moment Zeit und denken Sie an das letzte Mal, als Sie ausgerastet sind, ob nun gegenüber den Kindern, bei der Arbeit oder in einer anderen Situation. Es fühlte sich scheußlich an, nehme ich an. Derart die Kontrolle zu verlieren, hat etwas Unheimliches an sich und Sie und Ihre Kinder schämen sich hinterher, sind verwirrt und erschrocken oder fühlen sich allein. Unterm Strich heißt das: Unter Ausrastern leidet nicht nur die Beziehung zu unseren Kindern, sondern auch unser Selbstbild als Eltern.

ES IST NICHT GUT FÜR DAS KIND. Alles, was ich über die Auswirkungen von Ausrastern auf uns selbst als Eltern gesagt habe, trifft umso mehr auf ein Kind zu, weil sein Gehirn und sein ganzer Körper noch mitten in der Entwicklung stecken und für die negativen Effekte von Stresshormonen besonders anfällig sind.

Wenn wir ausrasten, ist das Kind hinterher angespannt und ängstlich, schämt sich oder/und fühlt sich alleingelassen. Es fällt ihm dann schwerer, Neues zu lernen und sich auf neue Erfahrungen einzustellen (ob es nun ein neues Gemüse auf dem Teller ist oder der erste Tag an einer neuen Schule). Die starken, unangenehmen Gefühle, die nach einem Ausraster zurückbleiben, können für das Kind zum Trigger werden, sodass es dann selbst ausrastet und über die Stränge schlägt.

Hinzu kommt, dass wir dem Kind mit unserem Verhalten immer ein Vorbild sind, ob das nun in unserer Absicht liegt oder nicht. Mit jedem unserer Ausraster begünstigen wir, ohne es zu wollen, neue Verschaltungen in seinem Nervensystem. Wenn es dann durch ein Ereignis in der Schule oder zu Hause oder durch irgendwelche Prozesse in seinem kleinen Körper getriggert wird, reagiert es ganz ähnlich wie wir. Wir machen ihm also genau die Verhaltensweisen vor, die wir bei ihm lieber nicht erleben möchten, und praktizieren damit einen Beziehungsstil, von dem wir ganz bestimmt nicht wollen, dass es ihn für sein weiteres Leben übernimmt. (Nebenbei bemerkt ist das Ausrasten vielleicht genau deshalb ein so schwieriger Punkt für Sie: Wenn Ihre Eltern sehr oft die Beherrschung verloren haben, haben sie Ihnen dadurch ungewollt beigebracht, in Stresssituationen ähnlich zu reagieren. Zum Glück ist es aber möglich, dieses Muster der Weitergabe von Generation zu Generation zu durchbrechen.)

RUHIGERE ELTERN, RUHIGERE KINDER. Wie es in der Familie zugeht, hängt von unserem eigenen Energie- und Anspannungsniveau ab. Jeder Ausraster lässt den Spannungspegel in der Familie ansteigen, zehrt an den Kräften aller und reißt womöglich Gräben auf. Umgekehrt dürften die Kinder umso entspannter sein, je gelassener wir selbst gerade sind. Ich will damit nicht sagen, dass Sie zu hundert Prozent für das Verhalten und die überschießende Energie Ihrer Kinder verantwortlich sind. Selbst mit dem Gleichmut eines Jedi-Ritters wäre da manchmal nichts auszurichten. Allerdings wäre es ein Segen für die ganze Familie, wenn Sie es vermeiden könnten, mit Ihren Ausrastern die Drehzahl der kleinen Wirbelwinde noch zu steigern.

Nun weiß ich sehr gut, dass das Ausrasten auch etwas für sich hat. Wir können einfach und schnell Dampf ablassen und sparen uns das

Nachdenken. Und müssen wir nicht zugeben, dass es sich manchmal auch gut anfühlt, dem Kind zu zeigen, wo's langgeht? Außerdem funktioniert es ja manchmal auch irgendwie – zumindest ein paar Minuten. Es kann durchaus sein, dass Ihr Kind, wenn Sie ihm oft genug einen gehörigen Schrecken einjagen, alles tut, was Sie wollen, nur damit Sie nicht wieder außer sich geraten. Leisetreterei ist aber nicht dasselbe wie Respekt. Sobald das Kind alt genug ist, um selbst darüber bestimmen zu können, wo und wie es seine Zeit verbringt, wird es Ihnen genauso aus dem Weg gehen, wie Sie einem aufbrausenden und unberechenbaren Chef so weit wie nur möglich ausweichen würden. Wenn es sich in dieser Weise von Ihnen abkoppelt, gestaltet sich die Erziehung erheblich schwieriger und unerfreulicher. Zwar ist es immer möglich, eine Beziehung von neuem zu stärken, doch diese Herausforderung sollten Sie sich besser gar nicht erst einbrocken.

Erziehung basiert weitgehend auf Vertrauen, und für ein Kind ist Vertrauen von elementarer Bedeutung. Es ist darauf programmiert, seinen Eltern und Bezugspersonen zu vertrauen, denn sie sind es, die für seine Sicherheit verantwortlich sind. Wenn Sie also immer wieder die Geduld mit ihm verlieren, wird es die Schuld dafür bei sich selbst suchen, denn andernfalls müsste es ja die Menschen in Frage stellen, auf die es angewiesen ist und die für es sorgen. Mit der Zeit lernt es dann, aggressives Verhalten anderer nicht nur zu erwarten und hinzunehmen, sondern sich dafür selbst verantwortlich zu machen.

So weit muss es aber glücklicherweise nicht kommen. Wenn Eltern mit ihrem Kind in der Regel offen und freundlich umgehen, wird es ihnen vertrauen und sie respektieren. Und wenn es Respekt vor ihnen hat, will es ihnen auch helfen wollen und seinen Teil dazu beitragen, dass sie zufrieden sind. Dann fällt es ihm später auch leicht, zur vereinbarten Zeit zu Hause zu sein, auch wenn es gern länger auf dieser Wahnsinns-Party geblieben wäre. (Okay, zu sagen, dass es ihm leichtfällt, ist gelogen. Wenn es aber darauf zählen kann, dass es beim Nachhausekommen nicht gleich zusammengestaucht wird, weil es eine Bierfahne hat, stehen die Chancen gut, dass es tatsächlich zur vereinbarten Zeit zu Hause ist *und* Ihnen anvertraut, dass ein Typ es zu überreden versuchte, einen Joint mitzurauchen.)

Unsere Kinder orientieren sich viel stärker an dem, was wir tun, als an dem, was wir sagen. Unser Tun hinterlässt also bleibenden Eindruck bei ihnen, ganz gleich, ob es sich um wohlüberlegte Erziehungsmaßnahmen oder um impulsives und unbesonnenes Verhalten handelt. Mit jedem Ausraster führen wir ihnen genau die Art von Kontrollverlust vor, die wir ihnen eigentlich abgewöhnen möchten. Anstatt ihnen Gelassenheit vorzuleben und ihr Vertrauen in uns zu festigen, stärken wir die Schaltkreise in ihrem Gehirn, die eine Tendenz zum Ausrasten unterstützen.

Warum ist es so schwer?

Wenn wir ein Verhalten verändern möchten, ist es hilfreich, eine Vorstellung davon zu bekommen, wo die Ursachen dieses Verhaltens liegen. Das ist eine Strategie, auf die unser Gehirn ausgelegt ist. Es sucht nach einer schlüssigen Geschichte. Geschichten helfen uns, Zusammenhänge in unseren Erfahrungen zu erkennen, die Welt um uns herum zu verstehen, uns mit anderen verbunden zu fühlen und ein Gefühl der Zugehörigkeit zu entwickeln. Mit Geschichten erklären wir uns nicht nur, wer wir sind und was wir erlebt haben. Sie sind auch wie eine Landkarte unseres Lebens: Die richtige Geschichte zeigt uns Orte, an die unsere Reise gehen könnte, und wie wir dorthin gelangen.

Leider ist nicht jede Geschichte, die schlüssig klingt, auch wirklich hilfreich. Unser Gehirn ist so sehr darauf aus, Zusammenhänge herzustellen, dass wir dazu neigen, jede Geschichte zunächst einmal zu glauben, ob sie nun hilfreich ist oder nicht. Wenn brauchbare Informationen fehlen, füllt das Gehirn die Lücken einfach auf. Bei Kindern ist das besonders auffällig. Neulich versuchte mir meine ältere Tochter zu erklären, warum sie ihre Schwester gehauen hatte: Ihr sei ein Witz über einen Affen eingefallen, der eine Banane wirft, und da habe ihre Hand ganz von allein eine Banane zu werfen versucht und die sei eben zufällig auf der Nase ihrer Schwester gelandet. Das war natürlich blühender Unsinn. Sie hätte das eigene Verhalten wie folgt erklären können: »Weißt du, Mami, der Teil meines Gehirns, der mir helfen soll, meine Impulse unter Kontrolle zu halten, ist noch nicht ausgereift, und deshalb habe ich meine Schwester gehauen.« Stattdessen erfand sie eine Geschichte. Derartige Geschichten legt unser Gehirn sich fortwährend zurecht.

Glücklicherweise fallen Eltern meistens nicht auf die verdrehten Geschichten ihrer Kinder herein, weil sie leicht zu durchschauen sind. Doch unglücklicherweise kaufen wir Erwachsenen auch allerseltsamste Erklärungen ab, vor allem a) wenn sie Uniform tragen oder einen akademischen Titel vorzuweisen haben, b) wenn sie ihre Gedanken in den sozialen Medien verbreiten oder c) wenn es sich um uns selbst handelt. Auf unsere eigenen Fantastereien fallen wir wieder und wieder herein.

— *Wir halten unsere eigenen Gedanken für wahr, und manchmal sind sie das auch. Manchmal sind sie aber auch nur Affen, die mit Bananen werfen.* —

Ein perfektes Beispiel sind die Geschichten, die wir uns selbst zu den Gründen unserer Ausraster auftischen. Die häufigsten Gründe, die ich von Freundinnen und Klienten zu hören bekomme, gehen in Richtung »Ich bin eine schlechte Mutter«, »Ich bin ein schlechter Vater« oder »Mein Kind tickt nicht ganz richtig«. Dass unser Gehirn uns solche Erklärungen anbietet, ist nachvollziehbar. Sie klingen ja immerhin einigermaßen plausibel: Wenn gute Eltern nicht ausrasten, müssen Eltern, die ausrasten, schlechte Eltern sein. Ein anderes Scheinargument geht so: Wir rasten nicht aus, solange die Kinder sich Mühe geben und keinen Unsinn machen. Wenn wir ausrasten, liegt es also an ihnen. Das ist doch stichhaltig, oder?

Nein. Denn solche »Erklärungen« helfen Ihnen nicht weiter, auch wenn Sie glauben mögen, dass sie die Wirklichkeit beschreiben (ich hoffe, Sie vom Gegenteil zu überzeugen).

Nehmen wir den Satz »Mein Kind tickt nicht ganz richtig«. Es besteht kein Zweifel, dass das Verhalten von Kindern oft nicht nur ein bisschen irritierend, sondern absolut nervenaufreibend ist. Sie werfen Spielsachen aus dem Autofenster, wollen kein Schläfchen machen, obwohl sie hundemüde sind, machen ihr Kacka auf der Treppe, hauen ihr kleines Geschwisterchen auf den Kopf, lassen im Laden Süßigkeiten mitgehen und kritzeln Pimmel an die Wand des Klassenzimmers. Und am besten fangen wir gar nicht an mit Themen wie Alkohol und Drogen oder Nackt-Selfies an diesen Typ mit erstem Bartflaum. Kinder machen bescheuerte, unausstehliche Sachen. Und daran wird sich auch nichts ändern. Wenn es also vom Wohlverhalten Ihrer Kinder abhängt, ob Sie einen kühlen Kopf bewahren, wird das für alle Beteiligten kein gutes Ende nehmen. Vermutlich haben Sie Ihren Kindern sogar schon das eine oder andere Mal erklärt, dass wir keine Kontrolle über das Verhalten anderer Menschen haben – wir haben nur unser eigenes Verhalten in der Hand.

Reden wir also über uns selbst, das heißt über uns Erwachsene.

Unser Verhalten ist manchmal fast genauso bizarr wie das unserer Kinder (wobei ich zu meiner Verteidigung sagen kann, dass Mittagsschläfchen eine Spezialität von mir sind und dass ich mein Kacka noch nie auf der Treppe gemacht habe). Wir geben Versprechen, die wir nicht einhalten können, stoßen Drohungen aus, die wir unter keinen Umständen in die Tat umsetzen würden, stellen unvernünftig hohe Erwartungen an unsere Kinder und sind maßlos enttäuscht, wenn sie ihnen nicht gerecht werden. Auch an uns selbst stellen wir unsinnige Erwartungen und machen uns dann selbst fertig, wenn wir sie nicht erfüllen können. Außerdem können viele von uns, was spektakuläre Wutanfälle angeht, durchaus mit Kleinkindern mithalten.

Wir alle zeigen Verhaltensweisen, die eigentlich keinen rechten Sinn ergeben, vor allem wenn wir auf Trigger anspringen und jemand unsere Knöpfe drückt. Das hat damit zu tun, dass unser Gehirn unruhig wird, sobald es sich mit unübersichtlichen und schwer abzuschätzenden Situationen konfrontiert sieht. Es mag kein Chaos, Berechenbarkeit ist ihm lieber. Aus seiner Sicht ist deshalb eine unzutreffende Geschichte oft besser als gar keine. Wenn wir keinen blassen Schimmer haben, was gerade geschieht oder was als Nächstes passieren könnte, klammern wir uns (oft ohne dass uns das bewusst wäre) an den nächstbesten Gedanken, um uns die Situation erklären zu können. Dabei kommen dann Sätze wie »Ich bin eine schlechte Mutter« oder »Mit meinem Kind stimmt etwas nicht« heraus.

Auch wenn aus Ihrer Sicht vielleicht vieles dagegenspricht, kann ich Ihnen versichern, dass solche Sätze nie auf Fakten basieren. Ich weiß, was jetzt manche von Ihnen denken: »Ach, Herzchen, das würden Sie nicht schreiben, wenn Sie bei uns zu Hause mal Mäuschen spielen und sehen, was in dieser Klapsmühle so alles vor sich geht.« Tatsache ist, ich durfte schon sehr oft Mäuschen spielen, als Mädchen, das in einer zutiefst dysfunktionalen Familie aufwuchs, als Mutter, die gegenüber ihren Töchtern nur zu oft ausgerastet ist, und als klinische Sozialarbeiterin, die mit vielen von Suchtproblemen, Gewalt und Vernachlässigung gezeichneten Familien gearbeitet hat. Ich kenne die Abgründe. Und trotzdem sage ich, es hat keinen Sinn, von »schlechten Eltern« oder »missratenen Kindern« zu sprechen. Lassen Sie mich das erklären.

Wenn Sie sich Ihre Ausraster damit zu erklären versuchen, dass Sie eine schlechte Mutter oder ein schlechter Vater sind oder dass mit Ihrem Kind etwas nicht stimmen kann, bringt Sie das nicht weiter, weil sich aus einer solchen Sicht der Dinge keine Optionen für Veränderung und Weiterentwicklung ableiten lassen. Es bleibt kein Spielraum für Zuversicht, für einen Wechsel der Perspektive oder für neue Herangehensweisen. Wenn Sie für sich bereits beschlossen haben, dass Sie einfach eine schlechte Mutter oder ein schlechter Vater sind, dann können Sie sich wahrscheinlich nicht einmal vorstellen, dass sich daran noch etwas ändern könnte. Sie schämen sich und sind resigniert, weil Sie nicht wissen, wo Sie anfangen sollen, und kein Licht am Ende des Tunnels sehen. Womöglich wäre das Kind ja sogar besser im Internat oder bei Verwandten aufgehoben? Und sollten Sie von dem Geld, das Sie für seine Ausbildung beiseitelegen, etwas für eine Psychotherapie oder für Medikamente abzweigen, die es später brauchen könnte?

Glücklicherweise gibt es noch eine andere Option. Wie wäre es mit einer neuen Sicht auf sich selbst? Sie erlaubt Ihnen nicht nur, genauer wahrzunehmen, was wirklich passiert, sondern gibt Ihnen auch Orientierung und hilft Ihnen, die Dinge zu erreichen, die Ihnen wichtig sind: *Sie haben einen unglaublich schwierigen Job zu erledigen, aber das, was Sie an Informationen, Unterstützung, Ressourcen und Erholungsmöglichkeiten zur Verfügung haben, reicht einfach nicht aus.* Wenn Sie sich unter diesen Bedingungen Tag für Tag an einer wirklich anstrengenden Aufgabe abmühen müssen, geraten Sie aus dem Gleichgewicht. So ist das bei uns Menschen. Wir sind nun einmal so gestrickt, dass wir austicken, wenn ständig jemand unsere Knöpfe drückt. Und ich denke, wir alle sind uns einig, dass Elternsein bedeutet: Unsere Knöpfe werden in einem fort gedrückt.

Diese Dinge versuche ich den Eltern, denen ich bei meiner Arbeit begegne, stets klarzumachen. Ich weise sie immer wieder darauf hin, dass Kindererziehung irrsinnig aufreibend ist, dass es a) nicht an ihnen liegt und b) dass sie so vorgehen müssen, wie Erwachsene das in Krisensituationen tun, nämlich gut auf sich selbst achtgeben und sich Hilfe holen. Sie lächeln dann und nicken und sagen, wie zu erwarten: »Ja, gut, ich weiß. Können wir bitte wieder zu diesem Problem zurückkommen, das mein Sohn seit Neuestem hat, und darüber reden, was genau ich da tun kann?« Also wiederhole ich geduldig, was ich gesagt habe, und stelle mir dabei vor, dass ich Robin Williams bin, in dieser ungeheuer eindringlichen Szene in dem Film *Good Will Hunting*. Wieder und wieder sagt er zu dem traumatisierten Will: »Du kannst nichts dafür. Du kannst nichts dafür. Du kannst nichts dafür ...«, bis Will schließlich in Tränen ausbricht, vermutlich weil ihm zum ersten Mal jemand versichert, dass er keine Schuld an seiner traumatischen Kindheit trägt.

Falls Sie *Good Will Hunting* aus unerfindlichen Gründen noch nie gesehen haben, sollten Sie das gleich nachholen. Oh, pardon, das geht ja schlecht, denn Sie haben Kinder und keine zwei Stunden am Stück zur Verfügung. Deshalb mein Alternativvorschlag: Geben Sie »Good Will Hunting« und »Du kannst nichts dafür« in eine Suchmaschine ein, am besten gleich. Ich warte so lange. Und wenn Sie dann den nächsten Abschnitt lesen, stellen Sie sich vor, ich sei Robin Williams mit graumeliertem Bart und einer Strickjacke mit Karomuster.

Sie sind *keine* Rabenmutter und *kein* Rabenvater, und auch wenn die *Verantwortung* für das Ausrasten ganz bei Ihnen selbst liegt, ist es dennoch *nicht Ihre Schuld.* Das ist ein ganz wesentlicher Unterschied, der nicht oft genug betont werden kann: Es besteht kein Grund, sich wegen Ihrer Wutausbrüche Vorwürfe machen, aber es ist Zeit, aktiv zu werden und einige Dinge zu ändern. Eltern haben in unterschiedlichen Phasen mit unterschiedlichen Schwierigkeiten zu kämpfen, aber früher oder später sind sie *alle* mit Problemen konfrontiert. Das ist so – ich schwör's Ihnen hoch und heilig!

— Sie sind einfach ein Mensch, der ein anderes menschliches Wesen ins Erwachsenenalter zu führen versucht, was für viele von uns die anspruchsvollste Aufgabe ihres ganzen Lebens sein dürfte. —

Warum ist Kindererziehung so verdammt schwer?

Das ist ein sehr wichtiger Punkt, und deshalb will ich mir ein wenig Zeit nehmen, verschiedene Gründe dafür zu beleuchten, dass die Elternrolle so fordernd sein kann. Einige der Gründe sind für alle Menschen und für alle Zeiten gültig, einige sind typisch für unsere Generation, und einige betreffen speziell Sie und Ihre Familie. Uns über diese Gründe klarzuwerden ist, wenn wir klug und geschickt an die Aufgabe herangehen wollen, ein entscheidender erster Schritt.

KINDERERZIEHUNG IST KEIN ZUCKERSCHLECKEN, denn das Leben ist kein Ponyhof. Es ist ein Irrglaube, dass das Leben eigentlich einfach sein sollte und dass etwas nicht stimmt, wenn wir nicht die meiste oder sogar die ganze Zeit zufrieden und glücklich sind. Die schön zurechtgemachte und gefilterte Welt der sozialen Medien hämmert uns die Schnapsidee ein, dass es in der Welt da draußen Leute gibt, die ihr Leben völlig mühelos auf die Reihe kriegen und immer und überall mit sich im Reinen sind. Das hat zur Folge, dass diejenigen von uns, oder besser gesagt wir alle, die wir uns mit so etwas wie Autopannen, Existenzängsten, Geldsorgen, anstrengenden Verwandten oder eingewachsenen Zehennägeln herumschlagen müssen, am Ende glauben, alle anderen hätten den Dreh raus und wir seien die Einzigen, die irgendwas falsch machen.

Jedes Mal, wenn mir dieses »Wer richtig lebt, ist glücklich«-Märchen unterkommt, fällt mir meine Urgroßmutter ein, ein zäher alter Ochsenfrosch von einer Frau. Sie hat 1889 den Oklahoma Land Rush mitgemacht, ein Wettrennen um ein möglichst gutes Stück Land auf Indianergebiet. Ich habe ein Foto von ihr, auf dem sie auf der staubigen Veranda eines Blockhauses sitzt, mit tiefen Runzeln im Gesicht, den Spuren der Kämpfe und Prüfungen eines harten Lebens. Gäbe ihr einer der heutigen Gurus des positiven Denkens gute Ratschläge, würde sie wahrscheinlich auf all das zurückblicken, was sie durchgemacht hat (das meiste davon kann ich mir nicht mal vorstellen), sich kaputtlachen und ihm dann sagen, er solle seinen Glücksquatsch für sich behalten und sich verdammt nochmal von ihrem Grund und Boden verziehen.

Das Leben ist hart. Natürlich können wir etwas dafür tun, dass es ein wenig leichter wird, und wenn wir Glück haben, erleben wir einige richtig gute Tage oder sogar Jahre am Stück, und damit haben wir's dann gut getroffen. Mit dem Elternsein ist es genauso. Wenn das Leben oder die Kinderziehung aus irgendwelchen Gründen besonders schwierig für Sie ist, dann liegt das in aller Regel nicht daran, dass Sie etwas falsch machen. Denn das gehört nun mal zum Leben dazu, auch wenn das bei manchen Vorzeigeeltern auf Instagram anders rüberkommen mag.

LEBENSUMSTÄNDE KÖNNEN DIE KINDERERZIEHUNG ERSCHWEREN. Auch für körperlich und psychisch gesunde Menschen, die von ihren Partnern und Angehörigen unterstützt werden und finanziell gut dastehen, kann Kindererziehung gnadenlos anstrengend sein. Zur extremen Herausforderung wird sie aber, wenn Sie arbeitslos oder prekär beschäftigt sind, in Geldnöten stecken, Ihre Wohnung verloren haben, alleinerziehend sind, Suchtprobleme haben, mit Gewalt- oder Verlusterfahrungen zurechtkommen müssen, Angehörige pflegen, selbst mit einer körperlichen oder psychischen Erkrankung zu kämpfen haben, ein behindertes Kind haben oder durch Streitigkeiten oder Konflikte mit Freunden oder Angehörigen belastet sind. Manche dieser Probleme gehen von allein vorüber und manche werden Ihr Leben auf absehbare Zeit anstrengender machen. Sie sind jedenfalls allesamt potenzielle Trigger, die das Risiko von Ausrastern erhöhen.

EIGENE KINDHEITSERFAHRUNGEN KÖNNEN DIE ELTERNROLLE ERSCHWEREN. Wenn Sie in einem familiären Umfeld aufgewachsen sind, das in irgendeiner Weise von Suchterkrankungen, Gewalt, Verlusterfahrungen, Missbrauch oder Vernachlässigung geprägt war, wird sich das wahrscheinlich darauf auswirken, wie Sie mit der Elternrolle zurechtkommen. Das kann ganz unterschiedliche Gründe haben:

- Möglicherweise sind Sie durch eine posttraumatische Belastungsstörung, durch Ängste, Depressionen, eine Sucht oder durch eine chronische Erkrankung beeinträchtigt, sodass Sie die Kindererziehung nicht so gestalten können, wie Sie sich das eigentlich vorstellen.
- Wenn Sie noch nicht so richtig durchschaut haben, was damals in Ihrer Kindheit geschehen ist und wie es sich auf Ihr heutiges Leben auswirkt, wird sich das, was Sie damals über Familienleben und Elternschaft gelernt haben, in Ihrem heutigen Verhalten als Eltern niederschlagen, ohne dass Ihnen das überhaupt bewusst wird. Kleine Details, die andere Menschen vielleicht nicht einmal registrieren würden, setzen Sie dann unter Stress – und mit einem Mal schreien Sie los und wissen nicht einmal, warum Sie so reagieren.
- Möglicherweise ist die Familie, in der Sie aufgewachsen sind, für Sie auch in Ihrem Erwachsenenleben noch immer ein starker Stressfaktor. Das ist dann doppeltes Pech, weil Sie auf die Unterstützung, die von Großeltern und anderen Angehörigen normalerweise zu erwarten ist, nicht bauen können.
- Ihre Eltern waren für Sie kein Vorbild, an dem Sie sich bei der Kindererziehung orientieren wollen. Es ist ein bisschen so, als müssten Sie ein Haus bauen, ohne einen Bauplan zu haben, und das Risiko eingehen, dass das Haus am Ende verwinkelt, unübersichtlich und ungemütlich ist und Sie sich, wenn Sie darin bewegen, nie so richtig wohl fühlen.

Selbst wenn Ihre Kindheit nicht traumatisch war, haben Ihre Eltern sich möglicherweise wenig um Sie gekümmert oder auf eine Weise, die Sie lieber nicht nachahmen wollen. Das erschwert es Ihnen dann, klare Vorstellungen davon zu entwickeln, wie Sie Ihre Kinder erziehen wollen. Wenn Sie also nicht wissen, wie Sie am besten vorgehen sollen, setzt Sie das unter Stress und verunsichert Sie in Ihrer Elternrolle.

MANCHE KINDER SIND SCHWERER GROSSZUZIEHEN ALS ANDERE. Manche Babys schlafen nachts durch. Manche Kinder lernen im selben Tempo laufen, sprechen und rechnen wie die meisten anderen. Manche Kinder sind nicht leicht aus der Ruhe zu bringen und flexibel, haben Freude daran, Regeln zu befolgen, und sind einfach seltener überdreht als andere. Andere Kinder schlafen niemals durch, sind dauernd krank und tun sich schwer damit, Neues zu lernen. Manche können nicht bei einer Sache bleiben, äußern an Orten, wo alle Welt es mitbekommt, laut und aufdringlich ihre starken Gefühle, brauchen jahrelang Nachhilfestunden und Therapie oder sind schon vom Moment ihrer Geburt an überaus nervös und empfindlich.

Hinzu kommt, dass manche Kinder von ihrer Persönlichkeit und ihrem Temperament her ganz einfach besser mit ihren Eltern harmonieren als andere. Ob sie nun Frühaufsteher sind oder Nachteulen, der lärmige oder der stille Typ, Abenteurer oder Stubenhocker – sie passen mit ihrer ganzen Art einfach gut zur übrigen Familie. Und bei manchen Kindern ist das eben anders. Die unangenehme Wahrheit, über die niemand gerne spricht, ist nun einmal die, dass manche Kinder für ihre Eltern schwerer zu nehmen sind als andere.

DIE MEISTEN ELTERN KÖNNEN NICHT GUT FÜR SICH SELBST SORGEN. Ich bin sicher, dass Ihnen schon mehr als eine Liste mit Gründen dafür, dass Sie besser für sich selbst sorgen sollten, und mit den entsprechenden Tipps untergekommen ist: Pediküre und Prosecco mit den Mädels! Quizabend! Für einen Marathon trainieren! (Letzteres überlasse ich gern anderen!) Ein Marathonlauf gibt übrigens ein prima Sinnbild fürs Erziehen ab. Sind Sie schon einmal einen Marathon gelaufen? Dann wissen Sie, dass Sie vermutlich nicht in Bestform an den Start gehen würden, a) wenn Sie beim Training ständig von der Schuldirektorin angerufen werden,

b) wenn Sie Ihren Kohlehydratbedarf regelmäßig mit dem decken, was von den Nudeln der Kinder übrigbleibt, c) wenn Sie seit etwa zehn Jahren nicht mehr durchgeschlafen haben. Wenn Sie wissen, dass Sie sich auf den Lauf nicht optimal vorbereiten können, dann werden Sie die Erwartungen an sich selbst entsprechend herunterschrauben und, wenn Sie schlechter abschneiden als erhofft, nachsichtiger mit sich selbst umgehen.

Die meisten Eltern sind aber keineswegs so rücksichtsvoll mit sich selbst! Ob Sie sich nun den ganzen Tag um die Kinder und den Haushalt kümmern, ob Sie Vollzeit arbeiten gehen oder ob Ihr Alltag aus einer Mischung von beidem besteht: Sie absolvieren Tag um Tag einen Marathon, und eigentlich könnten Sie ebenso viele Stunden an Ruhe- und Erholungszeit vertragen, wie Sie für die Kinderbetreuung aufwenden. (Schön wär's, stimmt's?) Aber bleibt Ihnen denn wenigstens annähernd genügend Zeit zur Regeneration? Wie oft bekommen Sie acht Stunden Schlaf? Leiden Sie unter Bewegungsmangel? Wann hatten Sie zum letzten Mal einen Tag, einen Morgen oder wenigstens eine Stunde ganz für sich, um ein Buch zu lesen, spazieren zu gehen oder irgendetwas anderes nur zu Ihrem Vergnügen zu tun? (Was übrigens nicht zählt: Am Ende des Tages wie ein erschöpfter Zombie auf der Couch mit dem Tablet auf dem Schoß vor sich hindämmern, während nebenher der Fernseher läuft.) Und falls gerade letztes Wochenende durch ein glückliches Zusammentreffen alle Ihre Kinder bei Freunden zum Spielen waren und Sie einen ganzen Nachmittag für sich hatten, würde ich darauf wetten, dass das eine große Ausnahme war. Viel zu viele Eltern kämpfen sich erschöpft, ausgelaugt und mit Kaffee vollgepumpt durch ihren Alltag, pfeifen auf dem letzten Loch und kommen nicht dazu, sich vernünftig zu ernähren. Und trotzdem stellen sie extrem hohe Erwartungen an sich selbst und kommen sich als »schlechte Eltern« vor, wenn sie den eigenen strengen Maßstäben nicht gerecht werden.

DAUERSCHÖPFUNG ERSCHWERT DIE KINDERERZIEHUNG. Wie wichtig ausreichender Schlaf ist, kann ich nur immer wieder betonen. Die meisten Eltern, denen ich bei meiner Arbeit begegne, sind übermüdet. Wenn wir erschöpft sind, fällt es uns schwer, klar zu denken, Lösungen für elementarste Probleme zu finden, uns zu konzentrieren, gut mit unseren Emotionen umzugehen, vernünftige Entscheidungen zu treffen und gesund zu bleiben. Chronischer Schlafmangel bringt unsere schlechten Seiten zum Vorschein. Wir werden empfindlich, launisch und gehässig, und unsere Anfälligkeit für Ausraster steigt gewaltig an. Leider stimmt es nicht, dass wir die Erschöpfung mit genügend Willenskraft beiseiteschieben können, denn genau der Teil des Gehirns, der für erwachsenes Verhalten zuständig ist, meldet sich als allererster ab, wenn uns beispielsweise ein krankes Kind die ganze Nacht auf Trab hält. Es ist etwas faul an der Vorstellung, dass Müdigkeit sich mit gutem Willen niederkämpfen lässt.

UNTERSTÜTZUNG FEHLT ODER IST NICHT DIE RICHTIGE. Neulich aß ich mit Besuch aus Kanada zu Abend. Mir fiel die Kinnlade herunter, als meine schwangere Freundin davon sprach, dass ihr ein Jahr – ein ganzes Jahr! – bezahlter Mutterschutzurlaub zusteht und sichergestellt ist, dass sie danach an ihre Arbeitsstelle zurückkehren kann. Als Begriffe wie »öffentlich geförderte Kinderbetreuung« und »staatlich garantierte Gesundheitsfürsorge« durch die Luft schwirrten, bekam ich leichte Atembeklemmung. Denn das US-amerikanische Gesundheitssystem bringt enorme Belastungen für Eltern mit sich, die in der ständigen Angst leben, ihnen könne das Geld nicht reichen, obwohl sie Tag für Tag, nachdem sie ihre Kinder in der Kita oder im Kindergarten abgegeben haben, zur Arbeit hetzen.

Nicht nur der Mangel an staatlicher und gesellschaftlicher Unterstützung ist für junge Familien ein Problem. Hinzu kommt, dass viele wegen einer Arbeitsstelle umziehen und dann weit weg von ihren Angehörigen wohnen. Manchmal hat die räumliche Entfernung durchaus ihre guten Seiten, doch sie bedeutet auch, dass heutigen Eltern das Umfeld abhandenkommt, das in früheren Zeiten Halt bei der Kindererziehung bot. Ja, die traditionelle Dorfgemeinschaft war auch

Hort vieler bescheuerter Ratschläge (Ruhig Orangensaft ins Fläschchen geben! Schläge haben noch keinem Kind geschadet! Auf den Sicherheitsgurt können Kinder gut verzichten – sie brauchen Bewegungsfreiheit!), aber diese Tipps waren immerhin mit der beruhigenden Überschrift versehen: »So haben wir das immer gemacht.« Wenn wir Fehler bei der Erziehung machen, kann es tröstlich sein, zu wissen, dass die anderen dieselben falschen Entscheidungen getroffen haben.

An die Stelle der Gepflogenheiten einer Dorfgemeinschaft ist nun die endlose Abfolge von Ratschlägen getreten, die dank dem Internet aus dem globalen Dorf auf uns einströmt. Anstatt uns damit trösten zu können, dass wir nicht die einzigen herumstümpernden Eltern sind, bekommen wir nun ständig das Gefühl vermittelt, wir seien *die Einzigen,* die's nicht hinbekommen. Bei den Eltern, die von ihren wundervollen Seminaren zur Eltern-Kind-Bindung berichten, scheint alles viel besser zu laufen als bei uns selbst, die französischen Mütter bekommen das mit dem Stillen besser hin, die skandinavischen Kinder sind glücklicher, die asiatischen schlauer und strebsamer – und wir zerbrechen uns den Kopf darüber, wie wir unser Kind davon abhalten können, Popel an die Wände zu schmieren.

SOZIALE MEDIEN UND SMARTPHONES ERSCHWEREN DIE ERZIEHUNG. Ich zähle mich zu den Smartphone-Süchtigen, die ständig mit allen Neuigkeiten versorgt werden wollen und sich nur allzu gern mit anderen Eltern vergleichen. Wenn ich mich aber immer auf dem neuesten Stand halte, mache ich mir damit auch das Leben unnötig schwer. Denn angesichts der Fotos von perfekt dekorierten Geburtstags-Cupcakes und der Videos von Sechsjährigen bei ihrem ersten Klaviervorspiel beginnen wir an uns selbst und unseren Fähigkeiten als Eltern zu zweifeln – und das ist, Sie haben's erraten, für die meisten von uns ein starker Trigger.

Es sind aber nicht nur die fortwährenden Vergleiche mit anderen, die uns zermürben. Jedes Mal, wenn wir auf Facebook oder Twitter gehen, erwarten uns möglicherweise beunruhigende Neuigkeiten, ob es sich nun um die große Politik, um Vorfälle in unserer Wohngegend oder um traurige Nachrichten von einer Schulfreundin handelt. Wer mit Nachrichtensendern wie CNN aufgewachsen ist, die ihre Meldungen rund um die Uhr verbreiten, der sieht vielleicht gar nicht mehr, wie irrsinnig das eigentlich ist. Er bekommt gar nicht bewusst mit, wie unglaublich angsterzeugend diese Dauerberieselung mit schrecklichen Ereignissen ist, die in jedem Winkel des Planeten geschehen.

Ein Beispiel: Neulich musste ich mein Smartphone auf Werkseinstellungen zurücksetzen und vergaß nach dem Neustart, die die Einstellung »Benachrichtigungen« abzustellen. Normalerweise blinkt, brummt oder bimmelt mein Handy nur, wenn jemand anruft oder mir eine SMS sendet. Als ich nun das Abendessen vorbereitete, vibrierte es auf der Küchentheke und der Monitor des Handys leuchtete auf. Da stand, der Präsident erkläre den Ausnahmezustand, aber an dieser Stelle brach der Text ab. Ich bekam Panik. Etwas Schreckliches ging da vor sich. Ein Erdbeben? Eine Invasion? Aber wer überfiel uns da? Etwa Aliens?

Es dauerte einige überdrehte Minuten – in denen ich meine Töchter heftig anblaffte –, bis ich mich endlich beruhigt hatte und der Sache nachgehen konnte. Ich atmete tief durch und nahm das Smartphone noch einmal zur Hand. Der Präsident sprach von einem Ausnahmezustand in der Opioidkrise, also dem massiven Anstieg der Zahl von Abhängigen und Toten durch den Missbrauch von Schmerzmitteln. Ach so. Das war also gemeint. Ja, die Abhängigkeit von legalen Opioiden war ein riesiges Problem, aber ich musste mich jetzt nicht sofort mit den Mädchen im Keller verbarrikadieren. Nach einigen weiteren tiefen Atemzügen bat ich die beiden um Verzeihung und stellte die Benachrichtigungen auf dem Smartphone sofort wieder ab.

RATSCHLÄGE UNZÄHLIGER EXPERTEN PRASSELN AUF UNS EIN. Folgendes mag nun ein wenig seltsam klingen, weil es von einer Erziehungsberaterin kommt, die drei Bücher zum Thema geschrieben hat, aber lassen Sie mich erklären. Es sind jede Menge ausgezeichnete Tipps und Ratschläge im Umlauf, die für Eltern hilfreich sein können. Aber es gibt auch einen Kipppunkt, ab dem die Flut der Informationen uns überfordert und nicht mehr weiterbringt, und zwar nicht nur, weil die Empfehlungen sich zum Teil widersprechen und sich in einem fort ändern: Keine Getreideprodukte im ersten Lebensjahr! Kleine Mengen von Getreideprodukten im ersten Lebensjahr senken das Zöliakie-Risiko! Am besten gar keine Bildschirmzeit! Bildschirmzeit in Maßen ist okay! Halt, das ist aber zu viel Bildschirmzeit!

Außerdem erzeugen die ganzen Ratschläge die Illusion, wir könnten jedes Erziehungsproblem lösen, mit dem wir es zu tun bekommen. In Wirklichkeit lassen sich einige der häufigsten dieser Probleme nicht einfach aus der Welt schaffen, auch nicht mit Stickern, die das Kind für gewünschtes Verhalten bekommt und auf eine Karte aufkleben darf, um sie für eine Belohnung zu sammeln, mit genau den richtigen Sätzen, die Sie genau zum richtigen Zeitpunkt im genau richtigen Tonfall sagen, oder mit den klugen Regeln, die dieser derzeit angesagteste Kinderpsychologe vorschlägt. Manche Probleme gehören einfach zu dem Leben dazu, das wir als unvollkommene Menschen eben führen. Uns durchzuwursteln ist oft das Beste, was wir tun können – im Idealfall begleitet von einer mitfühlenden Freundin, die uns etwas Leckeres kocht und uns auch dann zum Lachen bringt, wenn wir das Gefühl haben, dass gerade alles den Bach runtergeht. Doch dass es vielleicht keine Lösung gibt, hören wir nicht gern und können es nur schwer akzeptieren, weil wir uns haben einreden lassen, wir hätten dafür zu sorgen, dass unsere Kinder immer und jederzeit glücklich und zufrieden sind. Also suchen wir weiter in Büchern, in Zeitschriften oder im Internet und greifen dankbar jeden Tipp auf, der uns unterkommt. Wenn er uns dann aber nicht weiterbringt, denken wir, wir hätten als Eltern versagt – anstatt uns einfach klarzumachen, dass dieser Tipp für uns eben nicht hilfreich war.

So, jetzt ist aber gut. Nachdem ich Ihnen in den düstersten Farben ausgemalt habe, was für ein hartes Geschäft doch das Elternsein ist, wird es Zeit, Sie ein wenig aufzumuntern, damit Sie wieder mit frischem Mut ans Werk gehen können. Denken Sie daran: Es hat keinen Sinn zu sagen, dass Sie als Eltern »unfähig« sind oder dass mit Ihrem Kind »etwas nicht stimmen kann«. Das Leben ist hart, und Kindererziehung ist eine schwere Aufgabe. Sie können nichts dafür, dass Sie manchmal ausrasten, aber Sie sind zu hundert Prozent dafür verantwortlich, alles in Ihrer Macht Stehende zu tun, damit sie weniger häufig ausrasten und gelassen bleiben. Falls Sie jetzt gerade ein wenig in Selbstmitleid zerfließen, dann lassen Sie es ruhig zu (das passiert uns allen manchmal) und lesen Sie weiter. Eltern sein heißt, die Verantwortung für Dinge zu übernehmen, für die wir nichts können. Packen wir's an.

Warum wir ausrasten, wenn es hart auf hart kommt

Auf den ersten Blick wirkt es vielleicht nicht sonderlich konstruktiv, sich so viele Gedanken darüber zu machen, wie schwierig das Elternsein doch ist. Und warum darauf herumreiten, dass das nun einmal so ist? Der springende Punkt ist, dass der erste Schritt zur Veränderung darin besteht, sich klarzumachen, mit was für Herausforderungen wir es eigentlich zu tun haben. Der nächste Schritt ist dann der, eine Vorstellung davon zu entwickeln, warum wir ausrasten, wenn es hart auf hart kommt, und was dabei in unserem Gehirn vor sich geht.

Das menschliche Gehirn ist zweifellos ein Wunderwerk, dem wir fabelhafte Dinge wie *Grey's Anatomy*, Turnschuhe mit Klettverschluss und Reis im Dampfgarbeutel verdanken. Doch leider kann es uns bei ziemlich wichtigen Dingen auch in die Irre führen. Ich vermute mal, Sie haben genauso wenig wie ich jemals eine Gebrauchsanleitung erhalten, der Sie entnehmen können, wie so ein Gehirn sich entwickelt und funktioniert, wie es zu warten ist und was genau passiert, wenn Sie sich nicht darum kümmern. Das liegt vermutlich daran, dass es um Sie herum niemanden gab, der davon selbst eine Ahnung gehabt hätte. Mittlerweile lässt aber aus der Gehirnforschung ein recht klares Bild von dem ableiten, was bei einem Ausraster in uns vor sich geht.

Zunächst einmal werden wir einige Punkte festhalten, die Sie über Ihr Nervensystem wissen sollten. Es besteht aus dem Gehirn, dem Rückenmark und den Nerven, die sich durch den ganzen übrigen Körper ziehen.

Das Gehirn umfasst viele verschiedene Teilbereiche, die für eine Vielzahl von Funktionen zuständig sind. Manche haben skurrile Namen, die Sie sich aber nicht merken müssen. Bei einem Ausraster kommen mehrere Bereiche Ihres Gehirns ins Spiel. Auf zwei davon möchte ich näher eingehen.

Der präfrontale Kortex (übersetzt heißt das: vorderer Rindenteil des Stirnlappens) liegt direkt hinter Ihrer Stirn. Dieser Teil unseres Gehirns geht sozusagen erst online, wenn wir ins Erwachsenenalter kommen. Der präfrontale Kortex versetzt uns in die Lage, vorauszuplanen, Entscheidungen zu treffen, logisch und kreativ zu denken, unsere Gefühle zu regulieren und uns nach einem Ausraster wieder zu beruhigen. Zwei Dinge müssen Sie über ihn wissen: Erstens wird er müde, wenn er zu lange zu hart arbeiten muss. Das ist der Grund dafür, dass es am Ende eines langen Tages manchmal so unendlich mühsam ist, sich Gedanken über das Abendessen zu machen. Zweitens können Sie mit bestimmten Strategien (die unter der Überschrift »Selbstfürsorge« laufen) dafür sorgen, dass Ihr präfrontaler Kortex effektiver funktioniert und Sie den Tag überstehen, ohne dass er Sie irgendwann im Stich lässt.

Gut zu wissen ist außerdem: Bei Ihren Kindern ist der präfrontale Kortex sozusagen noch nicht in Betrieb. Nach derzeitigem Forschungsstand ist er erst mit Anfang Zwanzig voll ausgereift. Das erklärt, dass auch ältere Jugendliche noch zum Herumzündeln und zu anderen Gedankenlosigkeiten neigen. Wir müssen deshalb aber nicht befürchten, dass alle unsere Erziehungsbemühungen ins Leere gehen. Je gelassener wir werden (und bleiben), desto mehr überträgt sich unsere Ruhe auf die Kinder. Im Prinzip springt unser präfrontaler Kortex für den ihren ein.

> *— Je gelassener wir werden (und bleiben), desto mehr überträgt sich unsere Ruhe auf die Kinder. —*

Wie, sagen Sie jetzt, Sie meinen, dass der präfrontale Kortex bei meinem Kind nicht funktioniert? Wenn das stimmt, welcher Teil seines Gehirns steckt denn dann hinter dem ganzen Zirkus, den es immer wieder veranstaltet? Stark vereinfacht gesagt, ist bei einem Kind das limbische System am Drücker. Auch wir Erwachsenen haben ein limbisches System. Es ist von anderen Strukturen des Gehirns umschlossen und umfasst unter anderem die Amygdala, den Hippocampus, den Hypothalamus und alle Nervenbahnen, auf denen diese Gehirnregionen Informationen verschicken. (Ich erwähnte ja bereits, dass sie manchmal skurrile Namen tragen.) Das limbische System hat vielfältige Funktionen, aber für unsere Zwecke reicht es aus, wenn wir es als unser »inneres Kleinkind« betrachten. Es ist für die starken Gefühle zuständig, und vom ihm kommen die Impulse, die uns, wenn wir uns bedroht fühlen, in Kämpfen-/Flüchten-/Erstarren-/Ausrasten-Bereitschaft versetzen. (Falls Sie gerade vergessen haben, wie ein Ausraster bei einem Kleinkind aussieht, stellen Sie sich kurz vor, was passiert, wenn Sie sein Brot in eine andere Form geschnitten haben.) Das limbische System übernimmt das Ruder, wenn Ihr präfrontaler Kortex aus irgendeinem Grund offline geht, etwa wenn Sie erschöpft oder überfordert sind, wenn Sie von starken Gefühlen überrollt werden, wenn Sie sich bedroht fühlen oder wenn die Kinder Ihre Knöpfe drücken. Ich muss nicht eigens betonen, dass Ihr limbisches System in Situationen, in denen Sie die Nerven verlieren, eine entscheidende Rolle spielt.

Einen präfrontalen Kortex und ein limbisches System haben wir alle, doch sie können je nach Person ein wenig anders verschaltet sein. Sie können aus verschiedenen Gründen größer oder kleiner und aktiver oder weniger aktiv sein. Die Reifung des Gehirns (die sowohl den

Aufbau als auch die einzelnen Funktionen betrifft) wird beeinflusst von Vererbung, Geschlecht, Krankheiten, Kindheitserfahrungen, Erziehung, traumatisierenden Erlebnissen und von allen möglichen anderen Faktoren, denen die Forschung auf der Spur ist.

Glücklicherweise ist das Gehirn ein äußerst flexibles Gebilde. Es verändert und entwickelt sich das ganze Leben hindurch. Mit dem Gedanken, dass die ersten drei Lebensjahre entscheidend für die Gehirnentwicklung sind, setzen sich viele junge Eltern unter enormen Druck: Wenn wir der kleinen Emma nicht genug »Mozart für Babys« bieten und wenn sie beim Start in den Kindergarten noch keinen supergesunden Grünkohl mag, haben wir ihr ganzes Leben versaut! Das wäre nun, falls es stimmte, für so ziemlich alle Menschen über drei eine schreckliche Nachricht. Und es ist Unsinn. Ja, es stimmt, dass in den ersten Lebensjahren viele Entwicklungsprozesse ablaufen, aber wahr ist auch, dass unser Gehirn, solange wir leben, hinzulernt und sich verändert, und zwar im Guten wie im Schlechten.

Außerdem ist das menschliche Gehirn nicht dafür gemacht, die ganze Zeit mit maximaler Effektivität zu arbeiten. Es ist vielmehr dafür ausgelegt, a) unser Überleben zu sichern und außerdem b) in die Zukunft vorauszublicken und zu planen, Schwierigkeiten zu bedenken, in die Vergangenheit zurückzuschauen und Vorstellungen, Fantasien und Strategien zu entwickeln – wobei alle diese Leistungen hauptsächlich dem erstgenannten Zweck dienen, nämlich a) unser Überleben zu sichern. Die vielen Milliarden Neuronen in unserem Gehirn feuern unentwegt, um ihre Bestimmung zu erfüllen: Informationen weiterleiten und verarbeiten. Manchmal ist diese pausenlose Aktivität hilfreich für uns, manchmal aber auch weniger. Manchmal sind unsere Gedanken, Vorstellungen und Reaktionen situationsgerecht und zweckdienlich, manchmal führen sie uns die Irre. Wir können uns nicht darauf verlassen, dass unser Gehirn uns wie eine umsichtige Mutter oder ein aufmerksamer Therapeut an der Hand nimmt und in die richtige Richtung lenkt. Auf so etwas hat die Evolution es nicht vorbereitet.

Die Evolution hat nicht etwa ein Gehirn hervorgebracht, das die ganze Zeit superklug vorgeht, sondern eines, das zuallererst dafür sorgt, dass wir weiteratmen und in Bewegung bleiben. Unser Körper ist von Nerven durchzogen, die jedes Mal, wenn sie etwas registrieren, chemische Botschaften an das Gehirn senden. Und umgekehrt erzeugen unsere Gedanken und Gefühle chemische Signale, die in den gesamten Körper verschickt werden. Diese Prozesse laufen in einem fort ab, in einem schnelleren Tempo, als Sie sich das vorstellen können, und meist ohne dass Sie etwas davon mitbekommen.

— *Gedanken und Gefühle existieren nicht in einer vom Körper abgetrennten Sphäre, sondern nehmen Einfluss darauf, wie er sich anfühlt und wie er arbeitet.* —

Das Gehirn ist auf die Unterstützung durch den übrigen Körper angewiesen. Um gut zu funktionieren, braucht es Schlaf, Nährstoffe, Bewegung, Anregung und entspannende Auszeiten. Es ist wie eines dieser virtuellen Haustiere, die eine Zeitlang sehr beliebt waren. Solange Sie es umsorgen, ist es die meiste Zeit guter Dinge und macht das, wozu es da ist. Wenn Sie aber nicht gut für Ihr Gehirn sorgen, werden Dinge wie Kindererziehung anstrengender und die Wahrscheinlichkeit von Ausrastern steigt steil an.

Noch ein letzter Punkt zu diesem Thema: Es ist hilfreich, sich das Gehirn so vorzustellen, als würde es aus Muskeln bestehen, auch wenn das in Wirklichkeit nicht so ist. Je mehr Sie einen bestimmten Teil des Gehirns benutzen, desto »kräftiger« wird er, und desto besser stehen die Chancen, dass er das nächste Mal, wenn Sie ihn brauchen, sogleich online geht. Haben Sie einmal einem Kind zugeschaut, das gerade anfängt, Fußball zu spielen? Zunächst gelingt es ihm kaum, überhaupt einen Kontakt zwischen Ball und Fuß herzustellen. Nach einigem Üben trifft es ihn aber, ohne dass es sich voll und ganz auf die Bewegung konzentrieren muss.

Umgekehrt gilt: Je seltener Sie bestimmte Teile des Gehirns aktivieren, desto schwächer und unflexibler werden diese mit der Zeit. Das ist der Grund, warum es uns Erwachsenen schwerer als Kindern fällt, ein Instrument oder eine Sprache zu lernen. Die Nervenbahnen, die wir dafür brauchen, sind einfach eingerostet, sodass sich neue Verschaltungen nicht mehr so schnell und leicht bilden wie früher. (Das heißt nicht, dass es unmöglich ist, sondern nur, dass wir mehr Aufwand treiben müssen.)

Dem Gehirn ist es im Prinzip gleichgültig, ob Sie die hilfreichen »Muskeln« trainieren, die Sie stärken wollen, oder die kontraproduktiven »Muskeln«, auf die Sie eigentlich am liebsten verzichten würden. Wenn Sie etwas immer wieder tun, werden Sie besser darin, ob das nun Meditieren ist oder Ausrasten. Ich habe viele Jahre lang Rumschreien trainiert und war am Ende richtig gut darin! Zum Glück habe ich dann auch geübt, zu registrieren, wann ich kurz vorm Ausrasten bin, und dann nicht laut zu werden, sondern durchzuatmen. Auch das kann ich mittlerweile ziemlich gut, und mit der Zeit ist es mir immer leichter gefallen.

Was Ihr Nervensystem mit dem Ausrasten zu tun hat

Mittlerweile fragen Sie sich vielleicht, was das nun alles mit dem Ausrasten zu tun haben soll. Der springende Punkt ist die sogenannte Kampf-oder-Flucht-Reaktion, die sich auch auf vier Optionen erweitern lässt: Kampf, Flucht, Schreckstarre, Austicken.

Wenn irgendein Teil Ihres Nervensystems – ob bewusst oder unbewusst, ob zutreffend oder irrtümlich – registriert, dass etwas Schlimmes und Bedrohliches passiert oder passieren könnte, sendet es sogleich Warnsignale an das limbische System, das dann das sympathische Nervensystem aktiviert. Dieses flutet den Körper mit Stresshormonen und tritt damit eine Reihe verschiedener Reaktionen los. Das Herz schlägt schneller, der Blutdruck steigt, der Atem geht tiefer und schneller, die Muskeln spannen sich an, Sie fangen womöglich an zu zittern, und die Pupillen weiten sich. Das alles läuft manchmal derart schnell und unterschwellig ab, dass Sie es gar nicht bewusst mitbekommen.

Dieses Reaktionsmuster ist keineswegs beliebig, sondern ganz auf Ihre Sicherheit ausgerichtet. Es bereitet Sie darauf vor, dass Sie sich entweder zur Wehr setzen, sich totstellen oder sich schnell aus dem Staub machen können. Und wenn Sie gerade nichts davon tun können, etwa weil Sie mit einem Kleinkind und einem Baby zu Hause festsitzen, entlädt sich die ganze Anspannung und Energie möglicherweise in einem Ausraster.

Außerdem fährt das sympathische Nervensystem bei alldem auch die momentan »verzichtbaren« Systeme in Ihrem Körper herunter, um die Energie dahin umzuleiten, wo sie am dringendsten gebraucht wird. Zu diesen als entbehrlich eingestuften Systemen gehört leider auch der für erwachsenes Verhalten zuständige präfrontale Kortex. Bei unseren steinzeitlichen Urahnen war das alles durchaus sinnvoll. Wenn ein Wollhaarmammut auf sie zudonnerte, blieb ihnen keine Zeit, mal kurz nachzudenken und das Rad zu erfinden. Sie mussten Reißaus nehmen, und das ging auch ohne präfrontalen Kortex.

Viele Menschen glauben, wir würden nur dann in den Modus »Kampf, Flucht, Schreckstarre oder Austicken« schalten, wenn ein Bär hinter uns her wäre oder ein Auto direkt auf uns zugerast käme. In Wirklichkeit kann unser Nervensystem aber auf fast alles in dieser Weise reagieren – ob wir nun auf dem Spielplatz plötzlich sehen, dass sich unser Sprössling auf dem Klettergerüst zu hoch hinaufwagt, oder auf dem Gehsteig ein Sprungseil bemerken, in dem wir auf den ersten Blick eine Schlange erkennen. Wer schon einmal eine Kinderhand von einer heißen Herdplatte weggezogen hat, der weiß, wie blitzschnell wir in solchen Situationen reagieren können.

Diese wundersame evolutionäre Errungenschaft hat aber ihre Schattenseiten. Unsere Überlebensreflexe haben sich durch körperliche Bedrohungen wie etwa heranstürmende Wollhaarmammuts entwickelt und deshalb sind unsere entsprechenden Reaktionsmuster fast rein körperlich. Die Bedrohungen, denen wir uns heute gegenübersehen, sind aber großenteils psychischer Natur und bestehen aus ruppigen Kollegen, übergriffigen Schwiegereltern oder einer spätabends eintreffenden besorgniserregenden E-Mail von der Klassenlehrerin unseres Kindes. Leider kann unser Gehirn zwischen existenziellen und milderen Bedrohungen nicht so richtig differenzieren, und deshalb setzen bei uns in Situationen, die für uns gar keine körperliche Bedrohung darstellen, nach wie vor starke körperliche Reaktionen ein. Die automatischen Reaktionsmuster können uns unter Umständen buchstäblich das Leben retten, aber auch in überflüssige Ausraster münden.

Eltern registrieren potenzielle Gefahren möglicherweise noch sensibler als Menschen, die keine Kinder haben. Evolutionsgeschichtlich ergibt das durchaus Sinn. Vielleicht konnten Steinzeiteltern, die zu Paranoia und Übervorsicht neigten, ihre Nachkommen besser vor Gefahren bewahren, sodass diese das Erwachsenenalter erreichen, sich fortpflanzen und die neuronalen Verschaltungsmuster, denen sie ihr Überleben verdankten, weitergeben konnten. Dagegen waren die superentspannten Steinzeiteltern womöglich derart damit beschäftigt, Smileys in die Höhlenwände zu ritzen, dass sie es zu spät mitbekamen, wenn der herumstromernde Nachwuchs in die Fänge von Säbelzahntigern geriet. Damit waren die Gene fürs Lockersein aus dem Rennen und die Hoffnung, dass Kinder ihre Eltern unter keinen Umständen zum Ausrasten bringen, hatte sich erledigt.

Wie ich schon sagte, stelle ich mir unser Nervensystem gern als Knöpfe vor, die über unseren Körper verteilt sind – als große, rot leuchtende Knöpfe, die nur darauf warten, gedrückt zu werden. (Mit den physiologischen Fakten hat das natürlich nichts zu tun, aber es ist ein Bild, mit dem wir hier gut arbeiten können.) Wenn wir entspannt, ausgeruht und satt sind und nicht zu viel Koffein intus haben, sind unsere Knöpfe unauffällig, leuchten nur schwach und sprechen auf Druck kaum an. Das heißt nicht, dass sie in jeder Situation reaktionsträge wären. Wer einmal in einen Autounfall verwickelt war oder mitten in der Nacht durch einen kreischenden Rauchmelder oder ein schreiendes Baby aus dem Schlaf gerissen wurde, der weiß, dass unser Nervensystem im Handumdrehen von null auf hundert aufdrehen kann. In den meisten Situationen kommt es aber nicht dazu.

Der Normalfall ist eher, dass wir immer wieder mit kleinen Triggern konfrontiert werden und unsere Knöpfe nach und nach immer weiter anschwellen, heller leuchten und für unsere Kinder immer einladender werden. Unser Anspannungsniveau steigt an und damit auch unsere Anfälligkeit für Ausraster. Je mehr Trigger auf uns einwirken, desto weiter wird unser limbisches System hochgefahren, das uns in Alarmbereitschaft versetzt, bis wir dann an den Punkt gelangen, wo unser Kind nur ein Spielzeug auf den Boden pfeffern oder einen aufmüpfigen Kommentar abgeben muss, und schon ist es um uns geschehen. Unser limbisches System übernimmt, der präfrontale Kortex geht offline, und wir rasten aus.

Glücklicherweise kann dieser Prozess, zum Wohle aller Beteiligten, auch in umgekehrter Richtung verlaufen. Wenn wir genug Schlaf und Bewegung bekommen, den Atem zur Ruhe kommen lassen, Zeit mit Freunden verbringen, uns bei einem Kreuzworträtsel oder beim Lesen eines Buchs entspannen und uns auf ganz elementare Weise etwas Gutes tun, lässt die Empfindlichkeit unserer Knöpfe nach. Wir aktivieren damit unser parasympathisches Nervensystem (das für Entspannung und Verbundensein mit anderen Menschen zuständig ist), stärken den präfrontalen Kortex, senken unser allgemeines Aktivierungsniveau und werden auf diese Weise gelassener. Im Wesentlichen vergrößern wir damit den Abstand zwischen unserem gegenwärtigen Zustand und einem Ausraster. Wenn wir uns hingegen nicht gut um uns selbst kümmern, kommen unsere Knöpfe nie recht zur Ruhe. Die Selbstberuhigung fällt uns umso schwerer (ist aber nicht unmöglich), je mehr wir mit ständigem Chaos und Stress konfrontiert sind.

Eine kleine Zwischenbilanz

Eltern sein ist keine leichte Aufgabe, vor allem wenn es uns an geeigneten Informationen, an Möglichkeiten der Erholung und an Unterstützung durch andere mangelt. Die Herausforderungen, vor die uns die Kindererziehung und unser ganzes Leben stellen, können für uns zu unglaublich starken Triggern werden, die unsere Knöpfe anschwellen und aufleuchten lassen, sodass sie auf unsere Kinder umso einladender wirken. Es gab Zeiten, in denen derart viele Trigger auf mich einwirkten, dass meine süßen Mädchen eigentlich nur in meine Richtung blicken mussten, um meine Knöpfe zu aktivieren – und schon fauchte ich sie an, sie sollten mich nicht so anstarren. Das war, ich muss es nicht betonen, keine Erziehungsstrategie, zu der ich Ihnen guten Gewissens raten kann.

Im Rest des Buches soll es vor allem um Strategien gehen, die ich zur Nachahmung empfehle. Wie können Sie sich klar darüber werden, auf welche Trigger Sie reagieren? Wie gehen Sie mit Ihren Triggern am besten um? Wir werden uns auch damit beschäftigen, wie Sie gut für sich sorgen können, wenn Sie überfordert sind, wenn Sie kurz vorm Ausrasten stehen, obwohl Sie alles getan haben, was in Ihrer Macht steht, oder wenn es nun doch wieder passiert ist und Sie nicht wissen, wie Sie sich aufrappeln und wieder in die Spur kommen sollen.

Zunächst aber möchte ich Ihnen von mir erzählen.

2

Mein Weg zu mehr Gelassenheit

Wie ich es heute schaffe, weniger auszurasten (... oder wenigstens nicht mehr ganz so oft), obwohl ich ein wandelndes Pulverfass war. Und wie ich die Kurve gekriegt habe.

Ich hoffe, die Dinge sind für Sie jetzt so weit klar, dass Sie sich auf die Tipps, die Sie in diesem Buch noch erwarten, einlassen können. Falls Sie sich aber noch immer mit denselben Selbstvorwürfen herumschlagen und sich mit der Vorstellung quälen, Sie seien unfähig, lesen Sie bitte Kapitel 1 »Warum rasten Sie aus?« (Seite 20) noch einmal und verbringen Sie Zeit mit Menschen, die Ihnen zugetan sind und Ihnen noch einmal versichern, 1) dass Sie ein wunderbarer Mensch sind, 2) dass Kindererziehung niemandem leichtfällt, 3) dass Sie auch Mist bauen werden (das lässt sich nicht vermeiden) und 4) dass Sie trotzdem wunderbar sind. Lassen Sie mich noch einmal bekräftigen:

Mist bauen und wunderbar sein schließen einander nicht aus.

Ich hoffe auch, Sie sind auf weitere Tipps gespannt, wie Sie Ausraster gegenüber Ihren Kindern vermeiden können. Dazu komme ich auch bald. Wenn Informationen aber alles wären, was wir brauchen, um wesentliche Veränderungen in unserem Leben hinzubekommen, dann wären die Tabakfirmen längst alle pleite, wir würden alle im Morgengrauen freudig unser Fitnessprogramm starten und dann zum Frühstück einen Grünkohl-Smoothie schlürfen. Gute und richtige Ratschläge sind nur eines von vielen Elementen, die für positive Veränderungen notwendig sind. Wenn Sie sich nicht mehr mit Schuldgefühlen, Scham und Selbstvorwürfen fertigmachen, gewinnen Sie den nötigen Spielraum, die Dinge anders anzugehen. Eine ganz wesentliche Hilfe ist hierbei der Kontakt zu anderen Eltern, von denen Sie sich verstanden und akzeptiert fühlen, weil sie Ähnliches wie Sie durchgemacht haben und wirklich wissen, wie schwierig Kinder sein können. Alte Gewohnheiten werden Sie nur dann hinter sich lassen und neue Strategien nur dann entwickeln können, wenn Sie wissen, dass Sie nicht allein sind: Auch andere Eltern werden stinksauer auf ihre Kinder, sind frustriert und enttäuscht und verlieren auf eine Weise die Geduld, von der sie selbst überrascht sind. Um Ihnen das immer wieder zu sagen, bin ich hier. Wenn Sie wieder einmal überfordert sind und nicht weiterwissen, können Sie sich dieses Kapitel noch einmal anschauen und sich von mir sagen lassen, dass ich eine vollkommen unvollkommene Mutter bin und dass wir alle im selben Boot sitzen.

Zunächst einmal sollten Sie wissen, dass ich es niemals allein geschafft hätte. Ohne meinen Mann, ohne die Unterstützung von Freundinnen und Verwandten, ohne die Hilfe meiner Therapeutin und von Ärzten hätte ich das nie auf die Reihe bekommen. Es kostete mich Überwindung, ihnen zu gestehen, wie sehr ich zu kämpfen hatte, aber je mehr ich mit Menschen redete, denen ich vertraute, desto leichter wurde es für mich. Glauben Sie bitte nicht, dass Sie nur dieses Buch zu lesen brauchen, und alles löst sich in Wohlgefallen auf. Wenden Sie sich an Leute, denen Sie vertrauen, und lassen Sie sich von ihnen helfen.

Die Kurve zu kriegen war kein Zuckerschlecken. Es gab keine Wunderpillen, keine Wellnesswochenenden, keine wundersame Verwandlung über Nacht. Ich nahm zu. Ich bekam Medikamente verschrieben und begann mit einer Psychotherapie. Das Ganze war ein langwieriger Prozess, der oft alles andere als einfach war. Ich hab's aber geschafft, und Sie können das auch.

Der Prozess ist für mich nicht abgeschlossen. Ich bin nach wie vor manchmal so angespannt und gestresst, dass ich ausraste. Das bedeutet für mich: Damit das nicht passiert, versuche ich, möglichst den Überblick zu behalten und kühlen Kopf zu bewahren. Dazu brauche ich meinen Kaffee, ich meditiere und gehe jeden Abend um zehn ins Bett. Außerdem achte ich darauf, dass ich jeden Tag genug Bewegung bekomme – entweder gehe ich spazieren oder ich lasse im Schlafzimmer ein Yoga-Video laufen und mache den Herabschauenden Hund, während unsere zuwendungsbedürftige Katze um mich herumstreicht. Seit ich Mutter bin, ist die *Anleitung zur Pflege und Wartung von Carla* immer umfangreicher und detaillierter geworden, aber je genauer ich mich daran halte, desto leichter fällt es mir, Mutter zu sein, und desto mehr Spaß macht es.

Meine persönlichen Gründe fürs Ausrasten

An dem Abend, von dem ich Ihnen im Einleitungskapitel erzählt habe, beschloss ich, dass es so nicht weitergehen konnte. Meine Töchter waren noch klein, damals wohl zwei und vier Jahre alt, und es ging an dem Abend hoch her. Sie hörten nicht zu, ich verlor die Geduld und fuhr sie an. Sie fingen an zu weinen, ich fühlte mich schrecklich, sie hörten wieder nicht zu, ich wurde laut, sie weinten wieder – na ja,

Sie können sich vorstellen, wie das so weiterging. Schließlich gab ich auf, setzte sie vor den Fernseher und ließ einen Zeichentrickfilm laufen. Als ich den Fernseher anmachte, kam ich mir noch schlechter vor, denn ich fragte mich: a) Belohnte ich sie damit nicht für ihr unmögliches Verhalten? (Wobei ich dieses unmögliche Verhalten im Rückblick als eine Reaktion auf mein eigenes unmögliches Verhalten sehe). b) Schädigte die Glotze jetzt ihre Gehirnzellen und sollten sie nicht besser Türme aus handgefertigten Holzklötzen bauen? Ich hoffte, dass Fernsehen immerhin besser war als ständiges Angebrülltwerden – und falls das nicht zutraf, wusste ich ohnehin keine bessere Alternative. Ich setzte sie also auf die Couch und ihre Stofftiere neben sie, ging an den Computer und gab »Will mein Kind nicht mehr anschreien« in die Suchmaschine ein. Dann erstellte ich eine Liste: Alles, was ich tun werde, anstatt loszuschreien. Ich war so weit, dass ich wirklich etwas ändern wollte.

Es dauerte nur einen oder zwei Tage, bis ich erneut ausrastete, aber diesmal hatte ich nicht nur Schuldgefühle wegen des Wutausbruchs. Hinzu kam nun noch, dass ich es nicht geschafft hatte, meinem Vorsatz treu zu bleiben. Hatten denn all die anderen Eltern da draußen das Geheimnis entschlüsselt, wie sie gelassen bleiben konnten, und nur ich verlor schon nach kurzer Zeit wieder die Nerven? (Heute weiß ich: Ich bin keine Ausnahme.) Was stimmte denn nicht mit mir? (Auflösung: nichts – es geht nicht um moralische Unzulänglichkeit.) Warum wollte es mir in schwierigen Momenten einfach nicht gelingen, ruhig, geduldig und im engen Kontakt mit meinen Töchtern zu bleiben? (Kleiner Tipp: Weil ich nicht über die richtigen Informationen verfügte und mir keine Hilfe holte.) Und selbst wenn ich es nicht schaffte, geduldig zu sein, warum konnte ich nicht wenigstens die Klappe halten, anstatt herumzukeifen? (Antwort: Weil selbst dieser kleine Schritt viel schwieriger ist, als es scheint.)

Heute weiß ich, was mir damals noch nicht klar war, nämlich dass meine Impulsivität, meine Ungeduld, meine Frustration und das Herumschreien nicht die eigentlichen Probleme waren. Ja, natürlich waren das Probleme, aber wichtiger ist, dass es Symptome waren. Es war die Reaktion meines Gehirns und meines Körpers darauf, dass sie ständig getriggert wurden. Im Rückblick sehe ich vier hauptsächliche Trigger.

ICH BIN MUTTER GEWORDEN. Einige Stunden nach der Geburt meiner ersten Tochter rief ich meinen Großvater an, um ihm die frohe Neuigkeit mitzuteilen. »Gut«, sagte er mit ernster Stimme, »das ist jetzt eine Krise, aber du wirst das überstehen.« Ich wusste nicht recht, was ich mit seiner Reaktion anfangen sollte, und versuchte sie als Gegrummel eines schrulligen alten Mannes abzutun. Heute ist mir klar, dass er der Einzige war, der die Wahrheit sagte. Wenn Eltern sich Tag für Tag um Säuglinge und Kleinkinder zu kümmern haben, versetzt sie das sehr wohl in einen Krisenmodus und zwingt den meisten eine brutale Umstellung auf. So war das auch bei mir. Kinder sind anspruchsvoll, unberechenbar und unbequem, und darauf war ich in keiner Weise vorbereitet.

Mutter zu werden rüttelte mein ganzes Leben durcheinander, mein Studium, meine beruflichen Pläne, meine Beziehungen zu anderen. Ich hatte mir Muttersein als herausfordernde Aufgabe vorgestellt, aber ich war nicht darauf gefasst, dass mein Leben völlig auf den Kopf gestellt wurde. Ich fühlte mich ein wenig wie in meinem ersten Studienjahr: Ich versuchte, neue Freunde zu finden und herauszufinden, was ich aus meinem Leben machen sollte, und jedes Mal, wenn ich mich umdrehte, übergab sich gerade jemand. Nur war jetzt *ich* diejenige, die erwachsenes Verhalten an den Tag zu legen hatte.

Noch komplizierter wurde die Lage für mich dadurch, dass meine eigene Kindheit chaotisch gewesen war, durch mehrere Scheidungen meiner Eltern, Substanzmissbrauch und psychische Erkrankungen in der Familie, durch viele lautstarke Auseinandersetzungen und lange Phasen der Trennung sowohl von meiner Mutter als auch von meinem Vater. Jetzt war ich zwar in der Elternrolle, doch die Eltern-Kind-Beziehung war für mich mit den verschiedensten Triggern verknüpft, die mir größtenteils überhaupt nicht bewusst waren. Ich merkte zwar, dass ich aus dem Gleichgewicht war, aber ich hatte keine Ahnung, warum.

ICH HATTE ÄNGSTE. Ende Oktober 2008 kam ich mit einem gesunden Baby aus der Klinik nach Hause sowie mit einer ausgewachsenen nachgeburtlichen Angststörung, über die ich mir aber überhaupt nicht im Klaren war. Ich war die ganze Zeit außer mir vor Sorge, was so weit ging, dass ich auf dem Po die Holztreppe hinunterrutschte, weil ich befürchtete, ich könnte ausrutschen und mit meiner Tochter auf dem Arm hinabstürzen.

Mir ist vor allem eine Nacht in Erinnerung geblieben, als sie etwa ein halbes Jahr alt war. Wie so etwa jede zweite Nacht seit ihrer Geburt schlich ich mich in ihr Zimmer, ehe ich schlafen ging, und vergewisserte mich, dass sie noch atmete. Wie immer hob und senkte sich der kleine Brustkorb im steten Rhythmus. Ich schlich auf Zehenspitzen hinaus und ging zu Bett. Kurz darauf sah ich Szenen vor mir, in denen meine Tochter zu atmen aufhörte und ich den Notruf wählen musste. Ich stellte mir vor, wie Sanitäter ins Haus gestürmt kamen, über all die Schuhe und Winterklamotten stolperten, die in unserem winzigen Flur an der Treppe aufgetürmt waren, und nicht rechtzeitig zu dem Baby gelangen konnten – alles nur, weil ich nicht aufgeräumt hatte.

Ich lag bestimmt mehrere Stunden lang in der festen Überzeugung da, dass ich das Durcheinander eigentlich sogleich aufräumen sollte, doch ich fürchtete, dass ich dabei meinen Mann aufwecken würde, der genauso ausgepowert war wie ich selbst. Außerdem wusste ich sehr wohl, dass das alles gesponnen war: Unserer Tochter ging es gut, und bis auf Weiteres würde kein Rettungswagen mit quietschenden Reifen in unserer Einfahrt zum Stehen kommen. Trotzdem kam die Schreckensvision immer wieder – hatte unsere Tochter vielleicht doch irgendwann, während ich mich hier mit Angstgedanken quälte, zu atmen aufgehört, und sollte ich nicht besser nach ihr schauen? Denn welch grausame Ironie des Schicksals wäre es, wenn der allerschlimmste Fall eben doch wahr würde und meine Befürchtungen zuträfen! Wenn ich jetzt aufstand, würde ich mir damit allerdings eingestehen, dass ich jede Kontrolle über meine Gedanken und meine Gefühle verloren hatte. Ich versuchte mir also einzureden, dass ganz bestimmt alles in Ordnung war. Sie werden sich denken können, dass meine Selbstberuhigungsversuche nicht sonderlich erfolgreich waren. Ich lag da im Dunkeln und sah weiterhin die kräftigen Sanitäter in ihren blauen Uniformen vor mir, wie sie über Schneestiefel, Turnschuhe und winzige rosafarbene Mokassins stolperten und dann nach oben zu meinem regungslosen Baby hasteten. In dieser Nacht und vielen anderen Nächten machte ich kein Auge zu. Ich bekam die Bilder von all dem Schrecklichen, das meinem Baby zustoßen könnte, nicht aus dem Kopf.

ES GAB GESUNDHEITLICHE KRISEN. In unseren ersten Jahren als Eltern hatten wir in der Familie mit verschiedenen gesundheitlichen Problemen zu tun: mit Knochenbrüchen, Verbrennungen, chronischen Mittelohrentzündungen, die das Einsetzen von Paukenröhrchen erforderlich machten, und mit Pseudokrupp-Erkrankungen, die sich endlos hinzuziehen schienen (diese Viruserkrankung führt zu Schwellungen der Kehlkopfschleimhaut, bellendem Husten und schlimmstenfalls zu Atemnot). Zudem landete eine enge Verwandte wegen einer Arzneimittelunverträglichkeit auf der Intensivstation (zum Glück geht es ihr mittlerweile wieder gut).

Ich habe ja erwähnt, wie ich auf dem Po die Treppenstufen hinunterrutschte, weil ich Angst vor einem Sturz hatte. Als meine ältere Tochter sechs war, fiel sie tatsächlich die Treppe hinunter und brach sich dabei den Arm. Ich kann nicht mehr sicher sagen, ob das nun vor oder nach dem Tag war, an dem ihre Schule den Notarzt rufen musste, weil sie einen Asthmaanfall hatte.

Manchmal dachte ich, das kann doch verdammt nochmal alles nicht wahr sein.

Ich versuchte mir aber auch vor Augen zu halten, wie viel Glück wir hatten. Denn die meisten Verletzungen und Krankheiten waren nicht wirklich gravierend, wir waren krankenversichert und hatten

Zugang zu guter medizinischer Versorgung. Ich machte mir allerdings nicht klar, dass alle diese gesundheitlichen Probleme starke Trigger für mich darstellten. Immer wieder wurde ich von Ängsten überflutet, und ich machte mir immer mehr Sorgen um Gesundheit und Sicherheit meiner Töchter. Im Lauf der Zeit zermürbte mich die ständige Überwachsamkeit, und die Frequenz meiner Ausraster stieg.

ICH WAR ERSCHÖPFT. In der Theorie war mir klar, wie sehr uns Schlafmangel in jeder Hinsicht beeinträchtigt. In den ersten Jahren als Sozialarbeiterin war ich auf einer psychiatrischen Station tätig und bekam dort mit, wie viel eine hinreichende Schlafdauer zur Beruhigung von chaotischen Gedanken und explosiven Gefühlslagen beizutragen vermag. Mit meiner eigenen Situation brachte ich das freilich nicht in Zusammenhang. Anstatt meine Erschöpfung wirklich wahrzunehmen und mir einzugestehen, wie sehr sie meine Leistungsfähigkeit beeinträchtigte, trug ich sie, mit dunklen Ringen unter den Augen, wie ein Ehrenabzeichen vor mir her. Ich bekam ja alles gut hin und verließ mich darauf, dass ich mit Hilfe von viel Kaffee mein Pensum auch weiterhin erledigen konnte.

Nur war es in Wirklichkeit so, dass ich keineswegs alles gut hinbekam. Zwar stand ich mit Koffein und Zucker alles durch, doch am Ende war ich in einem Teufelskreis gefangen: Ich mampfte mich durch den Tag, und nachts lag ich sorgenvoll grübelnd wach. In fünf Jahren legte ich gehörig an Gewicht zu. Ich erhielt die Diagnose Schlafapnoe. Bei dieser zunehmend häufigen Störung setzt die Atmung in der Nacht kurzzeitig aus. Die dadurch verursachten Schlafunterbrechungen waren so kurz und unauffällig, dass ich sie gar nicht mitbekam, doch störten sie den Schlaf derart stark, dass ich nach einer Nacht, die mir eigentlich erholsam vorkam, wie gerädert aufwachte.

Aus heutiger Sicht ist für mich klar zu erkennen, wie ich durch das Zusammenspiel der genannten Trigger – Mutter werden, Ängste, gesundheitliche Krisensituationen, Erschöpfung – völlig überfordert war. Ich war aber zu müde und überlastet, um auch nur ansatzweise zu begreifen, was da vor sich ging. Stattdessen kam ich zu dem

Schluss, es fehle mir an Willenskraft und Entschlossenheit. Ich las wie besessen alles, was ich an Selbsthilfebüchern und Tipps zur Kindererziehung finden konnte. Es musste doch möglich sein, all die Dinge, die schiefgehen konnten, zurechtzurücken oder zu verhindern. Ich stand ständig unter Strom. Anders ausgedrückt: Ich wurde zu einem einzigen wandelnden, plappernden, rotglühenden Knopf, der nur darauf wartete, gedrückt zu werden. Meiner psychischen Gesundheit abträglich war dabei die Tatsache, dass ich den Großteil meiner Zeit mit Wesen verbrachte, die gar nicht anders konnten, als auf so einen grell blinkenden Knopf draufzudrücken.

Ich war pausenlos am Grübeln, Planen und Abwägen. Wie viele Male hintereinander ist es okay, den Kindern ein Fertiggericht aufzutischen? Ab wann ist Daumenlutschen Grund zur Sorge? Ist das Kind womöglich farbenblind? Sollten die beiden mehr klassische Musik hören? Welche Probiotika-Marke ist die richtige für sie? Ist es bedenklich, dass beide spiegelverkehrt schreiben? (Ich zerbrach mir sogar den Kopf darüber, ob es noch etwas gab, worüber ich mir besser Gedanken machen sollte. Wie Sie sehen, war ich schon bei den Ängsten für Fortgeschrittene angelangt.)

Ich erinnere mich, wie unsere Babysitterin einmal, als ich mit meiner Litanei von Anweisungen und aktualisierten Informationen zu den Kindern durch war, lächelnd antwortete: »Wow! In Ihrem Kopf zu wohnen muss echt anstrengend sein.« Ich weiß noch, dass ich dachte: Ach Schätzchen, du hast ja keine Ahnung. Und dann begann ich mir Sorgen zu machen, ob ich mich mittlerweile wie diese überfürsorglichen, nörgeligen Helikoptereltern aufführte, zu denen ich doch auf keinen Fall gehören wollte.

Im Rückblick ist mir klar, dass ich mich damals lieber an Problemchen abarbeitete, weil mir die großen Probleme – die vor allem mit der Gesundheit und Sicherheit der Kinder und Angehörigen zu tun hatten – komplett über den Kopf wuchsen. Ich konnte mich nicht konzentrieren und war vergesslich, mir fielen Dinge aus der Hand, ich machte sie kaputt oder verlor sie einfach. Ich hinkte dem Zeitplan meiner Doktorarbeit und später meiner Buchprojekte hinterher.

Ich schlief immer weniger und nahm weiter zu. Die Kinder bekamen meine Frustration zu spüren, und daran änderte sich nichts, sooft ich mir auch schwor, dass ich sie nie mehr anschreien würde.

Ich rastete aus, und zwar oft.

Wie ich die Kurve gekriegt habe

Am Ende habe ich in die Spur gefunden, aber nicht durch Willenskraft oder weise Ratschläge eines Gurus. Es änderte sich nichts, bis ich endlich dem Menschen zuhörte, der mich am besten kennt: meinem Mann. Er sagte schon seit Monaten, dass ich seiner Meinung nach unter Schlafstörungen litt. Ich wollte mir aber nichts sagen lassen – wer lässt sich schon gern Ratschläge von seinem Partner geben? Doch er ließ nicht locker, und so vereinbarte ich schließlich einen Termin bei einem Schlafmediziner, der eine Schlafstörung diagnostizierte. Die anschließende Behandlung führte dazu, dass ich in den meisten Nächten wieder gut schlief.

Genug Schlaf zu bekommen war der erste entscheidende Schritt, um mein Leben wieder auf die Reihe zu kriegen, weil mir das die nötige Energie für die nächsten Schritte gab. Je besser ich schlief, desto weniger reizbar war ich gegenüber den Kindern. Es passierte mir auch nicht mehr so häufig, dass ich ins Auto stieg und erst unterwegs merkte, dass ich den Kaffeebecher auf dem Autodach hatte stehen lassen. (Ja, das Kaffeetrinken habe ich nicht aufgegeben. Wir wollen's ja nicht übertreiben, Leute.) Bei der Arbeit bekam ich mehr auf die Reihe und kam mir nicht mehr wie eine Versagerin vor. Ich hatte genügend Energie, um mit einem Sportprogramm anzufangen. Genügend Schlaf und Bewegung und eine Neustrukturierung meines Berufslebens halfen mir – wobei ich das zu der Zeit nicht so interpretierte –, mein Nervensystem zu beruhigen, meine Knöpfe herunterzudimmen und gegenüber den Kindern wesentlich seltener aus der Haut zu fahren.

— *Genug Schlaf zu bekommen war der erste entscheidende Schritt, um mein Leben auf die Reihe zu kriegen.* —

Ich war jetzt auch fit und motiviert genug, um wieder in meine Psychotherapie einzusteigen.

Psychotherapie – wenn Experten das Wort aussprechen, ist das manchmal, als ob sie eine Handvoll Glitter in die Luft werfen, und das ist dann sehr eindrucksvoll. Glitter mag ja sehr schön aussehen (eigentlich hasse ich das Zeug – haben Sie's schon mal wegputzen müssen?), aber ich würde gerne etwas zum Thema beitragen, das etwas mehr Substanz hat. Deshalb folgt nun eine Aufzählung von Gründen, aus denen die Therapie für mich hilfreich war. Die Reihenfolge der Punkte ist dabei ohne Bedeutung. (Weiterbringen kann Sie, das möchte ich hier betonen, möglicherweise auch das Gespräch mit einem Geistlichen, dem Sie vertrauen, mit einem Coach oder einer Ärztin, ein Termin bei einer Beratungsstelle oder beispielsweise auch die Teilnahme an einer Eltern-Selbsthilfegruppe.)

- **Die Therapie war für mich ein Ort, wo ich ausrasten konnte**, ohne das Gefühl zu haben, dass alles aus den Fugen geriet. Ich habe wenige Erfahrungen in meinem Leben gemacht, die befreiender waren als diese: Ich bin in einem Raum mit einer Person, der ich vertraue, der ich die schlimmsten Seiten meiner selbst zu offenbaren wage und bei der ich hemmungslos losheulen kann. Dabei kann ich darauf vertrauen, dass sie mir wirklich zuhört und mich nicht im Mindesten verurteilt. Und dann – das ist das Allerbeste daran – verlasse ich den Raum, höre die Tür hinter mir ins Schloss fallen und weiß, das ganze Kuddelmuddel bleibt dort zurück, und ich muss mich bis nächsten Mittwoch um zwei nicht mehr damit befassen.

- **Mir wurde klarer, was die Elternrolle mir abverlangt.** Eigentlich sollte man denken, dass ich das längst hätte wissen müssen, weil ich ja im psychosozialen Bereich arbeite. Weit gefehlt. Ich war wie eine übergewichtige Sportlehrerin, die tolle Ratschläge erteilt, sich selbst aber nicht daran hält. Mit meiner Therapeutin über meine Kindheit zu reden half mir, besser zu verstehen, wie die Knöpfe entstanden sind, die bei mir so leicht zu drücken sind, und welche Konflikte und Verhaltensweisen sie besonders hell aufleuchten lassen. Mir wurde dadurch klarer, was in Situationen vor sich geht, die mir bis dahin völlig unberechenbar und unbeherrschbar vorgekommen waren und in denen ich zum Ausrasten neige.
- **Die Therapeutin half mir, mein Vorgehen zu strukturieren.** Im Zeitalter der Rund-um-die-Uhr-Nachrichten, der hochgejubelten Erziehungsexperten und der sozialen Medien bestand für mich als verunsicherte Selbsthilfe-Jüngerin eine der wesentlichen Herausforderungen darin, dass ich ständig mit (sich zum Teil widersprechenden und/oder wenig fundierten) Ansichten zu dem konfrontiert war, was ich unbedingt tun und was ich unbedingt lassen sollte, damit meine Kinder nicht lebenslange Schäden davontrugen, weil ich nicht alles genau so machte, wie es richtig war. Die Folge war, dass ich komplett die Orientierung verlor. Die Nadel meines Erziehungskompasses pendelte sich ständig wieder neu ein, sodass ich immer wieder eine andere Richtung einschlug, ohne je dorthin zu gelangen, wohin ich eigentlich wollte. Meine Therapeutin und ich gingen Woche um Woche die ganzen Erziehungstipps und die Argumente dafür und dagegen durch und breiteten sie vor uns aus wie in einer dieser Messie-Reality-Shows, in denen der ganze gehortete Krempel auf den Prüfstand gestellt wird. Ich ging

dann mit einigen nützlichen Gedanken nach Hause, die mir die Woche überstehen halfen, und stellte mir vor, wie der ganze Rest auf dem Boden des Therapiezimmers auf einer blauen Abdeckplane ausgebreitet lag, mit einem großen Schild daneben: WEG DAMIT.

— **Ich lernte Strategien, um besser zurechtzukommen.** Ich lernte, wie ich mit meinen Triggern und mit kritischen Momenten besser klarkommen kann. Oft ging es dabei um kleine Veränderungen, mit denen sich große Wirkung erzielen lässt. Ein Beispiel: Als meine Töchter noch klein waren, machte eine Freundin viele persönliche Krisen durch und rief mich häufig mitten am Abend an. Ich machte mir Sorgen um sie und ging auch dann ans Telefon, wenn ich gerade das Abendessen vorbereitete, Windeln wechselte oder einen Streit um Duplo-Prinzessinnen schlichtete. Was die Freundin mir an Einzelheiten ihrer Situation erzählte, war belastend für mich und versetzte mich in innere Anspannung, und oft blaffte ich, wenn ich aufgelegt hatte, bald darauf die Mädchen an. Heute ist mir der Zusammenhang zwischen den Telefonaten und den anschließenden Ausrastern klar, doch damals blieb er mir verborgen. Erst als ich meiner Therapeutin davon erzählte, ging mir auf, wie da eins zum anderen führte. Sie legte mir taktvoll nahe, die Anrufe der Freundin nicht anzunehmen, wenn ich mit den Mädchen beschäftigt war. Ich konnte sie dann ja später zurückrufen, wenn ich mehr Freiraum hatte. Von dem Punkt an verliefen unsere Abende um einiges entspannter.

MEINE THERAPEUTIN SCHLUG MIR MEDIKAMENTE VOR. Medikamente wurden erstmals zum Thema, als unsere gemeinsame Arbeit sich, mit einigen Unterbrechungen, schon über fast zehn Jahre erstreckt hatte. An diesem Tag erzählte ich ihr davon, dass ich oft in quälendes Grübeln über Amokläufe an Schulen verfiel. Wenn ich morgens die Mädchen in die Schule gebracht hatte, saß ich meistens eine Zeitlang im Auto und starrte den Himmel an. Sonnige Tage, an denen ich früher immer gut gelaunt und entspannt war, waren zu Boten des Unheils geworden. Ein schöner Tag, dachte ich bei mir, also einer dieser Tage, an denen ein Arschloch mit einer halbautomatischen Waffe reinmarschiert und um sich schießt. Mein Herz raste, der Atem ging schneller, und ich kämpfte gegen den Impuls an, ins Gebäude zu rennen und meine Töchter herauszuholen. England, sagte ich zu mir, wir werden in ein kleines Dorf in England ziehen. Dort gibt es keine Schulmassaker, wir sprechen die Landessprache schon, und irgendwann werde ich auch Tee mögen. Nach einer Weile wurde ich wieder ruhiger und konnte den Blick auf das richten, was an dem Tag anstand. Die Schreckensgedanken kamen aber immer häufiger, setzten aus heiterem Himmel ein und wurden bedrängender. Das machte mich mürbe.

Ich wusste nicht, was ich von der Idee mit dem Medikament halten sollte. Medikamente konnten ja, wie ich bei Klienten von mir gesehen hatte, dem Leben eine positive Wende geben, aber ich machte

Ein Hinweis zu Medikamenten

Mir hat das Medikament geholfen. Legen Sie jetzt aber bitte nicht dieses Buch beiseite, um zum Arzt zu eilen und sich ein Rezept zu holen. Ich habe es schon einmal gesagt und wiederhole es jetzt wieder: Es gibt keine Wunderpille, keine geheime Abkürzung zum Erfolg und auch keinen Dreistufenplan für nur 19,99 Euro, der im Handumdrehen bewirkt, dass Sie ab morgen nicht mehr ausrasten und die perfekten Eltern sind. So etwas existiert nicht, also suchen Sie besser nicht danach. Das Medikament war nur Teil eines Puzzles aus verschiedenen Maßnahmen, mit denen ich mein Leben wieder auf die Reihe bekam. Andere wesentliche Elemente waren Schlaf, Bewegung, Selbstfürsorge und die Unterstützung meiner Therapeutin und meiner Familie.

mir Sorgen wegen Nebenwirkungen und möglicher Entzugserscheinungen nach dem Absetzen. Ich vertraute jedoch dem Urteil meiner Therapeutin, und so vereinbarte ich einen Termin bei einer psychiatrisch ausgebildeten Fachkraft, die meine Fragen beantwortete und mir ein niedrig dosiertes Antidepressivum empfahl, das bei Ängsten häufig verschrieben wird.

Es half. Innerhalb einer Woche stellte sich eine deutliche Besserung ein. Die Angstgedanken überfielen mich viel seltener, ich schlief besser, und die körperliche Anspannung ließ nach. Das Beste war, dass das Muttersein mir mehr Freude machte. Ich hatte mehr Energie, und es fiel mir leichter, mich ganz auf die Kinder einzulassen, denn ich war nicht mehr so verspannt und verkrampft, ließ mich von ihrem unberechenbaren Verhalten nicht so leicht verunsichern und zerbrach mir nicht ständig den Kopf darüber, was ich alles falsch machte. Meine Gedanken wurden klarer, und so konnte ich die Strategien und Übungen, die mir halfen, gut auf mich achtzugeben, besser in meinen Alltag integrieren. Ich nahm das Medikament etwa ein Jahr lang und folgte dann den Instruktionen, die ich erhielt, um es nach und nach abzusetzen.

Wo stehe ich heute?

Ich schlafe die meisten Nächte durch, habe viele überflüssige Pfunde verloren und nehme keine Medikamente mehr. Ich springe immer noch auf meine Trigger an, nehme sie aber bewusster wahr und kann besser nachvollziehen, wie sie die Wahrscheinlichkeit von Ausrastern erhöhen. Ich weiß, dass ich genug Schlaf und Bewegung brauche, dass ich in meiner Handtasche immer eine Kleinigkeit zu essen dabeihaben sollte, dass ich besser langsam mache und mir Zeit dafür nehmen sollte, mit meinen Freundinnen zu reden und mich regelmäßig kaputtzulachen – und dass ich mich mit all diesen Dingen nicht etwa verhätschele, denn sie sind ***absolut notwendig,*** wenn ich mit meinen Kindern zusammen sein will, ohne irgendwann die Wände hochzugehen. Ich weiß auch, dass Kindererziehung eine anstrengende Aufgabe ist und es immer Tage geben wird, an denen ich mich nicht an meinen Plan halte oder an denen mir das zwar zunächst gelingt, dann aber etwas Dummes dazwischenkommt und ich trotzdem ausraste. Wenn es also doch wieder passiert, stehen die Chancen viel besser als früher, dass ich hinterher ein paarmal tief Luft hole, ein albernes Tänzchen mache, meine Kinder um Verzeihung bitte und viel Mitgefühl für alle Beteiligten, mich selbst eingeschlossen, aufbringen kann.

Das Wichtigste ist vielleicht, dass ich nicht mehr glaube, Ausrasten bedeute, ich hätte moralisch versagt oder ich müsse mich doch eigentlich zur Gelassenheit *zwingen* können. Ich sehe meine Wutausbrüche als ein Symptom, als ein Signalfähnchen, das mir anzeigt, es ist an der Zeit, mich um mich selbst zu kümmern, mir Unterstützung zu holen oder mich für heute einfach geschlagen zu geben und den Fernseher anzumachen (was ich nicht mehr als ein Scheitern sehe). Und ich weiß, dass ich über die nötigen Fertigkeiten und Strategien verfüge, mich wieder auf Kurs zu bringen.

Das ist also meine Geschichte. Jetzt sind Sie an der Reihe. Ich weiß, allein hätte ich es nicht hinbekommen, also gehe ich davon aus, dass das auch Ihnen nicht gelingen wird. Ich werde jeden einzelnen Schritt mit Ihnen durchgehen. Der erste besteht darin, Klarheit über Ihre persönlichen Trigger zu gewinnen. Legen wir also los.

3 Zu den eigenen Triggern stehen

Hier erfahren Sie, was bei Ihnen das Fass zum Überlaufen bringt und wie Sie merken, wenn es Klick macht und Ihre Geduld erschöpft ist.

Wir alle haben unsere Trigger. Das gehört zum Menschsein dazu. Falls Sie jetzt den Eindruck haben, dass Sie dieses Kapitel ja getrost überspringen können, weil Sie bei sich selbst keine derartigen Schwachpunkte entdecken können, sollten Sie sich das besser nochmal überlegen. Was ich Ihnen erzählen möchte, ist wichtig. Holen Sie sich also einen Kaffee und machen Sie es sich gemütlich.

Unter einem Trigger verstehe ich in diesem Buch *alles, was die Wahrscheinlichkeit eines Ausrasters gegenüber Ihren Kindern erhöht.* Wenn Sie auf Trigger reagieren, werden Ihre Knöpfe größer, auffälliger und empfindlicher.

Im Prinzip kann natürlich jeder in Ihrer Umgebung, ob in der Familie oder am Arbeitsplatz, Ihre Knöpfe drücken und Ihnen so Anlass zum Ausrasten geben. In diesem Buch soll es aber nur um das Ausrasten gegenüber den eigenen Kindern gehen. Kinder sind von Natur aus Experten im Knöpfedrücken. Sie bewegen sich sozusagen mit weit ausgestreckten Händen durch die Welt und sind jederzeit bereit, alles anzufassen und zu befingern, was ihnen über den Weg läuft. Das ist typisch dafür, wie Kinder lernen, sich entwickeln und mit der Welt um sie herum interagieren. Dabei gehen sie oft auf eine Weise vor, die uns Erwachsenen leider sprunghaft, unberechenbar und problematisch vorkommt. Das kommt ganz einfach daher, dass ihr Gehirn noch nicht vollständig ausgereift ist.

— *Kinder sind von Natur aus Experten im Knöpfedrücken.* —

Solange keine Trigger auf Sie einwirken, ist die Wahrscheinlichkeit vergleichsweise gering, dass Ihr Kind mit seinem Verhalten Ihre Knöpfe drückt, denn diese Knöpfe sind gerade nicht besonders auffällig. Ja, es gibt sie, diese grandiosen Momente, in denen es Sie gar keine Mühe kostet, angesichts der Mätzchen und Eskapaden des Kindes geduldig und freundlich zu bleiben.

Wenn Sie aber unter dem Einfluss eines Triggers stehen, sieht die Situation völlig anders aus. Ihr Nervensystem befindet sich im Notfallmodus und ist bereit, sofort auf Kampf, Flucht, Schreckstarre oder Austicken zu schalten, sobald einer Ihrer Knöpfe gedrückt wird. Ihre Knöpfe leuchten einladend und das Kind hat sie, wie die Notruftaste im Fahrstuhl, direkt vor der Nase. (Warum um Himmels willen muss diese Taste für Kinder so leicht erreichbar sein? Na ja, ist keine echte Frage – ich weiß ja, warum's so ist.)

Weil Ihr Kind die ganze Zeit mit neugierigen Fingern die Welt durchstreift, bekommt es sofort mit, wenn bei Ihnen ein Knopf aufleuchtet, und Sie können Gift drauf nehmen, dass es wie wild darauf herumdrücken wird. Je jünger es ist, je mehr es sich an dem Tag schon verausgabt hat und je stärker es gerade selbst unter dem Einfluss von Triggern steht, desto schneller landen seine kleinen Pranken auf Ihren Schwachpunkten.

Vielleicht kommen Sie ganz gut damit zurecht, wenn Ihr Kind einmal oder zweimal oder sogar zwölfmal auf einen Knopf drückt – je nachdem, ob Ihr Rücken Sie gerade plagt, ob Sie Geldsorgen haben oder ob Ihr Chef heute schlecht gelaunt war. Irgendwann aber rasten auch die Gleichmütigsten von uns aus, und wir müssen verstehen, warum das so ist. Es geht hier um Erwachsenwerden für Fortgeschrittene, liebe Leute – darum, dass wir geschickt mit unseren Schwächen umgehen. Damit meine ich, dass wir ein klares Bild davon gewinnen sollten, was unsere persönlichen Trigger sind und wie wir am besten erreichen können, dass unsere Knöpfe kleiner, unauffälliger und unempfindlicher werden, sodass sie weniger einladend aussehen.

Bitte beachten Sie, dass ich davon spreche, die Knöpfe weniger einladend zu machen. Ich habe *nicht* gesagt, dass es darum geht, unsere Kinder vom Knöpfedrücken abzuhalten. Das ist eine wesentliche Unterscheidung, denn wenn wir die Aufmerksamkeit darauf richten, wie Kinder unsere Knöpfe drücken, legt das die Suche nach einer Strategie nahe, mit der wir das verhindern können. Diese Herangehensweise verbietet sich aber aus zwei Gründen:

1. **Wir manövrieren uns in eine Sackgasse,** wenn wir unser psychisches Gleichgewicht und unser Wohlbefinden vom unberechenbaren Verhalten einer anderen Person abhängig machen. Wir sollten anderen nicht die Verantwortung für das zuweisen, was wir selbst tun oder nicht tun – vor allem, wenn es sich bei diesen anderen um unseren eigenen Nachwuchs handelt. Die Realität ist nun einmal, dass Kinder immer Dinge tun werden, die uns nicht recht sind. Das heißt, sie werden immer wieder auf unsere Knöpfe drücken. Daran werden wir mit ziemlicher Sicherheit nichts ändern können. Unsere Aufgabe besteht deshalb darin, unsere Knöpfe herunterzuregulieren, so gut es geht, und so ruhig wie möglich zu bleiben, wenn die Kinder darauf herumdaddeln.

2 **Wir können von Kindern nicht erwarten, sich immer angemessen zu verhalten,** denn viele Entwicklungsprozesse sind bei ihnen noch nicht abgeschlossen. Dies gilt insbesondere dann, wenn sie auf Trigger reagieren, wenn sie sich an emotionalen, körperlichen oder geistigen Entwicklungsaufgaben abmühen oder meinetwegen auch, wenn Dienstage oder bestimmte Wetterlagen sie vor besondere Herausforderungen stellen. Der präfrontale Kortex, der uns Erwachsene im Alltag auf Kurs hält, ist bei Kindern noch nicht in Betrieb. Wenn wir also an ihre Vernunft appellieren, ist das ein bisschen so, als würden wir sie auffordern, ohne Holz und ohne Werkzeuge ein Baumhaus zu bauen: Ihnen fehlen einfach noch die nötigen Voraussetzungen.

Damit will ich Ihnen aber keineswegs nahelegen, nun jede Hoffnung aufzugeben und Ihrem Kind alles durchgehen zu lassen. Natürlich müssen Sie ihm Grenzen setzen und auf ihnen beharren, ihm deutlich machen, von welchen Erwartungen Sie nicht abgehen werden, und ihm angemessenes Verhalten, Selbstregulation und Zimmerlautstärke beibringen. Das alles tun Sie aber nicht, damit das Kind Sie nicht mehr triggert. Sie tun es, damit das Kind später, wenn es erwachsen ist, in der Gesellschaft bestehen kann. Es geht um Fähigkeiten, deren Aufbau viel Zeit braucht und die auch bei vielen Erwachsenen nicht voll entfaltet sind.

Ich weiß nicht, wie es Ihnen geht, aber ich habe keine Lust, in den Jahren, bis meine Kinder groß sind, darauf zu warten, dass sie endlich aufhören, meine Knöpfe zu drücken. Denn dann werde ich weiterhin nicht anders können, als ständig auszurasten.

Wenn wir unseren Kindern beizubringen versuchen, geduldig zu warten, bis sie an der Reihe sind, oder die Hände zu waschen, müssen wir dabei auch akzeptieren, dass wir ihr Verhalten nun einmal nicht bis ins Detail steuern können. Das hilft uns, die Aufmerksamkeit auf das zu richten, *was wir tatsächlich kontrollieren können:* auf unsere eigenen Trigger und Knöpfe. Wir können das berühmte

Wie soll ich denn nun mit meinem Kind umgehen?

Jetzt denken Sie vielleicht: Das mit den Triggern und den Knöpfen ist ja alles schön und gut, aber es kommt doch auch darauf an, was bei meinem Kind los ist. Möglicherweise kommt Ihnen das Verhalten Ihres Kindes problematisch oder verwirrend vor oder Sie kommen mit der Entwicklungsphase, in der es sich gerade befindet, einfach nicht zurecht. Es muss doch, so denken Sie, geschicktere Erziehungsstrategien geben, aber Sie wissen nicht, welche das sein könnten. Dazu würde ich gern ein paar Anmerkungen machen:

Ihre allererste Aufgabe ist, Ihren Kindern Sicherheit und Geborgenheit zu bieten, so gut Ihnen das möglich ist. Ihre zweitwichtigste Aufgabe ist, die eigenen Gefühle so zu regulieren, dass Sie besonnen auf Ihre Kinder reagieren können, ohne auszurasten. Um diesen Aspekt geht es im ganzen Buch.

Damit schaffen Sie die nötigen Voraussetzungen dafür, sich darüber klarzuwerden, wie Sie Ihre Kinder eigentlich erziehen und wie Sie auf ihr Verhalten reagieren wollen. Und es gibt im Grunde so viele richtige Vorgehensweisen, wie es Eltern gibt. Die Kunst besteht darin, herauszufinden, was für Sie und Ihre Familie am besten funktioniert. In kritischen Situationen gelassen zu bleiben wird Ihnen leichter fallen, wenn Sie einen Plan haben: Wie reagiere ich, wenn das Kind seinem Bruder eine runterhaut, wenn es Sie anlügt oder schon wieder eine Zahnspange verliert? Hier einige Tipps, wie Sie sich einen solchen Plan zurechtlegen können:

- Sprechen Sie mit den Menschen, die mit Ihnen und Ihren Kindern vertraut sind und die Sie gut kennen. Das können Angehörige sein, Freunde oder die Hausärztin. Berichten Sie ihnen, was Sie auf dem Herzen haben und fragen Sie sie um Rat.
- Orientieren Sie sich an Vorstellungen und Strategien, die Ihnen Ihr soziales Umfeld anbietet. Mit dem sozialen Umfeld meine

ich zum Beispiel Ihre Kirchengemeinde, befreundete Eltern oder Lehrer an der Schule Ihres Kindes.

- Wenden Sie sich an eine Expertin oder einen Experten, zum Beispiel an einen Familientherapeuten, eine Kinderpsychologin oder einen Elterncoach.
- Lassen Sie sich von Büchern, Webinaren oder Podcasts zum Thema Erziehung anregen. Setzen Sie die Empfehlungen in Bezug zu Ihrer eigenen Situation: Passen sie gut zur Struktur, zum Charakter und zu den Wertvorstellungen Ihrer Familie? Falls nicht, sollten Sie weitersuchen.
- Behalten Sie im Kopf, dass es viele gute Methoden der Kindererziehung gibt. Seien Sie auf der Hut, wenn jemand Sie glauben machen will, seine Methode sei die einzig richtige.
- Auch wenn Sie einen Plan haben, werden Sie nicht immer die richtige Entscheidung treffen. Sie werden Fehler machen, und das ist in Ordnung so. Das Gute ist, dass jede Entscheidung, die Sie in einer Haltung gelassener Aufmerksamkeit treffen, immerhin besser sein wird als eine, die aus Verärgerung und Frustration entspringt. Tun Sie Ihr Bestes und bleiben Sie am Ball – Ihre Kinder werden Ihnen bald Gelegenheit zu einem neuen Anlauf geben.
- Machen Sie sich immer wieder klar: Es ist nicht Ihre Aufgabe, dafür zu sorgen, dass Ihr Kind die ganze Zeit unbeschwert und glücklich ist. Das Kind muss vor heftigen Gefühlsregungen nicht *bewahrt* werden, es muss sie *erleben.* Es muss lernen, dass es völlig in Ordnung ist, traurig, wütend oder verwirrt zu sein oder sich zu schämen, und dass diese Gefühlszustände vorübergehen. Wenn Sie es nicht schaffen, die Gefühlskrisen Ihres Kindes auszuhalten, wird es das auch selbst nicht hinbekommen. Es liegt in Ihrer Hand. Machen Sie sich bereit.

»Gelassenheitsgebet« ein wenig umformulieren: Wir bemühen uns, mit den Triggern zurechtzukommen, an denen sich etwas ändern lässt, die anderen Trigger hinzunehmen, an denen wir nichts ändern können, und sehr geschickt darin zu werden, die einen von den anderen zu unterscheiden. Der erste Schritt, mit dem wir uns in diesem Kapitel beschäftigen wollen, besteht darin, uns über unsere Trigger klarzuwerden.

Viele Eltern sind die meiste Zeit irgendwie gereizt, frustriert oder aufgewühlt, ohne überhaupt mitzubekommen, a) dass sie in diesem Zustand sind und b) dass dieser Zustand die Wahrscheinlichkeit von Ausrastern erhöht. Ob der Trigger, auf den sie dann anspringen, irgendetwas mit den eigenen Kindern zu tun hat, ist dabei belanglos. Jeder Mensch hat seine individuellen Knöpfe, und ganz gleich, was sie aufleuchten lässt: Sie wirken nun einmal verlockend auf Kinder, also werden sie draufdrücken.

Was Sie über Ihre Trigger und Knöpfe wissen müssen

Das sind die wesentlichen Punkte zu Triggern und Knöpfen, die ich Ihnen mitgeben möchte:

- **Es gibt universelle und individuelle Trigger.** Universelle Trigger wie Erschöpfung, chronische Schmerzen oder Kummer lassen alle Menschen, so verschieden sie auch sein mögen, reizbar und empfindlich werden. Auf individuelle Trigger dagegen reagieren nur bestimmte Menschen. Ich zum Beispiel werde bei einem hohen Geräuschpegel (auch bei Musik, ob sie nun von meinen Kindern oder meiner Lieblingsband kommt) angespannt und übellaunig, während mein Mann völlig immun dagegen ist. Er ist also insofern im Vorteil, als Kindererziehung für Leute, denen Lärm nichts ausmacht, einfacher ist. Mir bleibt nichts übrig, als

a) zu akzeptieren, dass Lärm mir etwas ausmacht, b) ab und zu sauer auf meinen Mann zu sein, der es besser hat, und c) den Geräuschpegel in meinem Leben zu reduzieren, wann immer das möglich ist. Gut, dass es Ohrstöpsel gibt.

Manche Trigger verschwinden nie, andere wirken nur kurzzeitig. Bei einem verstauchten Fußgelenk oder einem stressigen Arbeitsprojekt ist ein Ende absehbar. Mit anderen Triggern dagegen, etwa einer bleibenden Behinderung oder traumatischen Erfahrungen, haben wir unser ganzes Leben lang zu tun. Unsere Knöpfe sind dann möglicherweise etwas größer oder empfindlicher.

Je häufiger Ihre Knöpfe aktiviert und gedrückt werden, desto schneller und leichter reagieren sie. Ein Grundprinzip der Neurologie lautet: Nervenzellen, die gemeinsam feuern, verdrahten sich untereinander. Ein gutes Beispiel ist das Erlernen eines Instruments: Wir üben, die Noten, die wir vor uns sehen, in Töne umzusetzen, und mit der Zeit gelingt das dem Gehirn so gut, Augen und Hände zu koordinieren, dass wir ein Stück vom Blatt spielen können, ohne bei jeder Note überlegen zu müssen, welche Bewegung die Finger ausführen sollen. Ähnlich ist es bei Triggern, Knöpfen und Ausrastern. Das ist zum einen sehr ärgerlich, zum anderen aber ein Grund zur Hoffnung. Denn wir können nicht nur das Ausrasten »einüben«, sondern auch besser darin werden, uns zu beruhigen. Je mehr wir uns darin üben, ruhig zu reagieren, desto schneller und selbstverständlicher gelingt es uns.

Bei manchen Triggern geht es auch um andere Menschen, bei manchen nur um Sie selbst. Bei den einen kommen beispielsweise Ihre Angehörigen ins Spiel, Ihre Freunde, Kolleginnen, Nachbarn oder die Eltern, die Sie jeden Tag sehen, wenn Sie Ihre Kinder zur Schule bringen. Dagegen haben andere Trigger ausschließlich mit dem zu tun, was gerade in Ihren Gedanken oder in Ihrem Körper vor sich geht.

- **Manche Trigger können Sie etwas steuern,** auf andere haben Sie nur wenig oder gar keinen Einfluss. Die abendlichen Anrufe der verzweifelten Freundin, von denen ich erzählt habe, konnte ich annehmen oder auch nicht. Wenn ich aber die jaulende Sirene eines Unfallwagens höre, kann ich nichts dagegen tun, dass mich das jedes Mal nervös macht. Ziel ist in diesem Fall, dass ich mir den Unterschied zwischen beiden Arten von Triggern bewusstmache, um zu sehen, ob ich etwas an der Situation ändern kann oder nicht.
- **Trigger verändern sich im Lauf der Zeit.** Manche Themen, Konflikte und Menschen, die Ihnen früher zugesetzt haben, lassen Sie heute vielleicht völlig kalt, während Sie auf andere Reize erst in letzter Zeit anspringen und dann innerlich unter Druck geraten. Manche dieser Entwicklungen sind mehr oder weniger vorhersehbar, andere überhaupt nicht. Wenn Sie beispielsweise das Stillen als besonders belastend empfinden, brauchen Sie einfach Geduld. In einigen Monaten wird das Baby entwöhnt sein. Andererseits stellen Sie vielleicht fest, dass der ständige Körperkontakt bei der Kindererziehung dazu geführt hat, dass Berührungen für Sie zu einem neuen Trigger geworden sind.
- **Auch positive Erfahrungen können Trigger sein.** Manchmal lässt ein eigentlich erfreuliches Ereignis (die Geburt eines Babys, eine Beförderung) unsere Knöpfe aufleuchten, etwa weil wir uns mit gestiegenen Erwartungen unter Druck setzen, weil sich daraus Verschiebungen in Beziehungen zu anderen ergeben oder weil wir vielleicht jede Art von Veränderung als belastend empfinden.
- **Bewältigungsstrategien können Trigger werden** oder andere Trigger aktivieren. Bei mir lief das so: Ich versuchte, mit Schokolade und Kaffee meine Anspannung zu reduzieren und mein Energieniveau zu steigern. Kurzzeitig verschaffte mir das Erleichterung, doch diese wurde durch

längerfristige Auswirkungen zunichtegemacht, nämlich durch Gewichtszunahme und ständige Abgeschlagenheit. Bei vielen Eltern lösen unangenehme Gefühlszustände und Erfahrungen den Griff zum Smartphone oder zum Weinglas aus. Beide Ausweichmanöver bergen die Gefahr, dass unsere Knöpfe nicht etwa weniger ansprechbar sind, sondern noch empfindlicher werden.

- **Kindererziehung selbst kann ein Trigger sein.** Sie kann Schwachstellen in den Vordergrund treten lassen, von denen Sie nicht einmal wussten, dass Sie sie haben, und die höchstwahrscheinlich in Ihrer Kindheit gründen. Zum ersten Mal seit Ihrer Kindheit befinden Sie sich wieder in einer Eltern-Kind-Beziehung. Zwar sind Sie diesmal in der Erwachsenenrolle, aber Ihrem Gehirn und Ihrem Körper ist das nicht immer so klar. Falls Ihre Eltern Sie zum Beispiel immer angebrüllt haben, wenn Ihre Müslischale auf dem Boden landete, können chaotische Situationen und Missgeschicke anderer, die Ihnen bislang nichts ausgemacht haben, für Sie durchaus zum Trigger werden.

Woran Sie erkennen, dass Sie gerade getriggert werden

Es ist ohne Weiteres möglich, dass Sie Tag für Tag mehr oder weniger stark auf einen bestimmten Trigger ansprechen, ohne dass Ihnen der Zusammenhang auch nur ansatzweise bewusst ist. Die Evolution hat unser Nervensystem nicht mit dem Ziel geformt, dass es tiefe Einsichten hervorbringt, sondern damit es unser Überleben sichert. Unserem limbischen System ist es schnurzpiepegal, ob wir bewusst erfassen, dass wir aus dem inneren Gleichgewicht geraten – es versucht einfach nur, uns am Leben zu halten. Deshalb reagiert unser Gehirn auf Stress reflexhaft – mit Erhöhung von Puls und Muskelspannung und mit Weitung der Pupillen –, anstatt Ressourcen und Energie für unseren präfrontalen Kortex abzuzweigen. Dabei wäre dieser Teil des Gehirns durchaus in der Lage, bewusst zu registrieren, dass wir gerade auf einen Trigger reagieren, und könnte den Weg zu Gelassenheit und klarem Denken bahnen.

Glücklicherweise können wir besser darin werden, es bewusst wahrzunehmen, wenn unsere Knöpfe gerade besonders empfindlich und einladend sind. Das ist der entscheidende Schritt, der ein Abkühlen der Knöpfe ermöglicht. Dass Trigger aktiv sind, lässt sich meistens an Indizien in unseren Gedanken, Gefühlen, Körperempfindungen und Verhaltensweisen ablesen. Diese Indizien sind bei jedem Menschen ein wenig anders. Es ist deshalb wichtig, dass Sie sich darüber klar werden, welche bei Ihnen selbst typischerweise auftreten. (Mehr dazu in Kapitel 8 »Nicht ausrasten: Wie geht das jetzt?«, Seite 181.)

Häufige Indizien sind zum Beispiel:

- sorgenvolle oder grüblerische Gedanken, die etwas Ängstliches und Getriebenes haben oder sich im Kreis drehen,
- häufige Fantasien, wie Sie aus einer ausweglosen Situation ausbrechen, ob Sie sich nun wie Thelma und Louise in einen Abgrund stürzen oder sich für ein paar Stunden in ein Einkaufszentrum verkrümeln,
- reizbar und schnell genervt sein,
- an Ihren Kindern, Ihrem Partner oder einem anderen unglückseligen Geschöpf, das Ihnen gerade vor die Nase läuft, herummäkeln und sie mit Spitzfindigkeiten piesacken (das geht auch mithilfe nörgeliger oder unfreundlicher Sprachnachrichten, Tweets und E-Mails),
- abfällige Bemerkungen in sich hineinnuscheln oder mit den Augen rollen,
- Verlangen nach Zucker, Knabbereien, Alkohol, Nikotin oder anderen Drogen,
- Herumkratzen an der Haut oder an schorfigen Stellen, Nägelkauen (ja, das machen auch Erwachsene!),

- ständig nach dem Smartphone greifen und nach Neuigkeiten in den sozialen Medien schauen,
- sich unter Druck setzen, dass etwas *jetzt sofort* erledigt werden muss (bei mir ist das die Spülmaschine – wenn ich unter dem Einfluss eines Triggers stehe, löst eine Spülmaschine, die ausgeräumt werden soll, bei mir Alarmstufe Rot aus),
- grundlos in Hektik geraten,
- Verspannungen in Schultern, Kiefer, Nacken, Rücken, Waden oder sonst wo im Körper
- und natürlich: gegenüber den Kindern ausrasten.

Die häufigsten Trigger

Wir können nun der Frage nachgehen, mit welchen Triggern Sie es zu tun haben. (Am Ende des Buches finden Sie eine absurd lange Liste für den Fall, dass Sie beim Nachforschen noch weitere Hilfe brauchen.) Ziel ist, eine Vorstellung davon zu bekommen, was Ihre Knöpfe so verlockend aufleuchten lässt, damit Sie wirksame Maßnahmen ergreifen können, um zu mehr Gelassenheit zu finden, Ausrastern vorzubeugen und in schwierigen Augenblicken anders zu reagieren. Ich werde nun die Trigger aufzählen, die bei den Eltern, die ich kenne und mit denen ich arbeite, am häufigsten vorkommen:

STÄNDIG ERSCHÖPFT SEIN. Auch wenn Sie jede Nacht acht Stunden Schlaf bekommen, lässt die Schlafqualität möglicherweise zu wünschen übrig. Ständige Betriebsamkeit und chronische Überlastung und Überforderung können dazu führen, dass Ihr Akku einfach leer ist.

MULTITASKING IN DER INTERAKTION MIT DEN KINDERN. Dass wir uns um mehr als eine Sache zur selben Zeit kümmern könnten, ist ein Märchen. Und wenn eine der Aufgaben mit den Kindern zu tun hat, können Sie's ohnehin vergessen. Mehrere Dinge gleichzeitig erledigen zu wollen erhöht das Stressniveau, ohne dass irgendjemand einen Nutzen davon hätte. (Diesem wichtigen und unterschätzten Trigger habe ich das gesamte Kapitel 4 »Weniger tun, hilft die Nerven zu behalten« (Seite 91) gewidmet.)

So lassen sich Trigger *nicht* abschütteln

Alkohol und andere Drogen, Computer- und Glücksspiele, ständig Essen in sich reinstopfen, Pornos gucken, sich mit überflüssigen Anschaffungen verschulden – all das sind überaus gängige Versuche, mit Triggern zurechtzukommen. Leider helfen sie nichts. Sie lenken uns ein paar Stunden lang ab oder lullen uns ein, aber am Ende haben wir uns nicht mit dem Trigger auseinandergesetzt, und wir haben uns nichts Gutes getan. Wenn wir uns zu tief in das Loch unserer Wahl verkriechen, haben am Ende eine Sucht am Hals.

Falls Sie sich mit einem dieser Probleme herumschlagen, sollten sie weiterlesen. In den folgenden Kapiteln werde ich Ihnen zeigen, wie Sie mit Ihren Triggern klug umgehen können. Falls Sie sich aber in eine Abhängigkeit manövriert haben, reichen diese Strategien möglicherweise nicht aus. Die Schwierigkeiten, mit denen Sie zu kämpfen haben, bedeuten nicht, dass Sie versagt haben, dass Sie eine schlechte Mutter oder ein schlechter Vater oder überhaupt ein schlechter Mensch sind. Sie stehen einfach vor einer Herausforderung, der Sie allein nicht gewachsen sein dürften. Um sich Hilfe holen zu können, brauchen Sie vermutlich Zeit, Geld, Kinderbetreuung und andere Unterstützung, und das kommt Ihnen jetzt vielleicht undenkbar vor. Es kann aber sein, dass Sie vor der wichtigsten Entscheidung stehen, die Sie jemals für sich, Ihre Kinder und Ihre Familie zu treffen haben. Wenden Sie sich an eine Freundin, Ihren Hausarzt, eine Therapeutin, einen Geistlichen oder eine Selbsthilfegruppe. Veränderung und Heilungsprozess werden Ihnen viel abverlangen, sind aber möglich. Es lohnt sich, zu kämpfen.

ÄNGSTE. Das können sorgenvolle Gedanken sein, die Sie nur schwer im Zaum halten können, ein Gefühl von Rastlosigkeit und Überdrehtheit, Konzentrationsschwierigkeiten, Reizbarkeit, Muskelverspannungen, Erschöpfbarkeit, Einschlaf- oder Durchschlafprobleme.

DAS SMARTPHONE. Ständig auf Abruf und erreichbar sein; der Irrsinn der sozialen Medien; Benachrichtigungen, die uns ständig auf heimtückische Weise aus dem herausreißen, was wir gerade tun.

EINSCHNEIDENDE EREIGNISSE. Ein Todesfall in unserem Umfeld, Scheidung, Umzug, Arbeitsplatzverlust, Krankheit, Unfall. Dies sind Momente in unserem Leben, in denen es ganz besonders notwendig wäre, dass wir uns besser um uns selbst kümmern, und in denen wir am wenigsten geneigt sind, es auch zu tun. Das hat eine gewisse Tragik.

Jetzt bin ich so schlau wie zuvor. Und nun?

Eine meiner Mentorinnen im Berufsfeld Sozialarbeit erinnert mich gern daran, dass rein gedankliche Einsichten eine Art Trostpreis sind, den bekommt, wer zuletzt oder erst gar nicht ins Ziel gelangt – ein Preis, der überflüssig und weder aufbauend noch irgendwie hilfreich ist. Das wird jedem einleuchten, der sich fragt, was zur Hölle er jetzt tun soll.

Es ist nicht notwendig, Ihre Trigger abzuschalten oder völlig aus Ihrem Leben zu verbannen. Ich möchte, dass Sie die Aufmerksamkeit stattdessen auf drei Punkte richten: genaues Hinschauen, Akzeptieren, Handeln.

Mit genauem Hinschauen ist gemeint, dass Sie registrieren, ob Sie gerade auf einen Trigger reagieren oder ob die Gefahr besteht, dass es dazu kommt. Das ist alles. In Kapitel 8 »Nicht ausrasten: Wie geht

Ein Trigger-Festival

Dass wir starke Trigger wie eine schwere Krankheit oder einen Unfall bewusst registrieren, ergibt sich von selbst. Doch können auch Situationen, die auf den ersten Blick harmlos wirken mögen, zu Triggern werden. Ein Beispiel: Sie begleiten Ihr Kind zu einem Fußballspiel. Das ist natürlich alles wunderbar, falls Sie wirklich darauf stehen, Ihr Kind beim Spiel anzufeuern und mit den anderen Eltern zu plaudern. Für viele Eltern ist so eine Situation aber ein wahres Trigger-Festival. Stellen Sie sich vor: Die Sonne brennt herunter; Sie kennen niemanden; Sie fühlen sich unter Druck, eine gute Figur zu machen und etwas einigermaßen Amüsantes von sich zu geben; Sie befürchten, dass Ihr Kind sich nicht gut in sein Team einfügen wird; Sie langweilen sich; Sie verspüren daher den Drang, sich Ihrem Smartphone zu widmen (und haben deshalb Schuldgefühle). Es braucht also nicht viel, um einen unschuldigen Fußballplatz in ein Minenfeld zu verwandeln.

Glücklicherweise ist so eine Situation nicht ausweglos. Der erste Schritt könnte darin bestehen, sich einzugestehen, dass Sie für Fußball und das ganze Drumherum wenig übrighaben. Das bedeutet nicht, dass Sie der Elternrolle nicht gerecht werden oder Ihr Kind nicht lieben, sondern nur, dass Sie Fußball nicht mögen. Das ist alles. Machen Sie nicht mehr daraus, als es ist.

Im nächsten Schritt entscheiden Sie, wie Sie vorgehen wollen. Haben Sie das Gefühl, dass Sie nicht darum herumkommen, zu dem verdammten Spiel mitzugehen? Dann stellen Sie sich auf die Trigger ein und machen Sie das Beste aus der Situation. Gönnen Sie sich ein ausgiebiges Frühstück und nehmen Sie einen Imbiss und eine Flasche Wasser mit. Packen Sie einen Klappstuhl, einen Hut und ein Buch ein. Drehen Sie Runden um das Spielfeld. Setzen Sie Kopfhörer auf und hören Sie Musik oder einen Podcast. Stressen Sie sich nicht mit sorgenvollen Gedanken daran, was die anderen wohl von Ihnen denken. (Der letzte Punkt ist nicht so einfach, wird Ihnen mit der Zeit aber leichter fallen. Sie werden sich dann supercool vorkommen. Machen Sie sich klar, dass Sie Ihr Kind nicht hängenlassen. Ganz im Gegenteil: Sie sorgen gut für sich selbst, damit Sie nicht ausrasten.)

Es gibt noch eine andere Option, nämlich dass Sie nicht zu dem Spiel gehen. Überlassen Sie das Ihrem Partner oder den Großeltern oder fragen Sie andere Eltern, ob sie Ihr Kind zu dem Spiel mitnehmen könnten. Es gibt viele Gelegenheiten, Ihrem Kind zuliebe Präsenz zu zeigen, und Sie müssen sie nicht alle wahrnehmen. Lassen Sie diejenigen aus, die für Sie mit starken Triggern verknüpft sind, und sparen Sie sich Ihre Zeit und Energie für die anderen auf. (Das alles gilt natürlich nicht nur für Fußball. Falls Roboter-Turniere, Klarinettenstunden oder ein Vereinte-Nationen-Planspiel für Sie zu viele Trigger enthalten, nehmen Sie Ihre Kopfhörer mit, machen Sie zwischendurch einen Spaziergang oder organisieren Sie eine Fahrgelegenheit für das Kind. Tun Sie einfach, was nötig ist, um die Trigger aus Ihrem Leben herauszuhalten.)

das jetzt?« (Seite 181) werden wir uns näher mit der Kunst des bewussten Wahrnehmens befassen: Warum ist es so hilfreich, genauer hinzuschauen, und wie können wir besser darin werden?

Der nächste Schritt besteht darin, zu akzeptieren, dass bestimmte Erfahrungen oder Ereignisse uns triggern. Das heißt nicht, dass wir uns von ihnen wie von einer Dampfwalze überrollen lassen, sondern dass wir sie einfach als Realität unseres Lebens anerkennen. Wenn Ihre Reaktion auf das, was ich in diesem Kapitel schreibe, in etwa so aussieht, dass Sie am liebsten die Augen zukneifen, sich die Finger in die Ohren stecken und lauthals »lalalalalalalalala« singen würden, dann ist es vielleicht an der Zeit, etwas Neues auszuprobieren. Falls Chatten oder Telefonieren mit Ihrem Bruder ein Trigger für Sie ist, sollten Sie das besser als gegeben akzeptieren. Das bekommen Sie hin, schließlich sind Sie jetzt erwachsen.

— Wir müssen akzeptieren, dass bestimmte Erfahrungen oder Ereignisse uns triggern. Das heißt nicht, dass wir uns von ihnen überrollen lassen, sondern dass wir sie einfach als Realität unseres Lebens anerkennen. —

Nehmen wir an, Sie haben die ersten beiden Punkte – genaues Hinschauen und Akzeptieren – bewältigt (ach, wenn das doch nur so einfach wäre!). Sie sind bereit zu handeln und haben nun zwei Optionen: den Trigger abschalten oder lernen, mit ihm zu leben.

Beginnen wir mit der Variante Abschalten, denn das ist die erstrebenswertere. Wäre es nicht großartig, wenn wir alle unsere Trigger einfach zum Verschwinden bringen könnten? Tja, leider ist das Wunschdenken. Denn es gelingt uns nur sehr selten, Trigger wirklich loszuwerden. Falls wir aber doch einmal die Chance dazu haben, sollten wir sie unbedingt nutzen! Wenn es also für Sie machbar ist, diese miese Arbeitsstelle zu kündigen, in der Straßenbahn oder im Zug Kopfhörer aufzusetzen, den lästigen Posten in einem Gremium oder Komitee niederzulegen, mit ihren Eltern wegen ihrer Überraschungsbesuche endlich mal Tacheles zu reden oder sich ein Rezept für Physiotherapie wegen Ihrer Schulterprobleme zu besorgen, dann sollten Sie das auch verdammt nochmal endlich tun!

Und wenn Sie einen Trigger nicht abschalten können, müssen Sie eben lernen, damit zu leben.

In späteren Kapiteln werde ich noch näher darauf eingehen, was es heißt, mit Ihren Triggern zu leben. Hier soll ein Beispiel aus meinem Leben genügen: Im Urlaub gingen wir zum Frühstücken in ein kleines Restaurant und warteten am Eingang darauf, dass uns ein Tisch zugewiesen wurde. Das Restaurant bestand aus einem einzigen, grell erleuchteten Raum und war proppenvoll. Es ging geräuschvoll und laut zu, und ständig wurde ich von Leuten gestreift, die zu ihren Plätzen oder nach draußen strebten. Ich war hungrig und hatte im Hotel nicht gut geschlafen. Das heißt, es stürmte eine Fülle von Triggern auf mich ein. Ich war ein einziger rotglühender Knopf, auf dem die Kinder wie wild herumhämmerten. Sie redeten zu laut, zeigten mit den Fingern auf Leute, zerrten an meinen Armen herum, traten mir auf die Zehen und löcherten mich mit unzähligen belanglosen und bescheuerten Fragen.

Ich arbeitete zu der Zeit bereits an diesem Buch, und mir war bewusst, dass Trigger auf mich einprasselten. Meinem Mann war das Thema präsent, weil ich mit ihm darüber gesprochen hatte. Er sah, dass ich wackelig auf den Beinen war. Deshalb setzte er mich, als wir einen Tisch zugewiesen bekamen, auf den Platz direkt an der Wand (wo ich relativ sicher davor war, dass mich jemand streifte oder anschubste) und sagte den Mädchen, sie sollten mich in Ruhe lassen, bis das Essen da sei.

Normalerweise wäre ich äußerst unleidlich und mürrisch geworden und hätte ihn angeraunzt, er solle mich gefälligst nicht herumkommandieren, mir nicht sagen, wo ich zu sitzen hätte, und mich nicht behandeln, als sei ich psychisch labil (wobei ich in dem Moment ja genau das war: labil). Ich war aber in der Lage, *genau hinzuschauen,* und konnte also sehen, dass ich kurz vorm Ausrasten war. Also *akzeptierte* ich, dass mein Mann die Initiative ergriff und mich an der Wand platzierte. Er übernahm es, die Mädchen bei Laune zu halten, damit ich stumm auf meinen Kaffee starren und durchatmen konnte. Nach dem Frühstück beschlossen wir, kein Taxi zu nehmen, sondern zu Fuß zum Hotel zurückzugehen. Ich wusste, dass Bewegung im Freien für mich eine der besten Strategien ist, mein überhitztes System herunterzukühlen. Diese verschiedenen *Handlungen* – durchatmen, etwas essen, an der frischen Luft unterwegs sein – halfen mir, so ruhig zu werden, wie das einer Mutter von zwei kleinen Kindern im Urlaub möglich ist. Viele Umweltreize, die mich triggern, lassen sich nicht abstellen, aber ich lerne, mit ihnen zu leben.

Weniger tun hilft, die Nerven zu behalten

Hier dreht sich alles um Selbstfürsorge für Leute, die davon eigentlich nichts halten, die Schattenseiten des Multitasking und darüber, wie das Smartphone Sie dünnhäutig macht.

In diesem und in den folgenden drei Kapiteln beleuchte ich elf verschiedene Methoden und Praktiken, die Ihnen helfen, die Betriebstemperatur Ihres Nervensystems herunterzufahren, Ihr Gehirn funktionstüchtig zu erhalten (oder zumindest so funktionstüchtig, wie das einem im Nebel umherirrenden Elterngehirn möglich ist) und die Wahrscheinlichkeit von Ausrastern enorm zu verringern. Mir ist dabei bewusst, dass ich Ihnen als gestressten Eltern ganz schön viel zumute. Damit es also nicht zu verwirrend ist, fangen wir bei den vier Punkten an, die nicht verhandelbar sind: Singletasking statt Multitasking, ausreichend Schlaf, sich Unterstützung holen, Mitgefühl mit sich selbst haben.

Ich weiß, das riecht jetzt schwer nach Selbstfürsorge. Falls Selbstfürsorge nicht so Ihr Ding ist oder sich für Sie nach überflüssiger Selbstverwöhnung anhört, sollten Sie sich klarmachen: Sie tun das nicht für sich selbst oder zumindest *nicht nur* für sich selbst. Sie tun es für Ihre Kinder, für Ihre Beziehung zu ihnen und dafür, dass es in Ihrer Familie entspannter zugehen kann. Sie tun es auch, damit Sie sich wegen Ihrer Ausraster nicht vorkommen, als hätten Sie nicht alle Tassen im Schrank. Falls Ihnen das hilft, können Sie's auch so sehen: Es geht um Dinge, die Sie durchziehen müssen, damit Ihre Kinder Sie nicht in den Wahnsinn treiben.

Weil die Formulierung »Dinge, die Sie durchziehen müssen, damit Ihre Kinder Sie nicht in den Wahnsinn treiben« ein wenig unhandlich ist, werde ich diese elf Methoden einfach *Abkühlmethoden* nennen. Ich habe diese Abkühlmethoden ausgesucht, weil sie kostenlos, einfach und erfahrungsbasiert sind und sich sehr gut dafür eignen, Größe und Empfindlichkeit Ihrer Knöpfe herabzusetzen.

Zeit und Energie werden Sie für die Anwendung der Methoden allerdings aufbringen müssen. Wenn sich alles ohne Mühe und blitzschnell regeln ließe, dann hätten Sie's ja längst hinter sich und würden dieses Buch nicht lesen, oder? Eine gute Nachricht für Sie ist: Sie werden mehr Zeit und Energie zur Verfügung haben, wenn Sie nicht

Abkühlmethoden

Hier die vollständige Liste aller Abkühlmethoden, die ich Ihnen vorstellen werde, und der Kapitel, in denen Sie sie finden:

- Kapitel 4 (Seite 91): Singletasking
- Kapitel 5 (Seite 119): Schlaf, Unterstützung sichern, Selbstmitgefühl
- Kapitel 6 (Seite 145): Entrümpeln, Dehnübungen, Stille suchen, langsamer machen, Danke sagen, Atmen
- Kapitel 7 (Seite 168): Freiräume schaffen, um nicht auszurasten

mehr so viel davon fürs Ausrasten aufbrauchen. Eine weitere gute Nachricht: Es wird Ihnen nicht mehr so häufig passieren, dass Sie Dinge fallenlassen, vergessen, verlieren oder kaputtmachen und dass Sie Dinge sagen, mailen oder tweeten, die Sie eigentlich nicht so meinen. Unterm Strich werden Sie weniger Lebenszeit dafür aufwenden müssen, überflüssige Missgeschicke und Fehlgriffe auszubügeln. Außerdem wird es Ihnen vermutlich körperlich besser gehen, und Sie werden auch besser gelaunt sein.

Wie Sie die Abkühlmethoden clever umsetzen

Wenn Sie sich daranmachen, einige Dinge in Ihrem Leben ein wenig anders anzugehen als bisher, brauchen Sie sich nicht den Kopf darüber zu zerbrechen, ob Sie sich dafür die richtigen Klamotten oder technischen Geräte zugelegt haben (das ist völlig überflüssig), ob Sie es »richtig« oder »falsch« machen und ob Ihnen das perfekt gelingt oder nicht. Stellen Sie sich besser bei jeder der elf Methoden die folgenden zwei Fragen, um herauszubekommen, wie Sie sie in Ihr stressiges Leben einbauen können:

— *Schwarz-Weiß-Denken ist ein sicheres Rezept für Misserfolg, und deshalb sollten Sie sich davon verabschieden.* —

Diese Art von Schwarz-Weiß-Denken ist ein sicheres Rezept für Misserfolg, und deshalb sollten Sie sich davon verabschieden.

IST DAS FÜR MICH MACHBAR? Können Sie das, was ich Ihnen vorschlage, in der Realität auch umsetzen? Falls die Antwort Nein ist: Können Sie die Methode so abwandeln, dass sie für Sie praktikabel ist? Oder fällt Ihnen eine Alternative ein, die für Sie besser funktioniert? Die Abkühlmethoden sollen für jede Leserin und jeden Leser anwendbar sein. Wenn Sie sich also wirklich absolut sicher sind, dass es Ihnen nicht möglich ist, in Ihren Alltag mehr Bewegung einzubauen oder am Abend eine einstündige Smartphone-Pause einzulegen, dann könnte das bedeuten: Ihr Lebensstil ist ganz grundsätzlich unvereinbar mit dem Ziel, gegenüber den Kindern weniger oft auszurasten. Bitte beachten Sie, dass ich *nicht* sage, Sie seien *unfähig*, die Häufigkeit Ihrer Ausraster zu verringern. Ich sage, dass Ihr Lebensstil sich möglicherweise nicht damit verträgt, angesichts knöpfedrückender Kobolde gelassen zu bleiben. Ich hoffe, der Unterschied leuchtet Ihnen ein.

FUNKTIONIERT ES? Hilft die Methode Ihnen tatsächlich, gegenüber den Kindern nicht mehr so oft auszurasten? Falls ja, ist das Grund zur Freude! Falls nicht, sollten Sie prüfen, ob Sie a) tatsächlich so vorgehen, wie Sie sich das vorgenommen haben, und b) genug Zeit vergangen ist, damit die Methode auch greifen kann. Es ist in Ordnung, falls die Antwort auf eine der beiden Fragen Nein lautet. Sie können jederzeit einen neuen Anlauf machen. Rom wurde nicht an einem Tag erbaut, und Sie werden das alles nicht im Handumdrehen auf die Reihe kriegen. Wenn Sie es aber mindestens ein paar Wochen lang ernsthaft mit einer der Abkühlmethoden versucht haben und nach wie vor extrem dünnhäutig reagieren, sollten Sie etwas anderes ausprobieren. Nehmen Sie Ihre Trigger noch einmal genau unter die Lupe und versuchen Sie, Muster zu erkennen: Warum, wann, wo und wie explodieren Sie? So gewinnen Sie etwas mehr Klarheit darüber, welche Methode Sie als nächste ausprobieren können.

Noch ein paar Anmerkungen zu den Abkühlmethoden:

- Wenn ich hier von *Methode* spreche, meine ich damit nicht nur ein theoretisches Modell, über das es sich nachzudenken lohnt, sondern eine ganz konkrete Vorgehensweise. Sie wissen, was ich meine. Ein Fitnessprogramm kann sich nicht darin erschöpfen, dass Sie Sportkleidung anziehen und sich dann auf der Couch niederlassen, um Ihre E-Mails zu checken. Sie müssen auch den Hintern hochkriegen.
- Außerdem kommt es bei den genannten Methoden auf die *Dosis* an. Das heißt, je ausgiebiger Sie sie praktizieren, desto mehr Wirkung erzielen Sie. Damit meine ich jetzt nicht, Sie sollen fünfzehn Stunden pro Tag schlafen (obwohl sich das gut anhört, nicht wahr?). Es geht um das richtige Maß. Je konsequenter Sie Ihre Dehn- oder Atemübungen machen oder Ihr Tempo drosseln, desto ruhiger werden Sie bleiben, wenn es zur Sache geht.
- Apropos Dosis: Je mehr Sie mit Ihrer Situation zu kämpfen haben, desto ratsamer ist es, die Abkühlmethoden sozusagen in hoher Dosis einzusetzen. Wenn Sie die Grippe haben, brauchen Sie mehr Ruhe als sonst. Wenn Ihre Ängste zunehmen, empfiehlt es sich, sich immer nur auf eine Sache zu konzentrieren, zusätzliche Unterstützung zu suchen und sich Bewegung zu verschaffen. Und bitte greifen Sie nicht erst dann auf die Abkühlmethoden zurück, wenn gar nichts mehr geht. Neue Gewohnheiten aufzubauen ist schon schwer genug. Machen Sie es sich nicht noch schwerer, indem Sie erst damit anfangen, wenn Sie an einem Tiefpunkt angelangt sind.
- Entscheidend ist bei den Abkühlmethoden das regelmäßige Üben. Was Sie täglich tun, ist wichtiger als das, was Sie ab und zu mal ausprobieren. Groteske Ausreden wie die meiner Tochter zählen nicht: Weil sie es ja jetzt das eine Mal hinbekommen habe, behauptete sie, müsse sie sich zum

Kommen Veränderungen Ihnen völlig unrealistisch vor?

Wenn es Ihnen absolut unmöglich erscheint, in Ihrem Alltag mehr Zeit zum Beispiel für Schlaf, Bewegung oder Ruhephasen einzubauen, dann kann es sein, dass Ihr Lebensstil ganz grundsätzlich nicht mit dem Ziel, weniger oft auszurasten, kompatibel ist. Das klingt hart, ich weiß, aber es ist wahr. Das Problem sind nicht Sie, sondern die Gesamtsituation, in der sich die Kindererziehung abspielt. Ich hatte bei meiner Arbeit mit vielen Eltern zu tun, denen es unmöglich erschien, wesentliche Dinge in ihrem Leben zu verändern. Doch ich versichere Ihnen: Veränderung *ist* möglich. Sie ist nicht einfach, und es kann viel Zeit und viel Unterstützung von außen nötig sein, um herauszufinden, wie sie gelingen könnte.

Ich nenne ein paar Beispiel für bedeutsame Veränderungen, die Freundinnen und Klienten von mir in ihrem Leben vorgenommen haben, um mit den Herausforderungen der Kindererziehung besser zurechtzukommen:

- Die meisten oder alle ehrenamtlichen und auch andere nicht verpflichtende Aufgaben ruhen lassen.
- Außerschulische Aktivitäten der Kinder (zum Beispiel Musikunterricht, Sport- und andere Vereine) insgesamt deutlich zurückfahren.
- Zielstrebig und konsequent Unterstützung bei Freunden und Angehörigen suchen und beispielsweise organisieren, dass Eltern sich regelmäßig bei der Kinderbetreuung und bei Fahrdiensten abwechseln.
- Von Vollzeit- auf Teilzeitarbeit gehen.
- Eine Arbeitsstelle ruhen lassen oder ganz aufgeben (zumindest für eine gewisse Zeit).
- Ein Kinder- oder Au-pair-Mädchen, einen Babysitter, der regelmäßig kommt, oder eine Jugendliche engagieren, die im Haushalt hilft.

Viele Eltern fühlen sich überfordert damit, solche Veränderungen anzugehen, oder haben das Gefühl, dass sie überhaupt nicht möglich sind. Es kann hilfreich sein, sich vor Augen zu halten, dass das keine Lösungen auf Dauer sein müssen. Lassen Sie sich und Ihrer Familie genügend Zeit, um sich mit solchen Veränderungen zu arrangieren, damit die Situation sich entspannen kann und die Dinge ins Lot kommen. Nach einer Weile können Sie sich anschauen, wie es läuft, und überlegen, wie es weitergehen kann.

Pipimachen nie mehr aufs Töpfchen setzen. Hallo?? Setzen Sie Ihre Abkühlmethoden so konsequent ein, wie Sie nur können. Und wenn es Sie mal vom Pferd wirft, klopfen Sie sich den Staub ab und schwingen sich wieder in den Sattel.

— Auf welche Trigger sprechen Sie am stärksten an? Setzen Sie diejenigen Abkühlmethoden, die auf diese Trigger am besten passen, als erste ein. Konzentrieren Sie sich auf das Thema Schlaf, falls Sie ständig übermüdet sind. Versuchen Sie es mit Vereinfachen und Singletasking, wenn Sie sich ständig überlastet fühlen oder immer wieder Ihre Schlüssel verlieren.

Das ist alles keine Hexerei, und es muss dabei auch nichts Aufsehenerregendes herauskommen. Ich schlage Ihnen ja nicht vor, sich ab sofort vegan zu ernähren oder sich für Hot Yoga zu begeistern. (Falls das aber für Sie passt: nur zu!) Es geht um kleine, simple Schritte, für die keine extravaganten Gerätschaften erforderlich sind und für die Sie in der Regel auch kein Geld ausgeben müssen. Wenn Sie sich etwa 80 Prozent der Zeit an Ihre Abkühlmethoden halten, ist das spitze. Würden Sie Ihr Kind, sobald es eine Klassenarbeit verbockt, von der Schule nehmen, würde es kaum noch etwas lernen und Ihnen, was noch schlimmer ist, den ganzen Tag zu Hause auf der Pelle hocken. Der Grund dafür, das Kind weiter zur Schule gehen zu lassen, ist derselbe, aus dem Sie die Abkühlmethoden weiterhin üben sollten, auch

— *Wir müssen keine Einser-Eltern sein. Es reicht, eine solide Zwei anzupeilen: Wenn Sie sich etwa 80 Prozent der Zeit an Ihre Abkühlmethoden halten, ist das spitze.* —

wenn das mühsam ist: Übung macht den Meister, ob es nun um Klassenarbeiten geht oder darum, nicht mehr so häufig auszurasten.

Die vier Hauptmethoden sind, wie gesagt: Singletasking, ausreichend Schlaf, sich Unterstützung holen, Selbstmitgefühl. Im Wesentlichen geht es also darum, *sich immer nur auf eine einzige Sache zu konzentrieren, nachts nur eine einzige Sache zu machen (nämlich pofen), sich so viel Unterstützung zu sichern wie nur möglich und wirklich nachsichtig mit sich selbst zu sein, auch wenn vieles schiefgehen mag.* Diese vier Abkühlmethoden sind grundlegend und nicht verhandelbar. Die Aufmerksamkeit jeweils nur auf eine einzige Sache zu richten ist eine derart wirkungsvolle Strategie, dass der Rest dieses Kapitels sich ausschließlich darum drehen wird.

Wie mein Mann mich lehrte, den Abwasch zu ignorieren

»Ich bin völlig erledigt. Ich bin am Ende. Ich kann nicht mehr. Halt mir die Kinder vom Leib, damit ich in der Badewanne liegen und die Wand anstarren kann.« Mit diesen Worten begrüßte ich meinen Mann jedes Mal, wenn ich ihm die Mädchen übergab, nachdem ich eine lange Zeit allein mit ihnen verbracht hatte. Ganz gleich, ob sie mir auf der Nase herumgetanzt waren oder ob es eher harmonisch zugegangen war – das Muttersein stresste und zermürbte mich, und ich rastete nur allzu oft aus.

Mein Mann dagegen wirkte nach einem Tag mit den Mädchen nie derart ausgelaugt. Wenn ich ihn fragte, wie es gelaufen war, sagte er »gut« und meinte das auch so. Die Mädchen waren bei ihm keineswegs nur immer kleine Engelchen, aber irgendwie schien es ihm weniger auszumachen als mir, dass sie so sprunghaft agierten und so viel Aufmerksamkeit forderten.

Dieser Unterschied zwischen uns beiden weckte meine Neugier. Was war sein Geheimnis (mal abgesehen davon, dass er von Natur aus mit größerer innerer Stabilität gesegnet ist als ich)? Zu jener Zeit begann ich mich mit Achtsamkeit zu beschäftigen. Ein zentraler Begriff bei diesem Thema ist das bewusste Wahrnehmen, das heißt das aufmerksame Gewahrwerden oder Erfassen einer Situation. Als eines der ersten Dinge wurde mir bewusst, dass mich jedes Mal, wenn ich von meinem Achtsamkeitskurs nach Hause kam, ein totales Durcheinander empfing. Ich musste meinen Mann und die Mädchen gar nicht fragen, was sie gemacht hatten, als ich weg war. An den im Wohnzimmer verstreuten Sachen war zu sehen, dass sie Memory gespielt und ein Puzzle angefangen hatten, das schmutzige Geschirr auf der Küchenzeile verriet, was sie zu Abend gegessen hatten, und dass die *Geschichten aus dem Bärenland* gerade hoch im Kurs standen, zeigte sich daran, dass sämtliche Bücher über die Couch verteilt waren.

Ein derartiges Chaos löste in mir eine Mischung aus Enttäuschung, Verzweiflung, Niedergeschlagenheit und vor allem Ärger aus. Wenn ich allein mit den Mädchen war, hinterließ ich die Wohnung niemals in einem solchen Zustand. Mein Mann fand dann eine blitzblanke Küche, eine gemächlich gurgelnde Spülmaschine und ein aufgeräumtes Wohnzimmer vor. Warum zum Teufel konnte er mir denn nicht auch diesen Gefallen tun?

Wir stritten uns einige Male über diesen Punkt, bis ich begriff: Es gab zwar einen Zusammenhang zwischen dem Zustand der Wohnung und meiner mentalen Verfassung, aber er sah anders aus, als ich gedacht hatte. Unordnung ist für mich ein starker Trigger (was mir zu der Zeit nicht klar war), und wenn die Mädchen um mich waren, war ich die ganze Zeit am Putzen und Aufräumen. Wenn ich bei dem simplen Brettspiel *Candy Land* eine Karte aufgenommen und meine Figur gezogen hatte, faltete ich anschließend, bis ich wieder dran war, ein paar Handtücher und verfluchte im Stillen den Erfinder des geisttötenden Spiels. Wenn ich ein Bilderbuch vorlas, ging ich dabei in Gedanken meine Aufgabenliste durch, wenn ich einen Streit schlichtete, schnitt ich weiter die Gurken klein, und wenn wir Stofftieren Windeln aus Geschirrtüchern anlegten, schrieb ich nebenbei eine SMS an eine Freundin. Anstatt mich zu den Mädchen an den Tisch zu setzen, wenn sie am Essen waren, nutzte ich die Gelegenheit lieber dafür die Spülmaschine auszuräumen oder meine Einkaufsliste zu schreiben.

Ich war also ständig in Bewegung und unter Stress, vor allem weil ich versuchte, mehrere Dinge gleichzeitig erledigt zu bekommen. Meinem Mann kam so etwas gar nicht in den Sinn. Wenn er sich um die Mädchen kümmerte, tat er nichts anderes. Zum einen war die Wohnung dann am Ende des Tages ein Schlachtfeld, zum anderen war er dann eben kein Nervenbündel, kein leuchtend roter Knopf, der nur darauf wartete, dass die Kinder ihn drückten. Der Unterschied war, dass ich ständig im Multitasking-Modus war und er nicht.

Als ich das begriff, begann ich mein Vorgehen zu ändern (natürlich ohne das meinem Mann gegenüber jemals zuzugeben). Jetzt steht das benutzte Geschirr bis nachts auf der Spüle. Die Spielsachen sind auf dem Boden verstreut, und die Stifte liegen auf dem Küchentisch herum, bis die Mädchen vor dem Zubettgehen einmal richtig Ordnung machen. (Falls mir das Durcheinander tagsüber zu sehr auf die Nerven geht, legen wir bei dem, was wir gerade machen, eine Pause ein, um kurz aufzuräumen.) Das Aufräumen nimmt jedenfalls selten mehr als zwanzig Minuten in Anspruch, und ich bin währenddessen und auch hinterher lange nicht mehr so unleidig wie früher. Sobald ich jetzt merke, dass ich auf die Mädchen angespannt oder gestresst reagiere, mache ich mir als allererstes klar, ob ich im Multitasking-Modus bin oder nicht. Falls ja, verordne ich mir eine Auszeit und versuche, mich auf das zu fokussieren, was da vor meiner Nase ist. Das bringt mich garantiert runter.

Das Märchen vom Multitasking

Es ist, so hoffe ich, bis hierhin deutlich geworden, dass Multitasking nur ein Wort ist. Wir benutzen es, um uns vorzumachen, wir könnten mehrere Dinge zur selben Zeit erledigt bekommen. Das ist ein Trugschluss, denn darunter leidet oft die Effizienz. Doch wir weigern uns, diesen Traum aufzugeben, also springen wir mit der Aufmerksamkeit vom Nudelwasser, das gleich kocht, zur Buchstabierübung des einen Kindes und dann zum Telefon, das vibriert, während wir zugleich das andere Kind ermahnen, die Toilettenspülung zu betätigen. Leider sind unser Körper und unser Bewusstsein nicht wirklich in der Lage, mit allen diesen Aufgabenwechseln (so der Fachbegriff) mitzukommen. Also kocht uns das Nudelwasser über, wir buchstabieren Wörter falsch, die verdammte Toilettenspülung wird sowieso nicht gedrückt, wir geraten unter enormen Stress, und schließlich endet das alles mit einem komplett überflüssigen Ausraster.

Apropos Stress: Das ist ein guter Moment, um einmal einen genaueren Blick auf diesen Begriff zu werfen. Wir benutzen ihn ständig, haben aber oft keine klare Vorstellung davon, was es bedeutet. Mir gefällt die folgende Definition: *Stress ist die Überzeugung, das Empfinden oder die Befürchtung, dass wir mit dem, was geschieht, nicht klarkommen werden.* Ob nun ein Kind Fieber bekommt, ob wir in einen Unfall mit Blechschaden verwickelt sind oder ob wir am Abend zuvor vergessen haben, die nasse Wäsche gleich in den Trockner zu packen – wenn wir aus irgendeinem Grund den Eindruck haben, dass wir unfähig sind oder dass uns die nötigen Mittel dafür fehlen, die Situation zu bewältigen, geraten wir unter Druck. Manchmal ist unser Eindruck zutreffend: Wir sind tatsächlich überfordert und auf Ratschläge oder eine andere Form von Unterstützung angewiesen. Es gibt aber auch viele Stresssituationen, mit denen wir durchaus fertigwerden können. In jedem Fall schaltet unser Nervensystem, sobald uns die Situation über den Kopf zu wachsen scheint, in den Notfallmodus und lässt damit das Risiko eines Ausrasters sprunghaft ansteigen.

Multitasking ist eine todsichere Methode, uns in eine Lage zu manövrieren, die uns unbeherrschbar erscheint. Je mehr Bälle Sie beim Jonglieren in der Luft zu halten versuchen, desto höher ist die Wahrscheinlichkeit, dass Ihnen einer runterfällt. Natürlich haben Sie manchmal selbst keinen Einfluss darauf, wie viele Bälle gleichzeitig im Spiel sind. Vielleicht finden Sie dann jemanden, an den Sie einige Bälle abgeben können. Andernfalls müssen Sie es einfach hinnehmen, dass einige Bälle runterplumpsen werden, oder irgendwie durchhalten, bis der Wirbel sich gelegt hat. Sie werden aber staunen, wie viele Bälle Sie auch einfach mal beiseitelegen können, und sei es nur für zwei oder zehn Minuten, und wie sehr der Stress nachlässt, wenn Sie nur einen Ball im Blick zu behalten brauchen.

Studien haben gezeigt, dass Multitasking den Stress indirekt anwachsen lässt, und zwar auf folgenden Ebenen:

- **Wir sind leichter ablenkbar und weniger aufmerksam,** sodass die Gefahr wächst, dass wir die Heidelbeeren auf dem Boden verteilen, die Einverständniserklärung für den Schulausflug verlegen oder im Auto vergessen, dem Kleinkind im Kindersitz den Sicherheitsgurt anzulegen.
- **Multitasking macht uns ängstlicher** und weniger kreativ, das heißt, wir machen uns mehr Sorgen als nötig und tun uns schwerer, sinnvolle Lösungen zu finden und geschickt zu reagieren.
- **Uns entgehen wichtige Informationen** und Hinweise. Wenn wir nicht registrieren, dass die Kinder hungrig oder übermüdet sind, verpassen wir die Gelegenheit, mit einer kleinen Zwischenmahlzeit oder einem Schläfchen zu verhindern, dass sie durchdrehen.
- **Multitasking macht unser Handeln ineffizienter.** Wir widmen uns dem, was wir gerade tun, nur mit halber Kraft und brauchen deshalb doppelt so lang dafür – falls wir's nicht sogar verbocken.

Multitasking wirkt auf heimtückische Weise destruktiv, vor allem wenn wir gar nicht merken, dass wir in diesem Modus sind. Es ist definitiv eine der häufigsten und am meisten unterschätzten Ursachen dafür, dass Eltern ausrasten. Wenn wir mehrere Dinge gleichzeitig zu tun versuchen, wird das unweigerlich zum Trigger. Mit Multitasking gaukeln wir uns vor, wir seien enorm produktiv, supererwachsen und topfit, während wir in Wirklichkeit geradewegs auf einen Ausraster

Auch Multitasking im Denken ist kontraproduktiv

Komplizierter wird die Sache dadurch, dass Multitasking nicht nur bedeuten kann, dass wir mehrere Dinge gleichzeitig zu *tun* versuchen, sondern auch, dass sich unser *Denken* auf mehreren Ebenen bewegt.

Nehmen wir das Beispiel, dass Sie Ihrem Kind das Fahrradfahren beibringen möchten. Es hat aber noch Angst davor, ohne Stützräder zu fahren, und sträubt sich fortwährend gegen Ihre Tipps und Erklärungen. Wenn Sie nun, während Sie Ihr aufgeregtes Kind dirigieren, nicht nur damit beschäftigt sind, vorbeifahrende Autos und andere Kinder, die um Sie herumwuseln, im Auge zu behalten, sondern sich auch noch ausmalen, wie verpfuscht das Leben Ihres Kindes sein wird, wenn es niemals Radfahren lernt, dann stehen Sie vermutlich gerade mächtig unter Stress.

Bewerten, Vergleiche ziehen, sich Sorgen machen, sich unter Erwartungsdruck setzen oder grübeln, was wohl in Ihrem Kind vor sich geht und was eines Tages aus ihm werden wird – all das sind tückische Formen von Multitasking, die allzu häufig in Ausraster münden. Ehe Sie sich's versehen, werden Sie ungehalten und aufbrausend, sodass das Kind noch ängstlicher wird und das Radfahrenlernen noch anstrengender wird, als es schon ist.

Was können Sie stattdessen tun? Sie können sich bewusstmachen, dass es in Ihrem Kopf gerade drunter und drüber geht, und sich bemühen, Ihre Gedanken zu fokussieren (mehr dazu in Kapitel 6 »Gelassener werden: Dinge, die helfen«, Seite 145). Begegnen Sie Ihrem Kind mit Aufmerksamkeit und sehen Sie sich gelassen an, was es schon kann und wie es sich verhält. Falls Sie dazu nicht in der Lage sind, sollten Sie es einer anderen Person überlassen, dem Kind das Radfahren beizubringen. Das ist völlig legitim. Sobald Sie also feststellen, dass Ihr Kopf in eine Richtung strebt und Ihr Körper eine andere Spur verfolgt, sollten Sie Ihr Möglichstes tun, um zu erreichen, dass die beiden wieder an einem Strang ziehen.

zusteuern. Bitte ziehen Sie daraus jetzt aber keine falschen Schlüsse. Ich sage nicht, Sie sollen wie ein Zen-Mönch immer total fokussiert sein und wie in Zeitlupe agieren. Es geht nicht um Perfektion. Ich will nur, dass Sie sich klarmachen: Multitasking ist ein Trigger, auf den Sie mehr Einfluss nehmen können, als Sie bislang vielleicht dachten.

Das Multitasking sein lassen

Um es ganz klar zu sagen: Ich rate Ihnen nicht dazu, sich vorzunehmen, dass Sie ab jetzt in Ihrem Leben nie mehr als eine Sache gleichzeitig tun werden. Das ist illusorisch. Deshalb sollten Sie diesen Gedanken unter »Perfektionsträume, die nie in Erfüllung gehen werden« verbuchen und abhaken. Mir geht es lediglich darum, dass Sie sich über den Zusammenhang zwischen Multitasking und Ausrasten klar werden und das Singletasking als eine von vielen Abkühlstrategien begreifen, die Ihre Knöpfe kleiner und unempfindlicher werden lassen.

Singletasking heißt, nur jeweils eine Sache zu tun, und das ist einfach fantastisch. Wenn Kopf und Körper auf dieselbe Aktivität fokussiert sind, kühlt das Ihre Knöpfe ab, weil Ihre Anspannung nachlässt und die Gewissheit zunimmt, dass Sie es hinbekommen – ganz gleich, was »es« im Moment gerade bedeutet. Wenn Sie Ihr Stressniveau absenken, sind Sie ruhiger, denken klarer und kreativer und können die bestmöglichen Entscheidungen treffen. Das ist, im Prinzip, der erste Schritt auf dem Weg des Zen zur Erleuchtung. (Glückwunsch! Jetzt haben Sie nur noch 4347 Schritte vor sich.)

Wie bei allen in diesem Buch empfohlenen Strategien gilt: Das ist leichter gesagt als getan. Im Grunde ist es ja nicht schwer, nur eine Sache zur selben Zeit zu tun (falls diese eine Sache nicht ein so anspruchsloses Spiel wie *Candy Land* ist). Aber unser Gehirn hat darin leider zu wenig Übung. Beginnen Sie mit dem folgenden vierstufigen Prozess:

1. Nehmen Sie bewusst wahr, dass Sie sich im Multitasking-Modus befinden.

2. Rufen Sie sich in Erinnerung, dass Sie stattdessen auch immer nur eine Sache tun können.

3. Prüfen Sie, ob dafür jetzt der richtige Zeitpunkt ist.

4. Ob Sie sich nun für Singletasking oder die Fortsetzung des Multitasking entschieden haben: Gehen Sie weiter.

STUFE 1: MACHEN SIE SICH MULTITASKING BEWUSST. Wenn ich mich nicht irre (und ich bin sicher, ich liege richtig), kommt Multitasking öfter vor, als Sie denken. Während Sie an der Ampel warten, tippen Sie schnell eine SMS. Während Sie auf den nächsten Zug Ihres Kindes bei *Vier gewinnt* warten, werfen Sie einen kurzen Blick in Ihren Facebook-Account. Während Sie die Pausenbrote für die Schule schmieren, cremen Sie die Kinder zwischendurch rasch mit Sonnenmilch ein. Während Sie das Finale von *Let's Dance* verfolgen, hören Sie nur mit halbem Ohr dem zu, was Ihr Mann Ihnen erzählt. Und ehe Sie sich's versehen, fangen die Autos hinter ihnen an zu hupen, die kleine Rotznase hat sie bei *Vier gewinnt* geschlagen, Sie haben dem Kind Erdnussbutter auf den Arm geschmiert, und Sie haben eingewilligt, Ihren Mann zur Automesse zu begleiten. *Verdammt!* Unter diesen Umständen werden Sie garantiert äußerst dünnhäutig reagieren, wenn ein Knirps etwas nicht ganz so macht, wie Sie das gerne hätten. Allerdings können Sie sich erst dann gegen Multitasking entscheiden, wenn Sie überhaupt merken, dass Sie's tun.

STUFE 2: MACHEN SIE SICH KLAR: SINGLETASKING IST IMMER MÖGLICH. Ziel ist, Denken und Handeln in Einklang zu bringen, sodass beide synchron laufen. Wenn Sie gestresst, erschöpft oder mit einer besonders fordernden oder todlangweiligen Aufgabe beschäftigt sind, fällt es Ihnen möglicherweise ganz besonders schwer, fokussiert zu bleiben. Singletasking lässt sich aber üben. Wie das geht, erkläre ich am Ende des Kapitels.

STUFE 3: ENTSCHEIDEN SIE, WANN MULTITASKING ANGEBRACHT IST. Es ist zwar immer möglich, sich nur auf eine einzige Sache zu konzentrieren, aber Sie müssen das nicht zwanghaft durchziehen. Manchmal kann es durchaus sinnvoll sein, Dinge nebenher zu erledigen. Beim Zusammenlegen der Wäsche höre ich meistens ein Hörbuch, beim Fernsehen stricke ich, und beim Spazierengehen telefoniere ich oft. Stellen Sie sich folgende Fragen, um einschätzen zu können, ob Multitasking gerade eine gute Idee ist:

- **Sind Sie bereits angespannt, gestresst oder müde?** Dann ist die Gefahr groß, dass Ihnen beim Jonglieren mit mehreren Aufgaben ein Ball runterfällt und dass Sie ausrasten.
- **Hat es ernste Folgen,** wenn Ihnen beim Multitasking etwas danebengeht? Es ist nicht weiter schlimm, wenn meine Gedanken beim Wäschezusammenlegen abschweifen und ich Teile des Hörbuchs nicht mitbekomme oder meine eigenen Socken in die Schublade meiner Tochter einsortiere. Etwas ganz anderes ist es aber, beim Autofahren nebenher eine Nachricht zu tippen oder den Kindern bei den Hausaufgaben zu helfen, während Sie ein für die Arbeit wichtiges Dokument durchgehen. Lassen Sie das lieber sein. Wenn hier etwas danebengeht, stecken Sie womöglich in echten Schwierigkeiten.
- **Wie stark beanspruchen die Kinder Ihre Aufmerksamkeit?** Oft belegen die Kinder in unserem Gehirn mehr Ressourcen, als uns das bewusst ist. Es ist, wie wenn etwas auf dem Laptop die gesamte Rechenleistung in Beschlag nimmt und sobald Sie ein weiteres Programm starten wollen, friert der Bildschirm ein, und das Ding schaltet sich wegen Überhitzung ab. So sieht die harte Realität aus, ob Sie nun den ganzen Tag zu Hause bei den Kindern sind oder

zum Arbeiten das Haus verlassen und erst abends für sie da sein können. Haben Sie Zweifel daran, dass die Kinder in Ihrem Denken derart viel Platz beanspruchen? Beobachten Sie sich beim nächsten Mal, wenn Sie beim *Uno*-Spielen nebenher schnell einen Text zu tippen versuchen oder wenn Sie sich, während Sie Ihre Steuerunterlagen durchgehen, zwischendurch in Internetshops Schienbeinschützer und Fußbälle anschauen. Achten Sie auf Ihr Stressniveau: Bewegt sich Ihr Stressniveau Richtung Ausraster? Dachte ich's mir doch.

STUFE 4: GEHEN SIE WEITER! Beobachten Sie dabei, wie Sie sich fühlen und wie gut Sie mit der gewählten Vorgehensweise zurechtkommen. Falls Sie sich für Multitasking entschieden haben: Funktioniert das gut? Falls ja, dann weiter so. Falls nicht, gehen Sie bitte nochmal zurück auf Stufe 2.

Besonders schwierig ist Singletasking bei der Kindererziehung für Eltern, die im Homeoffice arbeiten oder ihre Arbeitszeit im Betrieb zwar flexibel gestalten können, zu Hause aber per Telefon oder E-Mail erreichbar sein müssen. Für diese Situationen gibt es keine perfekten Lösungen, doch die folgenden Optionen können für Eltern hilfreich sein, die für die Kinder da sein und gleichzeitig noch andere Aufgaben bewältigen müssen:

- **Finden Sie sich damit ab,** dass Dinge liegenbleiben werden. Gehen Sie nachsichtig mit sich um. Sie haben als Erwachsene oder als Eltern nicht versagt, wenn Sie noch nicht dazu gekommen sind, den Abwasch zu erledigen, wichtige Termine zu vereinbaren oder Freundinnen zurückzurufen. Sie orientieren sich ganz einfach an dem, was für Sie machbar ist, und treffen durchaus kluge Entscheidungen, mit denen Sie Ihr Stressniveau niedrig halten und psychisch im Gleichgewicht bleiben.

- **Stellen Sie einen Wecker,** um zehn oder zwanzig Minuten dafür zu reservieren, dass Sie Ihrem Kind ungeteilte Aufmerksamkeit widmen. Sorgen Sie anschließend dafür, dass es mit einem Buch, einem Spiel, einem Film oder etwas anderem beschäftigt ist, damit Sie sich der Arbeit oder anderen Aufgaben zuwenden können. (Falls das Kind noch Mittagsschlaf macht, können Sie vielleicht bis dahin abwarten.)
- **Sprechen Sie einen Aufgabenwechsel an** (denn genau das tun Sie): »Gut, wenn wir mit diesem Puzzle fertig sind, muss ich etwas anderes machen und meine E-Mails von der Arbeit beantworten. Wenn ich das geschafft habe, kann ich wiederkommen und dir beim nächsten Puzzle helfen.«
- **Lassen Sie sich helfen.** Kinder, die noch zu klein zum Babysitten sind, können Ihre Kinder beschäftigen, während Sie in der Wohnung mit etwas anderem zugange sind. Dafür müssen Sie auch weniger Geld einplanen als für Babysitter. Falls Sie für keine Art der Kinderbetreuung Geld übrighaben, können Sie vielleicht Tauschangebote nutzen. Elterngruppen, in denen Sie sich mit anderen bei der Kinderbetreuung abwechseln, lassen sich übers Internet organisieren.
- **Lassen Sie Ihre Kinder im Haushalt mitmachen.** Dafür müssen Sie zunächst einige Zeit und Energie aufwenden, doch diese Investition wird sich auszahlen, denn bald können die Kinder Ihnen kleine Aufgaben abnehmen, anstatt Ihnen nur welche aufzuhalsen. Im Übrigen funktioniert Erziehung schon seit Urzeiten so, und es gibt keinen Grund, diese Tradition abreißen zu lassen.
- **Ignorieren Sie das Kind.** Das meine ich ernst. Halten Sie es dazu an, sich selbst zu beschäftigen. Lassen Sie ruhig zu, dass es sich langweilt. Unterm Strich ist das gut für das Kind. Sie müssen ihm nicht ständig Ihre gesamte Aufmerksamkeit widmen, und Sie müssen sicher nicht die

ganze Zeit in sein Spiel einbezogen sein. (Mehr dazu in Kapitel 7 »Freiräume schaffen, um nicht auszurasten«, Seite 168.)

Singletasking leicht gemacht

Sich Singletasking vorzunehmen ist ein wichtiger erster Schritt, der aber vermutlich nicht ausreichen wird. Falls Sie schon seit einiger Zeit immer wieder in den Multitasking-Modus verfallen (und das ist mit ziemlicher Sicherheit so), wird Ihr Gehirn irritiert reagieren, wenn Sie sein Arbeitstempo zu drosseln versuchen. Doch je öfter Sie Singletasking praktizieren, desto leichter wird es Ihnen fallen. Es folgen einige Hinweise, die Ihnen bei Bedarf helfen können, fokussiert zu bleiben:

- **Aufmerksamkeit heißt normalerweise nicht,** völlig unbeirrt und ausschließlich auf das fixiert zu sein, was Sie gerade tun. Das ist zwar schön, wenn es sich so ergibt, aber Sie sollten sich nicht verrückt machen, wenn es nicht derart perfekt läuft. Nehmen Sie sich einfach nur vor, so lange wie notwendig bei dem zu bleiben, was Sie tun. Wenn Sie merken, dass Ihre Gedanken abschweifen (was garantiert passieren wird), richten Sie die Aufmerksamkeit wieder auf die jeweilige Aufgabe.
- **Achten Sie auf mehr Schlaf.** Ein erschöpftes Gehirn ist wie das zapplige Säbelzahn-Eichhörnchen in den *Ice Age*-Filmen – bereit, allem sofort hinterherzujagen, ganz gleich, ob das eine leckere Eichel ist oder etwas anderes. Je ausgeruhter Sie sind, desto leichter fällt es Ihnen, nur eine Sache gleichzeitig zu tun und sie gut hinzubekommen.
- **Schreiben Sie's auf.** Wenn Ihre Gedanken zu einer Sache abschweifen, mit der Sie sich im Augenblick nicht beschäftigen können, die Sie aber nicht vergessen wollen, sollten

Sie sich eine Notiz machen. Halten Sie einen Abreißblock auf der Küchentheke oder dem Nachttisch bereit (und lassen Sie im Bett um Himmelswillen jedes Multitasking sein). Darauf können Sie Dinge festhalten, die Ihnen durch den Kopf schießen. Ich empfehle die gute alte handschriftliche Methode, denn die typische To-do-Listen-App auf dem Handy verführt Sie dazu, mehr Zeit an dem kleinen Bildschirm zu verbringen, als Sie eigentlich vorhatten.

- **Fassen Sie in Worte, was Sie tun,** ob in Gedanken oder indem Sie es aussprechen. »Ich gehe in die Vorratskammer und hole Spaghetti. Und jetzt fülle ich Wasser in den Topf und stelle ihn auf den Herd ...« Ich weiß, das klingt gaga, aber es ist umso hilfreicher, je gestresster und matter Sie sind. Wenn Sie Ihr Handeln mit Worten begleiten, denken Sie an das, was Sie tun, und das ist viel besser, als wenn Sie es tun, ohne dran zu denken. Der Stress lässt nach, und Sie können zum Beispiel viel besser im Gedächtnis behalten, dass Sie den Herd tatsächlich abgeschaltet haben.

Legen Sie das verdammte Handy weg

Smartphones und Tablets sind derart oft Auslöser von Ausrastern, dass sie hier eine besondere Würdigung verdient haben. Das Triggersignal kann eine schlimme Nachricht sein oder Sie auf irgendetwas hinweisen, das Sie noch nicht erledigt haben und das Ihr Chef von Ihnen will, Ihre Schwiegermutter oder diese lästige Tante vom Eltern-Lehrer-Ausschuss, die doch endlich mal Ruhe geben soll. Und selbst wenn Sie auf dem Smartphone gerade etwas umwerfend Komisches oder etwas Herzerwärmendes lesen oder anschauen, braucht Ihr Kind nur ins Zimmer zu kommen, und sogleich haben Sie das Gefühl, es platzt in Ihre Welt herein, die vielleicht gerade viel prickelnder ist als die reale Welt. Es kann ganz schön ärgerlich sein, wenn Sie

Fangen Sie da mit dem Singletasking an, wo's einfach geht

Multitasking praktizieren Sie vermutlich schon seit vielen Jahren. Das heißt, Sie schalten ganz automatisch in diesen Modus. Eine Gewohnheit zu ändern ist nicht einfach, also sollten Sie sich das nicht schwerer machen, als es schon ist. Wenn wir etwas einüben, solange wir *nicht* unter Druck stehen, werden wir im Ernstfall dann viel eher in der Lage sein, die erworbene Fertigkeit einzusetzen.

Wählen Sie ein oder zwei Dinge aus, die Sie jeden Tag mit Freude tun (oder die Ihnen zumindest nicht unangenehm sind). Das kann beispielsweise sein: in Ruhe und ganz bewusst Ihren Kaffee oder Tee trinken, morgens die Zeitung lesen, von der Bahnstation zum Büro laufen, vor der Schule in der Auto-Abholschlange warten. Lassen Sie Radio oder Fernseher aus, legen Sie das Handy weg und kehren Sie jedes Mal, wenn Sie merken, dass Ihre Gedanken abschweifen, mit der Aufmerksamkeit wieder zu dem zurück, was Sie da tun.

Ich selbst übe das am liebsten beim Duschen oder beim Vorlesen. Wenn ich beim Duschen nicht darauf achte, dass ich aufmerksam und präsent bleibe, sind meine Haare am Ende nass, aber ich weiß nicht mehr, ob ich sie nun gewaschen habe oder nicht. Wenn mir das Singletasking beim Vorlesen nicht gelingt, hat das Folgen. Ich will ja nicht angeben, aber ich bin durchaus in der Lage, meinen Töchtern eine Geschichte vorzulesen und nebenher über eine seltsame Begegnung mit einer Freundin zu brüten, oder ob ich meinem Mann schon gesagt habe, dass er sich um die Katzenstreu kümmern soll, oder mit meinem Berufsleben oder meiner Lebensplanung zu hadern. Das Vorlesen macht mir dann also wenig bis gar keinen Spaß, und wenn die Geschichte zu Ende ist, bin ich ein von Selbstzweifeln geplagtes Nervenbündel, und meine Knöpfe sind riesig und leuchtend rot. Falls die Kinder dann nur um noch eine Geschichte betteln, raste ich aus.

eigentlich lieber dieses köstliche Waschbären-Video zu Ende kucken wollen: »Ach Kind, was willst du denn jetzt?« Und schwuppdiwupp rasten Sie wieder mal aus.

Handy-Auszeiten gehören zu den wirkungsvollsten Maßnahmen, wenn Sie in der Kindererziehung und in Ihrem Leben etwas verändern möchten. Legen Sie das Handy also beiseite, am besten in ein anderes Zimmer. (Studien zeigen, dass ein Handy auch dann ablenkend wirkt, wenn es nur griffbereit ist – selbst dann, wenn es abgeschaltet ist.) Solange es sich in unserer Nähe befindet, ist es eine Stressquelle, erschwert das Singletasking und zerstört unser inneres Gleichgewicht.

— Handy-Auszeiten gehören zu den wirkungsvollsten Maßnahmen, wenn Sie in der Kindererziehung und in Ihrem Leben etwas verändern möchten. —

Wenn es Ihnen schwerfällt, das Handy wegzulegen, liegt das nicht daran, dass Sie besonders schwach oder suchtgefährdet sind – zumindest nicht mehr als wir alle. Die Apps auf dem Handy sind darauf angelegt, die Aufmerksamkeit auf sich zu ziehen und zu fesseln. In unserer Hightech-Welt verdienen manche klugen Köpfe unverschämt viel Geld damit, dass sie uns mit hocheffektiven Strategien dazu bringen, viel Zeit auf ihre Apps zu verwenden. Es reicht ihnen nicht, dass wir die App einfach nur kaufen und runterladen. Wir sollen sie auch so oft wie möglich aufrufen. Je mehr Zeit wir damit verbringen, Dreierreihen von funkelnden Edelsteinen zu bilden oder auf Bildchen zu klicken, desto wahrscheinlicher wird es, dass wir die eingebaute Werbung registrieren; je häufiger wir die Anzeigen sehen, desto wahrscheinlicher wird es, dass wir irgendwann drauftippen; und je häufiger wir drauftippen, desto wahrscheinlicher wird es, dass wir irgendwann auch kaufen, was da angepriesen wird. Dann haben die App-Entwickler uns da, wo sie uns haben wollten. Wir müssen auf ihre Masche aber nicht hereinfallen. Wir können uns Zeit und geistige Energie zurückerobern, ohne deswegen auf unsere geliebten Minicomputer verzichten zu müssen.

Suchen Sie sich aus den folgenden Tipps diejenigen aus, die Ihnen am hilfreichsten erscheinen und mit denen Sie anfangen wollen:

- **Lassen Sie sich nicht unter Zeitdruck setzen.** Machen Sie sich klar, dass Sie nicht jede einzelne Textnachricht oder Überschrift, sobald Sie auf Ihrem Handy eingeht, auf der Stelle lesen müssen. Das muss wirklich nicht sein. Sie können sich das auch später noch anschauen. Es gibt ja nur wenige Situationen, in denen tatsächlich unverzügliches Handeln erforderlich ist. Natürlich werden Sie ab und zu mal eine Neuigkeit oder eine Einladung zu einem Spieltreffen verpassen, aber diese kleinen Verluste werden durch den Zugewinn an psychischem Wohlbefinden locker aufgewogen.
- **Stellen Sie das Piepsen und Brummen ab.** Vielleicht finden Sie das, was ich zum vorherigen Punkt gerade gesagt habe, sehr plausibel. Trotzdem wird Ihr Gehirn den Benachrichtigungen, die das Handy ständig anzeigt, einfach nicht widerstehen können. Stellen Sie sie also ab. Im Ernst. Das Handy sollte nur bimmeln, brummen oder blinken, wenn ein Anruf oder eine Textnachricht eingeht.
- **Seien Sie unerreichbar.** Machen Sie sich mit dem Nicht-stören-Modus Ihres Smartphones vertraut und nutzen Sie ihn oft. Ich habe meines so eingestellt, dass ich, wenn ich bei der Arbeit oder bei den Kindern bin, nur die wichtigsten Anrufe sofort mitbekomme (von meinen Eltern, von meinem Mann, von der Schule). Außerdem geht

das Gerät automatisch immer von 21 bis um 7 Uhr in den Nicht-stören-Modus, damit es mich nachts nicht behelligen kann.

- **Lassen Sie das Smartphone für sich arbeiten.** Sie können es so einstellen, dass protokolliert wird, wie viel Zeit Sie an dem kleinen Bildschirm verbringen, und Sie können die Bildschirmzeit auch begrenzen. (Der entsprechende Menüpunkt heißt möglicherweise auch »Digital Wellbeing« oder »Digitales Wohlbefinden«.) Sie erhalten detaillierte Statistiken dazu, wie viel Zeit Sie mit den verschiedenen Apps auf Ihrem Handy zubringen. Außerdem können Sie festlegen, wie lange Sie jede App täglich benutzen können, bis Sie mehr Aufwand treiben müssen, sie aufzurufen.
- **Werden Sie Apps los, die Sie zu sehr ablenken.** Löschen Sie alle Apps, die Sie nicht wirklich brauchen, vor allem die mit dem größten Suchtpotenzial. Ich habe Facebook, Twitter und meine liebste Kreuzworträtsel-App runtergeworfen, denn das sind zu große Versuchungen für mich. Welche Apps schlagen Sie unweigerlich in Bann? Seien Sie ehrlich mit sich, und trennen Sie sich von ihnen.
- **Tun Sie, als sei das Handy ein Schnurtelefon.** Wenn früher ein Anruf kam, mussten wir mit dem aufhören, was wir gerade taten und zum Telefon hingehen, um abzunehmen. Wenn das Kabel nicht sehr lang war, konnten wir beim Telefonieren nicht in der Wohnung herumlaufen und nebenher drei andere Dinge tun. Nehmen Sie Ihr Handy aus der Tasche und legen Sie es da ab, wo Sie früher das schnurgebundene Telefon platziert hätten. Gehen Sie zu ihm hin, wenn Sie eine Nachricht tippen oder telefonieren wollen, und legen Sie es dann wieder ab.
- **Nutzen Sie das Smartphone nicht für alles,** was Sie damit tun könnten. Seien Sie altmodisch, wo das möglich ist. Stellen Sie ein Radio in die Küche, damit Sie nicht jedes Mal

zum Smartphone greifen müssen, wenn Sie Musik hören wollen. Legen Sie sich, wenn Sie gern E-Books lesen, ein eigenes Gerät dafür zu, anstatt eine Lese-App auf dem Handy zu verwenden. Schreiben Sie To-do-Listen und Notizen auf Zettel oder in ein Notizbuch.

- **Tragen Sie eine Smartwatch.** Das ist eine großartige Option, wenn Sie befürchten, Ihnen könnten wichtige Anrufe oder Nachrichten entgehen, aber von all den anderen Funktionen des Smartphones nicht abgelenkt werden wollen. Widerstehen Sie der Versuchung, siebenundzwanzig Minispiele auf die Smartwatch herunterzuladen, stellen Sie alle überflüssigen Benachrichtigungssignale ab und platzieren Sie das Telefon in einem anderen Raum. Achten Sie unbedingt darauf, ob auch dieses Gerät Ihnen Zeit stiehlt. Seien Sie ehrlich mit sich selbst. Verzichten Sie auf die Smartwatch, falls Sie feststellen, dass sie zu viel Aufmerksamkeit bindet.
- **Suchen Sie sich etwas anderes,** auf das Sie starren können. Es ist gut, sich mit etwas beschäftigen zu können, wenn Sie in einem Wartezimmer sitzen oder wenn die Kinder gerade ins Spiel vertieft sind. Ein Smartphone hat aber eine andere Wirkung als eine Zeitschrift. Der funkelnde kleine Bildschirm nimmt unsere Aufmerksamkeit wesentlich stärker und unerbittlicher in Beschlag als ein Buch, Strickzeug oder, im Fall meines Mannes, eine Ukulele. Wenn Sie mit etwas beschäftigt sind, das weniger suchterzeugend ist als ein sich ständig aktualisierender Monitor, wird es Ihnen wesentlich leichter fallen, auf die Fragen Ihrer Kinder einzugehen oder auf die nächste Aktivität umzuschalten.
- **Bevorzugen Sie Apps, die nicht als Trigger wirken.** Wenn Sie wirklich nicht ohne Ihr Smartphone auskommen, sollten Sie sich an Apps halten, die Sie nicht triggern und die Sie nicht komplett in ihren Bann schlagen. Es gibt natür-

lich keine Garantie dafür, dass Ihnen das weiterhilft, aber es gibt bessere und schlechtere Optionen. Nicht in Frage kommen Nachrichten-Apps und soziale Medien. Zu bevorzugen sind Meditations-, Sudoku- und Kreuzworträtsel-Apps, E-Books und Spiele mit Zeitbegrenzung, solange Sie nicht anfangen, sich damit ins Badezimmer zurückziehen und nach einem Wort für »Knopfdrücker« mit vier Buchstaben zu suchen. Löschen Sie die Apps wieder, falls das passiert.

- **Nehmen Sie das Smartphone nicht mit ins Bett.** Die Lichteinwirkung des Bildschirms erschwert das Ein- und Durchschlafen, und Erschöpfung ist nun mal ein starker Trigger. Mehr dazu im nächsten Kapitel (Seite 119).
- **Lassen Sie beim Autofahren die Finger davon.** Legen Sie das Smartphone in den Kofferraum, falls es nicht anders geht. Falls Sie es als Navigationsgerät nutzen wollen oder damit einen Podcast für die Kinder abspielen wollen, sollten Sie vor dem Losfahren alles entsprechend einstellen, damit Sie nicht immer wieder daran herumfingern müssen. Falls der Podcast zu Ende ist, bevor Sie ankommen, schalten Sie das Radio ein oder halten die Kinder dazu an, ohne Beschallung auszukommen. Sie werden's überleben, und in ein paar Jahren können sie dann einen Schulaufsatz über diese denkwürdige Autofahrt schreiben. Denken Sie daran, dass die Kinder in einigen Jahren selbst am Steuer sitzen werden und sich dann an Ihrem Vorbild orientieren können.
- **Reservieren Sie Zeiten,** in denen Sie ungestört aufs Smartphone starren können. Es ist nicht notwendig, dass Sie ganz auf das Smartphone verzichten (wobei einige Freundinnen von mir wieder nur ein simples Klapphandy nutzen und froh über diesen Wechsel sind). Gönnen Sie sich, wenn die Kinder in der Schule sind oder wenn zwischen zwei Besprechungen Luft ist, ein paar Minuten, in denen

Sie einfach drauflöswischen und -tippen. Behalten Sie nur im Blick, dass Sie da etwas trainieren, in dem Sie nicht unbedingt besser werden möchten.

Ziel der genannten Tipps ist, ganz gleich, welche davon Sie erproben möchten, dass Ihnen bewusst wird, wenn Sie abgelenkt sind oder versuchen, zu viele Dinge gleichzeitig zu tun. Multitasking ist manchmal sinnvoll, wirkt aber auf die meisten Eltern als starker Trigger. Wenn Sie bemerken, dass Sie in diesem Modus sind, können Sie sich dafür entscheiden, die Wäsche erst einmal liegen zu lassen, das Handy wegzulegen und sich ganz auf das zu konzentrieren, was sie gerade tun, und sei es nur für einige Minuten. Durch diese kurzen Phasen der Fokussierung sinkt Ihr Stressniveau, und Sie werden ruhiger und geraten nicht so leicht aus dem Gleichgewicht.

5 Darum kommen Sie nicht herum

Als Erstes: Schlaf, Schlaf, Schlaf, ausreichend Schlaf. Als Nächstes: viel Hilfe und Unterstützung. Und immer einen nachsichtigen Umgang mit sich selbst!

Nachdem Sie jetzt schon ein wenig Übung darin haben, nur eine Sache zur selben Zeit zu machen, können wir darüber reden, wofür genau Sie Ihre kostbare Zeit und Energie am besten einsetzen sollten. In diesem Kapitel befassen wir uns deshalb eingehend mit den drei anderen hauptsächlichen Abkühlmethoden: genug schlafen, sich Unterstützung sichern, verständnisvoll mit sich selbst umgehen.

Schlaf brauchen Sie dringender, als Sie denken

Falls Sie genug Schlaf bekommen und sich hinreichend munter und energiegeladen fühlen, ist das wunderbar – weiter so! Falls Sie aber mit Schlafproblemen kämpfen und ständig auf dem Zahnfleisch gehen, sollten Sie jetzt weiterlesen.

Wie Sie über die Runden kommen, wenn Sie nicht mehr können

Es ist furchtbar, wenn Sie unter einem ständigen Schlafdefizit oder unter Schlafstörungen zu leiden haben. Ich habe das selbst erlebt, und Sie haben mein Mitgefühl. Hoffentlich lässt der Druck, der Sie wachhält, bald nach, wenn Sie dieses große Arbeitsprojekt zu Ende gebracht haben, wenn Ihr Kind endlich durchschläft oder wenn Ihr Partner nicht länger schnarcht. Bis dahin können Ihnen vielleicht folgende Tipps helfen, diese Zeit durchzustehen:

- Akzeptieren Sie, dass Sie hundemüde sind und dass das real ist. Versuchen Sie nicht, die Erschöpfung auszublenden oder sich vorzumachen, dass Sie sie mit purer Willenskraft vertreiben können.
- Schrauben Sie Ihre Erwartungen an sich selbst so weit wie möglich herunter. Streichen Sie Dinge von Ihrer Liste, die nicht absolut notwendig sind. Es kann eine Weile dauern, bis Sie zur Ruhe gekommen sind, aber das ist okay. Diese Phase geht vorüber, und sobald Sie genug Schlaf bekommen, können Sie sich wieder den Dingen widmen, die Sie zurückgestellt haben.
- Drosseln Sie Ihr Tempo soweit es geht, und fokussieren Sie sich, sooft Ihnen das möglich ist, auf nur eine einzige Sache. Für ein müdes Gehirn ist Multitasking eine komplette Überforderung.
- Sprechen Sie offen über Ihre Erschöpfung. Erklären Sie den Kindern, was mit Ihnen los ist. Bitten Sie sie um Unterstützung, falls sie schon ein wenig größer sind. Dann ist die Gefahr geringer, dass die Kinder Ihre Reizbarkeit falsch verstehen, und Sie leben Ihnen damit vor, wie sie mit Erschöpfung gut umgehen können.
- Machen Sie sich Folgendes klar: Solange Ihre Erschöpfung anhält, bleiben Sie weit unter Ihren Möglichkeiten, kommen sich vor, als wären Sie nicht ganz bei Trost, und rasten leichter aus. Üben Sie also bitte Nachsicht mit sich!

Mit fünf Stunden Schlaf pro Nacht sind Sie, auch wenn Ihnen das anders vorkommen mag, nicht wirklich alltagstauglich. Und nein, Sie können das Schlafdefizit *nicht* am Wochenende ausgleichen. (Das ist Unsinn! Haben Sie vergessen, dass Sie Kinder haben?) Um es unmissverständlich klar zu machen: Der Spruch »Schlafen kann ich, wenn ich tot bin« mag in den Ohren von Jugendlichen aufregend rebellisch klingen, ist aber bei Licht betrachtet nur ein müder Witz.

Schlafmangel wirkt sich auf sämtliche Aspekte Ihres emotionalen, psychischen und körperlichen Befindens aus. Er schwächt Ihr Urteils- und Denkvermögen, verstärkt Stimmungsschwankungen und macht Sie wesentlich anfälliger für Ausraster. Es ist ein wenig, als wären Sie betrunken, aber nicht auf die fröhliche, entspannte Art. Sie sind vielmehr ungeduldig, schnippisch, unachtsam, schusselig und aufbrausend.

Es kursieren jede Menge Ratschläge dazu, wie Sie mehr Schlaf bekommen und die Schlafqualität verbessern können. Das Wesentliche aber ist, dass Sie es wie ein Steinzeitmensch halten sollten: Verkriechen Sie sich am Abend in Ihre dunkle kleine Höhle. Statt Bärenfellen tun es auch ein paar weiche Kissen, und Sie müssen sich auch keine Sorgen wegen Säbelzahntigern machen. Bewegung, Arbeit, geistig anregende Beschäftigungen (Sie sind ein hochgebildeter Höhlenmensch!) und helles Licht sollten dem Tag vorbehalten bleiben. Die Nacht ist zum Entspannen da und für Aktivitäten, die Ihr Nervensystem *nicht* auf Touren bringen. Gute Optionen sind Lesen, Stricken, Kartenspiele oder Puzzles (sofern Sie sich davon losreißen können, wenn es Zeit zum Schlafen ist!). Abzuraten ist, das versteht sich wohl von selbst, von aufwühlenden Fernsehsendungen oder Filmen, von der Beschäftigung mit sozialen Medien und ganz allgemein von Aktivitäten, die Sie in Unruhe und Hektik versetzen. Leuchtet das ein?

Bevor Sie nun anfangen, nach Rechtfertigungen fürs abendliche Serien-Streamen zu suchen, sollten Sie sich fragen: Funktioniert das für Sie? Das ist keine rhetorische, sondern eine ernstgemeinte Frage. Wenn Sie ehrlich sagen können, dass Sie genug Schlaf bekommen und nachts genügend Energie für die Aufgaben des Tages tanken, dann machen Sie gerne weiter wie gehabt. Trinken Sie ruhig Ihren Espresso nach dem Abendessen und gönnen Sie sich Ihre ein oder zwei Stunden an der Spielkonsole. Dagegen ist nichts einzuwenden, solange es für Sie funktioniert. Falls Sie aber lange wachliegen und sich am Tag wie gerädert fühlen, dann besteht Handlungsbedarf. Es folgen ein paar Tipps, wie Sie beginnen können, das Problem anzugehen. (Übrigens sind sie auch für die Kinder hilfreich!)

GEBEN SIE DEM SCHLAF OBERSTE PRIORITÄT. Setzen Sie ihn ganz oben auf die Liste der Dinge, um die Sie nicht herumkommen, wenn Sie nicht mehr so häufig ausrasten wollen. Das wird nun nicht dazu führen, dass Sie ab sofort jede Nacht acht Stunden durchschlafen. Aber damit ist ein Anfang gemacht, und Sie können von da aus weitergehen.

SEIEN SIE EHRLICH MIT SICH SELBST, wie viel Schlaf Sie tatsächlich bekommen. Am einfachsten geht das mit einem Schlaftracker. Schaffen Sie sich ein Fitnessarmband an, das diese Funktion bietet, oder legen Sie ein Notizbuch auf den Nachttisch, in dem Sie jeweils festhalten, wann Sie das Licht ausmachen und wann Sie aufwachen. Die gewonnenen Daten werden vielleicht nicht ganz vollständig oder genau sein, doch mit der Zeit werden sich Muster herausschälen, etwa dass Sie manchmal mehr Schlaf bekommen oder viel weniger schlafen als sonst. Und vielleicht verstehen Sie dann ein wenig besser, worin genau die Störfaktoren bestehen.

ACHTEN SIE AUF REGELMÄSSIGKEIT BEI IHREN RUHEZEITEN. Gehen Sie jeden Tag zur gleichen Zeit schlafen und stehen Sie zur gleichen Zeit auf, auch an den Wochenenden. Das ist besonders wichtig, wenn Sie unter Schlafstörungen leiden, über die Sie hinwegkommen wollen. Körper und Gehirn bevorzugen, vor allem wenn es um den Schlaf geht, Berechenbarkeit und Gleichmäßigkeit. Bei Schichtarbeit ist das natürlich unmöglich. Bemühen Sie sich dennoch, soweit es geht, um einen regelmäßigen Tagesablauf, und schrauben Sie die Erwartungen an sich selbst möglichst herunter, wenn Sie ausgepowert sind.

BEREITEN SIE SICH AUFS SCHLAFENGEHEN VOR, bevor Sie zu müde sind, um sich aufs Schlafengehen vorzubereiten. Haben Sie schon einmal beobachtet, dass es viel schwieriger wird, Ihr Kind in den Schlafanzug schlüpfen zu lassen, wenn es völlig erledigt ist? Ganz ähnlich ist das bei Ihnen selbst. Es hat seinen Grund, warum Sie abends so verdammt schwer von der Couch hochkommen, wenn Sie sich einmal darauf eingerichtet haben. Es liegt nicht daran, dass Sie ein Faulpelz sind oder dass die Gravitation im Wohnzimmer stärker ist als anderswo. Es liegt daran, dass Sie erschöpft sind. Ihr erschöpftes Gehirn tut sich schwer damit, Sie zu den elementarsten Dingen zu motivieren, etwa zum Zähneputzen. Tun Sie sich also einen Gefallen und sehen Sie zu, dass möglichst früh am Abend alle die Zähne geputzt haben und im Schlafanzug sind – und vielleicht auch schon Sie selbst. Wenn dann die Zeit gekommen ist, fällt das Zubettgehen um einiges leichter.

BLOSS NICHT AUF KLEINE MONITORE STARREN. Das blaue Licht eines Handy- oder Tabletbildschirms ist Gift für einen stabilen Schlafzyklus. Jedes Mal, wenn Sie scrollend, wischend und auf den Monitor starrend im Bett liegen, könnten Sie genauso gut mit einem Laserstrahl (Aufwachen! Aufwachen! Hoch mit dir!) in die Tiefen Ihres Gehirns hineinleuchten. Jede abendliche Einwirkung von grellem Licht stört den Tag-Nacht-Rhythmus, erschwert das Einschlafen und mindert die Schlafqualität. Am allerschlimmsten ist aber dieser helle Bildschirm, der nur ein paar Zentimeter von Ihrem Gesicht entfernt ist. Versuchen Sie es stattdessen mit einem Buch, und zwar mit einem aus Papier. Falls Sie nicht ohne Monitor auskommen, benutzen Sie einen E-Book-Reader anstelle eines Tablets oder Smartphones, und dimmen Sie die Beleuchtungsstärke so weit wie möglich herunter. Es gibt verschiedene Tricks und Apps, mit denen sich der Monitor stark abdunkeln lässt, ohne dass die Lesbarkeit leidet. Finden Sie heraus, wie das bei Ihrem Gerät funktioniert.

NUTZEN SIE IHR BETT FÜR SCHLAF, SEX und so gut wie nichts anderes. Entspanntes Lesen (eines Buchs *aus Papier*) und Liegemeditation im Bett sind okay, aber machen Sie sich's dort auf keinen Fall mit einem Computer bequem.

— *Für Ihr Gehirn und Ihren Körper sollen Bett und Schlafzimmer nicht mit Tabellen und sozialen Medien gekoppelt sein, sondern mit Schlaf.* —

VORSICHT MIT GETRÄNKEN, und zwar nicht nur mit Kaffee und Schwarztee. Ihre Koffein-Toleranz ist vielleicht nicht so ausgeprägt, wie es Ihnen lieb wäre. Viele Menschen (ich eingeschlossen) sollten nach zwei Uhr nachmittags keine koffeinhaltigen Getränke mehr zu sich nehmen. Das ist aber nicht alles. Auch Alkohol ist, wenn es ums Schlafen geht, ein Problem. Er ist ein Sedativum, das heißt, er wirkt dämpfend auf die Funktionen von Gehirn und Nervensystem. Ein oder zwei Drinks können also zwar beim Einschlafen helfen. Doch wenn die Wirkung des Alkohols abklingt, geht das Gehirn wieder online, und das bringt den Schlafzyklus durcheinander, sodass Sie möglicherweise mitten in der Nacht aufwachen. Die Folge ist, dass Sie sich beim Aufwachen matt fühlen, selbst wenn es Ihnen vorkommt, als hätten Sie die die ganze Nacht tief und fest geschlafen. Halten Sie sich also mit Koffein und Alkohol zurück – und, nun ja, eigentlich auch mit anderen Getränken, damit Sie nachts nicht ständig pinkeln müssen. Ihre Blase ist vielleicht nicht mehr ganz so dehnbar, wie sie schon mal war.

SUCHEN SIE UNTERSTÜTZUNG. Wenn Sie ein Baby oder ein krankes Kleinkind zu versorgen haben, können Sie das nächtliche Füttern möglicherweise Ihrem Partner übertragen, falls einer da ist. Sie können das Kind vielleicht auch über Nacht zu Angehörigen oder zu einer Babysitterin geben oder sich mit anderen Eltern darin abwechseln, die Kinder mal da, mal dort übernachten zu lassen. Solche Arrangements sind keine Dauerlösungen, können in einer Krise aber eine große Hilfe sein.

Die meisten der genannten Vorschläge sind recht einfach umsetzbar und funktionieren meistens recht gut. Wenn Sie aber unter Depressionen, Ängsten oder chronischen Schlafstörungen leiden, werden Sie möglicherweise nicht ohne fremde Hilfe auskommen. Schauen Sie sich nach entsprechenden Unterstützungsangeboten um, falls Sie sich ernsthaft, aber vergeblich darum bemüht haben, Ihre Schlafgewohnheiten zu verbesssern. Bitten Sie Ihre Ärztin um eine Überweisung an einen Psychotherapeuten oder einen Schlafexperten. Experten wie diese verstehen sich auf viele Behandlungsmöglichkeiten.

Sich helfen lassen: Allein schaffen Sie das nicht!

Kinder allein großzuziehen, ohne ab und zu die Nerven zu verlieren, ist ein Ding der Unmöglichkeit. Selbst mit Unterstützung ist das kaum zu schaffen. Machen Sie es sich also nicht schwerer als unbedingt nötig.

Sie brauchen Hilfe. Ich brauche Hilfe. Selbst die Eltern, bei denen immer alles super zu laufen scheint, brauchen Hilfe. Das liegt nicht daran, dass wir faul oder unfähig wären. Es liegt daran, dass wir dafür gemacht sind, das Leben gemeinsam mit anderen zu meistern. Sie sollten sich besser nicht länger einreden, dass Sie das alles allein hinbekommen müssen oder dass es besonderen Respekt verdient, wenn Sie andere nicht um Hilfe bitten. Je eher Sie die Unterstützung von

Freunden und/oder Angehörigen in Anspruch nehmen, desto eher werden Sie erfahren, um wie viel leichter die Kindererziehung sich für Sie gestalten kann, und desto eher wird sich mehr Gelassenheit bei Ihnen einstellen.

— Ein afrikanisches Sprichwort sagt: »Um ein Kind zu erziehen, braucht es ein ganzes Dorf.« —

Regelmäßig und häufig Zeit mit freundlichen, hilfsbereiten Erwachsenen zu verbringen (das kann Ihr Partner sein, eine gute Freundin oder die nette Mutter vom Spielplatz) wirkt beruhigend auf Ihr Nervensystem und lässt Ihre Knöpfe abschwellen, sodass Sie auf die Eskapaden Ihres Kinds wesentlich unempfindlicher reagieren. Dies hat verschiedene Gründe.

- Hilfsbereite Eltern (insbesondere die, die Sie und Ihre Familie gut kennen) sind eine wichtige Informationsquelle und können Ihnen realitätstaugliche Hinweise und Ratschläge geben. Wenn Sie sich Ihrer elterlichen Fähigkeiten sicherer werden, sind Sie nicht so schnell gestresst und rasten weniger häufig aus.
- Wenn Sie Dinge verzerrt wahrnehmen, holen diese anderen Sie auf den Boden der Tatsachen zurück. Sie sagen es Ihnen, wenn Sie sich unmöglich aufführen, eine Situation missverstehen oder sich wegen etwas Vorwürfe machen, für das Sie nichts können. Sie werden Ihnen versichern, dass Ausrasten keineswegs nur Ihre Spezialität ist. Dies kann viel dazu beitragen, dass Sie entspannter und gelassener werden.

- Ihr Nervensystem wird in Gegenwart von Erwachsenen, zu denen Sie Vertrauen haben und bei denen Sie sich sicher fühlen, automatisch ruhiger. Die Elternrolle auszufüllen fällt Ihnen leichter, wenn Sie wissen, dass Ihnen jemand mit Rat und Tat zur Seite stehen wird, falls es wieder einmal drunter und drüber geht.
- Mit Erwachsenen, denen wir zugetan sind, Zeit zu verbringen macht uns froh und zufrieden. Und solange wir froh und zufrieden sind, werden wir nicht ausrasten.

Falls es in Ihrem Leben einen Partner gibt, der sich mit Ihnen um die Kinder kümmert, umfasst Ihr ideales Unterstützungssystem außer diesem Partner drei Gruppen: Ihren Expertenstab, Ihre Peergroup und Ihre Vertrauten. Manchmal gibt es Überschneidungen zwischen diesen Gruppen, manchmal nicht. Manchmal sind es dieselben Leute, mit denen Sie sich herumgetrieben haben, ehe die Kinder kamen, und manchmal sind es andere. Jedenfalls sind sie alle wichtig für Sie.

Ihr Expertenstab – nutzen Sie Fachwissen

Beginnen wir beim Expertenstab. Zu ihm zählen alle, die Sie für ihre Dienste bezahlen oder an die Sie sich wenden, weil sie Fachleute sind. Ich meine damit Ärztinnen, Therapeuten, Anwältinnen, Kinderärzte, Tagesmütter, Erzieherinnen, Trainer, Lehrerinnen und Ihren Priester, Rabbi oder Imam. Manchmal haben Sie eine Wahl, zu wem Sie gehen, und manchmal auch nicht, etwa weil die Krankenkasse die Kosten für bestimmte Verfahren nicht übernimmt oder weil es in der näheren Umgebung nur eine Kita oder nur einen Kindergarten gibt. Machen Sie das Beste aus den vorhandenen Angeboten. Ideallösungen wird es wohl nicht geben, aber so ist das Leben nun einmal.

Wenn Sie es sich aussuchen können, welche Fachleute zu Ihrem Expertenstab gehören sollen, sollten Sie sich welche suchen, die Sie in

Ihren Erziehungsvorstellungen unterstützen *und* Sie ermahnen, wenn Sie auf dem falschen Dampfer sind. Halten Sie Ausschau nach Personen, zu denen Sie im Lauf der Zeit eine gute Beziehung aufbauen und auf deren Fachkenntnisse Sie vertrauen können, wenn Sie nicht weiterwissen. Ich bin keine Ärztin. Wenn ich also nicht weiß, wie ich mit

Wir können unseren Kindern nicht selbst alles beibringen

»Du kannst den Mädchen nicht selbst alles beibringen. Das ist nicht deine Aufgabe.« Das sagte vor einigen Jahren meine Großmutter zu mir, die Mathematiklehrerin an der Highschool war und sieben Kinder großgezogen hat. Ich hatte geklagt, wie mühsam es doch sei, den Mädchen Schwimmen beizubringen. Anstatt zu erwidern, ich solle mich doch mehr anstrengen, hielt meine Großmutter mich dazu an, doch jemand anderen für diese Aufgabe zu finden. Ich meldete die beiden also zu einem Schwimmkurs an und bald hatten sie es gelernt. Das ersparte mir jede Woche eine halbe Stunde, in der ich immer kurz vorm Ausrasten war – eine Win-win-Situation für uns alle!

Auch wenn Sie Lehrer, Therapeut oder Kinderarzt sind oder meinetwegen auch Jugendcamps leiten, ist es *nicht* Ihr Job, die eigenen Kinder zu unterrichten, zu therapieren oder pausenlos zu bespaßen. Ein solches Missverständnis Ihrer Rolle wird den Stress in Ihrer Familie anwachsen lassen und verbaut den Kindern außerdem die Möglichkeit, von anderen zu lernen. Finden Sie Experten, denen Sie vertrauen, und lassen Sie sie ihre Arbeit machen.

Falls Sie Ihr Kind selbst unterrichten oder es wegen einer chronischen Krankheit oder einer Behinderung zu Hause pflegen, ist es umso wichtiger, dass Sie sich Unterstützung sichern und, wann immer das möglich ist, Freiräume für sich selbst finden. (Mehr dazu in Kapitel 7 »Freiräume schaffen, um nicht auszurasten«, Seite 168.)

Krankheitssymptomen meiner Tochter umgehen soll, tue ich das, was unsere Kinderärztin sagt. Das klingt nach Binsenweisheit, aber in unserer perfektionswütigen Epoche bekommen Eltern nur zu leicht das Gefühl, sie müssten eigentlich alles wissen. Befreien Sie sich von dieser Vorstellung. Setzen Sie sich nicht unter Druck und lassen Sie sich von denen helfen, die sich auskennen.

Ihre Peergroup – lassen Sie sich den Rücken stärken

Die zweite Gruppe, auf die Sie sich stützen können, nenne ich Ihre Peergroup. Das sind die Eltern in Ihrem Umfeld, denen es ganz ähnlich wie Ihnen geht und an die Sie sich wenden können, wenn alle Stricke reißen – sie holen beim Arzt ein Rezept für Sie ab, wenn Sie zu Hause bei Ihrem Kind ausharren müssen, das sich ständig übergibt, oder bleiben ein paar Minuten bei Ihrer Kleinen auf dem Schulspielplatz, wenn Sie sich beim Abholen verspäten. Hier ein paar Tipps zu Ihrer Peergroup, die Sie im Hinterkopf behalten sollten:

UNTERSCHÄTZEN SIE NICHT, WIE VIEL DIESE LEUTE FÜR SIE TUN KÖNNEN. Sie werden ein ums andere Mal Ihre Rettung sein, aber nur, wenn Sie sich einen Ruck geben und Bitte sagen. Es ist keine Schande, andere um Hilfe zu bitten, und außerdem tut Ihre Bitte wahrscheinlich auch den anderen gut. Denn jedes Mal, wenn meine Freundinnen mich um Unterstützung bitten, a) machen sie mir damit wieder klar, dass ich nicht die Einzige bin, die es nicht alleine schafft, b) geben sie mir Gelegenheit, mich dankbar für Hilfsbereitschaft zu zeigen, die ich von anderen erfahren habe, indem ich jetzt selbst hilfsbereit bin, und c) machen es mir leichter, sie später einmal meinerseits um Hilfe zu bitten. Das ist einfach ein fantastisches Gefühl.

ES IST EIN GEBEN UND NEHMEN. Verwechseln Sie Ihre Peergroup nicht mit einem Boxenteam. Ein Boxenteam muss jedes Mal, wenn der Fahrer in der Klemme ist, sofort herbeieilen, um ihm den Arsch zu retten. In Ihrer Peergroup aber begegnen Sie sich auf Augenhöhe. Wenn Sie erwarten, dass die anderen Ihnen immer wieder beistehen, ohne dass Sie ihnen aber irgendwann im Gegenzug etwas Gutes tun, werden sie bald nicht mehr auf Ihre Textnachrichten reagieren. Falls Ihr Auto nicht groß genug dafür ist, im Wechsel mit anderen Eltern Fahrdienste zu übernehmen, können Sie mit Kindern aus anderen Familien ein Picknick im Park machen, zu einem Spieltreffen einladen oder, wenn es in einer Familie Kranke gibt, etwas zum Essen vorbeibringen.

DIESE LEUTE KÖNNEN, MÜSSEN ABER NICHT ZU IHREM INNREN KREIS VON VERTRAUTEN GEHÖREN. Ihre sozialen Beziehungen sind ganz unterschiedlich, und nicht alle Menschen können zu Ihrem engsten Kreis von Vertrauten zählen. Trotzdem können Sie einander in kritischen Situationen beistehen.

Ihre Vertrauten

Sie brauchen einen Kreis von engsten Vertrauten. Das sind die Leute, die Sie zur Besinnung bringen, wenn Sie über die Klassenlehrerin schimpfen und sich gar nicht mehr einkriegen. Sie richten Sie wieder auf, wenn Ihnen nur noch zum Heulen zumute ist, und antworten abends um zehn unverzüglich auf Ihre Textnachrichten. Das sind auch die, die nicht vorher ihre Wohnung aufräumen, wenn Sie vorbeikommen – eine schöne kleine Geste, von der Sie gar nicht wussten, dass Sie Ihnen guttut, über die Sie sich aber total freuen.

Ich will Ihnen eine kleine Geschichte über meine allerengste Vertraute erzählen. Ich war einmal bei ihr zu Besuch, als meine erste Tochter etwa zehn Monate alt war. Ihre Töchter waren ein paar Jahre älter. Ich war erschöpft, quälte mich mit Ängsten, fühlte mich einsam und sehnte mich einfach danach, mit einer Person zu reden, die das verstand. Mit meiner Freundin am Küchentisch zu reden und Kaffee zu trinken war alles, wonach ich verlangte. Also setzte ich mein Baby auf die Couch neben die Mädchen, die fernsahen. Nach einigen Minuten hörten wir ein dumpfes Geräusch, dann Weinen. Meine Tochter war von der Couch heruntergekullert. Sie war auf einem weichen Teppich gelandet, und ihr fehlte nichts. Ich tröstete sie mit Küssen, setzte sie wieder auf die Couch und ging zu meinem Kaffee in die Küche zurück.

Zwei Minuten später dasselbe: Ein Plumps, dann Aufheulen. Ich ging wieder zu meinem Baby: Küsschen, Küsschen, alles ist gut, und jetzt schön wieder auf die Couch sitzen. Dann zurück zu Kaffee und Freundin.

Als es zum dritten Mal passierte, schaute meine Freundin mich an und wies mich behutsam auf etwas hin, ohne dass sie auch nur im Mindesten tadelnd oder sarkastisch klang (ehrlich gesagt weiß ich nicht, wie sie das hinbekommen hat – ich an ihrer Stelle hätte mich kaputtgelacht): Meine Tochter war wohl noch nicht so weit, dass sie allein auf der Couch sitzen konnte. Natürlich hatte sie recht. Ich war derart auf das gemeinsame Kaffeetrinken fixiert gewesen, dass mir das Offensichtliche entgangen war.

In solchen kleinen Momenten merken Sie, wer Ihre Vertrauten sind. Sie geben Ihnen nicht das Gefühl, durchgeknallt oder bescheuert zu sein, selbst wenn Sie gerade etwas Durchgeknalltes oder Bescheuertes tun. Wenn Sie Zeit mit ihnen verbringen und sich danach gelassener, selbstsicherer, stärker und enger mit ihnen verbunden fühlen, dann sind das Ihre Vertrauten. Ihre Vertrauten machen Ihnen nichts vor. Sie sagen es Ihnen zum Beispiel, wenn Sie mit Ihrem Kind zu einer Logopädin gehen oder einen ADHS-Test machen lassen sollten, und zwar ohne dass Sie sich dabei beschissen fühlen. Wenn Sie sich dagegen nach einem Nachmittag mit anderen Eltern auf dem Spielplatz irgendwie durcheinander, beschämt oder verunsichert fühlen, dann hatten diese vielleicht einen schlechten Tag, das kann sein. Oder sie werden einfach nicht zu Ihren Vertrauten gehören. Damit sage ich ja nicht, dass sie irgendwie doof sind oder dass Sie sich nie mehr mit ihnen abgeben sollen. Ich sagte nur, dass das wohl nicht die ersten sein sollten, bei denen Sie sich melden, wenn Sie das nächste Mal in Trübsinn versinken und jemanden brauchen, dem Sie Ihr Herz ausschütten können.

Und was ist mit der Familie?

Schauen wir uns kurz an, wo die Familie und die Verwandtschaft in all das hineinpassen. Im Idealfall gehören sie zu Ihren Vertrauten und zu Ihrer Peergroup, aber nicht zu Ihrem Expertenstab. Letzteres meine ich wirklich ernst: Wenn Ihre Mutter eine Spezialistin für Legasthenie oder Ihr Bruder ein Kieferorthopäde ist, sollten Sie sie sich wirklich nur dann an sie wenden, wenn Sie wirklich in der Klemme stecken, und sie dann um eine Überweisung an jemand anderen bitten. Bitte glauben Sie mir das.

Ideal geht es nur in wenigen Familien zu. In ihnen herrscht erstaunliche Harmonie. Andere Familien sind völlig verkorkst, aber in den meisten hält sich das Elend in Grenzen. Es kann auch sein, dass Eltern und Verwandtschaft, soweit sie noch leben, wirklich keine Hilfe sind, ob aufgrund von Suchtproblemen, psychischen Erkrankungen oder irgendwelchen anderen Gründen. Sie zählen weder zu Ihrem engen Kreis von Vertrauten noch zu Ihrer Peergroup, und vielleicht wollen Sie ihnen Ihre Kinder lieber gar nicht anvertrauen. Das ist sehr bedauerlich. Sie müssen ohne ihre Unterstützung auskommen, und womöglich müssen Sie sogar umgekehrt einen Teil Ihrer knapp bemessenen Zeit und Energie darauf verwenden, sich um die Probleme dieser Angehörigen zu kümmern. Für viele Eltern ist das ein starker Trigger. (Geheimtipp: Halten Sie am Muttertag und an anderen Tagen, an denen die Familie hochgehalten wird, Abstand zu sozialen Medien. Diese ganzen Bilder von perfekten Eltern und glücklichen Geschwistern werden Ihre Knöpfe zum Leuchten bringen lassen, sodass Ihre Kinder nur zu gern darauf herumfingern werden.)

Traurig zu sein, weil Sie von der Familie keine Unterstützung erwarten können, ist in Ordnung und kann letztendlich auch hilfreich sein. Es ist bitter, Ihre Kinder erziehen zu müssen, ohne dass Sie auf Angehörige zählen können. Wenn Sie dem, was Sie sich gewünscht hätten, vielleicht auch buchstäblich ein wenig nachweinen, aber akzeptieren können, dass es nun einmal so ist, fühlen Sie sich nicht mehr so hilflos. Sie werden dann Ihr Unterstützungssystem zu schätzen wissen, auf das Sie sich verlassen können – Ihre Vertrauten, Ihre Peergroup, Ihren Expertenstab.

Wie Sie all diese Leute finden

Wie können Sie Ihr Unterstützungssystem aufbauen und lebendig halten? Vielleicht sind Sie wirklich gut in so etwas, vielleicht hatten Sie auch schon immer Schwierigkeiten damit. Und vielleicht stellen Sie so wie ich fest, dass sich vor Ihnen, wenn Sie Eltern werden, eine Welt voller neuer Herausforderungen auftut. Eine dieser Herausforderungen besteht darin, sich darüber klarzuwerden, mit welchen Menschen Sie eine Verbindung aufbauen wollen und wie Sie das anstellen sollen. Es folgen einige Vorschläge dazu, wie Sie diese Aufgabe angehen können:

MACHEN SIE SICH KLAR, WAS SIE WOLLEN UND BRAUCHEN. Stehen Sie dazu, wer Sie sind, was für Sie funktioniert und was Sie triggert. Sie haben verschiedenen Möglichkeiten, Hilfe anzubieten und anzunehmen, und Sie sollten diejenigen wählen, die für Sie stimmig sind. Ein Beispiel: Unpünktlich sein finde ich einfach schrecklich. Das ist für mich ein extrem starker Trigger. Wenn wir also in Eile sind, ist die Gefahr groß, dass ich meine Töchter anschreie. Ich weiß, dass das bei mir so ist, und ich weiß, dass ich nicht viel dagegen tun kann. Als eine andere Mutter mich fragte, ob wir uns darin abwechseln könnten, unsere Kinder zu Schule zu fahren, tat ich, was eine hypernervöse Mutter in so einem Fall eben tut: Ich beobachtete die Frau. Natürlich habe ich nicht ihr Privatleben ausspioniert, aber ich begann aufmerksam zu registrieren, wann sie morgens vor der Schule eintraf. Als ich mir einigermaßen sicher war, dass sie in aller Regel pünktlich sein würde, ging ich auf ihren Vorschlag mit dem abwechselnden Fahrdienst ein. Ich sage damit nicht, dass Unpünktlichkeit etwas Schlimmes ist. Ich sage nur, dass ich damit nicht klarkomme. Für mich ist es besser, mich von vornherein nicht auf eine Fahrgemeinschaft mit jemandem einzulassen, der dann oft zu spät kommt. Das würde dazu führen, dass meine Kinder meinen Unmut abbekommen und dass ich sehr gemein zu der anderen Mutter bin. Dafür könnten die anderen nichts, aber die Situation wäre für alle ziemlich unerfreulich.

Diese Empfehlung betrifft nicht nur Ihre Peergroup. Wenn Sie zu Ihren Eigenheiten und Empfindlichkeiten stehen, wird Ihnen das dabei helfen, die richtigen Leute für Ihren Expertenstab zu finden (falls Sie dabei eine Wahl haben) und sich auch mit den für Sie passenden Vertrauten zu umgeben. Wir leben in der Erwachsenenwelt, auch wenn wir manchmal noch ganz ähnliche Emotionen wie damals in der Schule erleben. Ja, Sie bekommen vielleicht hin und wieder das Gefühl, dass andere Sie schneiden, oder Sie werden neidisch auf sie. Als Erwachsene können Sie aber für sich beschließen, dass Sie solche Spielchen nicht mehr spielen möchten. Es geht nicht darum, welche der anderen Eltern besonders beliebt oder hübsch sind, das meiste Geld haben oder den geilsten Buggy vor sich herschieben. Potenzielle Vertraute sind die, die ohne zu zögern Szenen aus Ihrem Lieblingsfilm nacherzählen können, die Sie zum Lachen bringen, wenn es Ihnen beschissen geht, und die nicht die Nase über Sie und Ihre Kinder rümpfen, wenn Letztere sich auf dem Spielplatz völlig hirnverbrannte Sachen anstellen. Je eher Sie es schaffen, zu Ihren Eigenheiten und Schwächen zu stehen, desto schneller werden Sie einen Kreis von engen Vertrauten aufbauen können.

BITTEN SIE UM HILFE. Die anderen sind nicht in der Lage, Ihre Gedanken zu lesen, und müssen sich außerdem ebenso wie Sie

Mühe geben, nicht auszurasten. Was ist das Schlimmste, was passieren kann? Die anderen sagen Nein, und das ist ihr gutes Recht. Das Beste, was passieren kann, ist natürlich, dass sie Ja sagen, und das ist dann Grund zur Freude.

ZEIGEN SIE EINSATZ. Wenn Sie sich mit Ihrer Peergroup gut stellen wollen, müssen Sie öfter mal für die anderen einspringen. Legen Sie Arzttermine Ihrer Kinder so, dass Sie sie selbst begleiten können, anstatt das Ihrem Kindermädchen oder der Großmutter zu überlassen. Das gibt Ihnen auch Gelegenheit, Ihr Expertenteam besser kennenzulernen. Holen Sie die Kinder, wenn das geht, selbst von der Schule ab, treiben Sie sich beim Sporttraining am Spielfeldrand herum, anstatt im Auto aufs Handy zu starren. Das hilft, Ihre Peergroup zu festigen. Und falls Sie noch auf der Suche nach engen Vertrauten sind, sollten Sie den Hintern hochkriegen und der Einladung zu diesem Volleyball-Turnier, zum Gottesdienst oder zur Lesegruppe folgen. Gehen Sie zu der Benefizveranstaltung, für die Ihre Bekannte sich engagiert. Fragen Sie die Nachbarin, die gerade ein Baby bekommen hat, ob Sie ihr etwas kochen und vorbeibringen dürfen. Schicken Sie einer gestressten Mutter, die Sie von der Schule kennen, ein amüsantes Filmchen. Je mehr Einsatz Sie zeigen, desto mehr wächst zwischen Ihnen und den anderen das Gefühl der Verbundenheit.

RESPEKTIEREN SIE IHRE GRENZEN. Sie können nicht jederzeit für alle da sein. Das bedeutet nicht, dass Sie unfähig sind, sondern dass Sie ein Mensch mit begrenzter Zeit und Kraft sind. Außerdem können Sie sich nicht mit jedem Menschen auf Anhieb gut verstehen. Es wird in Ihrem Umfeld immer welche geben, die Ihnen auf die Nerven gehen, die Sie verunsichern oder die als Trigger auf Sie wirken. Vielleicht liegt der Grund klar auf der Hand: Die Person erinnert Sie an einen älteren Bruder, der Sie immer drangsaliert hat, oder Ihnen missfällt, wie die Person mit Ihren Kindern redet. Vielleicht haben Sie auch keinen Schimmer, was Sie an der Person stört, aber auch das ist in Ordnung. Akzeptieren Sie Ihr Widerstreben und nehmen Sie es ernst. Nein sagen ist okay.

Sprechen Sie mir nach: Nein sagen ist okay.

Falls Ihnen das schwerfällt, wiederholen Sie den Satz bitte so oft, bis er für Sie stimmig klingt. Oder stellen Sie sich vor, Sie sagen ihn zu Ihren Kindern. Ich wette, Sie haben jede Menge Übung darin, Nein zu ihnen zu sagen.

Die schlechtere Alternative wäre, sich selbst zu überfordern, zu vielen Menschen zu viele Gefallen zu tun, sich zahlreichen Triggern auszusetzen und dann völlig gestresst nach Hause zu kommen und gegenüber den Kindern komplett auszurasten. Machen Sie es besser anders. Sagen Sie Nein. Oder: Nein danke. Oder: Tut mir leid, ich kann nicht. Oder: Ich kann das jetzt nicht machen, aber Sie können mich gern wieder fragen. Oder einfach nur: Nein. Nein. Nein.

Wenn Sie es nicht schaffen, das sich selbst zuliebe zu tun, sollten Sie es Ihren Kindern zuliebe tun. Jedes Mal, wenn Sie zu Bitten oder Angeboten, die für Sie nicht passen, Nein sagen, ersparen Sie sich die Konfrontation mit einem Trigger, senken Ihr Stressniveau und verringern die Wahrscheinlichkeit von Ausrastern. Außerdem sind Sie für die Kinder ein gutes Vorbild darin, angemessene Grenzen zu setzen.

SEIEN SIE WANN IMMER MÖGLICH FREUNDLICH. Es ist häufiger möglich, als Sie denken. (Den Spruch habe ich von irgendeiner Facebook-Seite geklaut, aber wahr ist er trotzdem.) Jetzt fragen Sie vielleicht, was Freundlichkeit damit zu tun haben soll, dass Sie gegenüber den Kindern nicht mehr so oft ausrasten wollen. Falls Sie es wider Erwarten nicht für selbstverständlich halten, dass Freundlichkeit vorzuziehen ist (was ich nicht verwerflich fände – na ja, ein bisschen verwerflich vielleicht doch), würde ich Sie gern daran erinnern, dass Sie durch Üben besser in dem werden, was Sie tun, ob das nun Tubaspielen oder Griesgrämigkeit ist. Jedes Mal, wenn wir jemandem mit Freundlichkeit begegnen, üben wir uns in Freundlichkeit, und mit der Zeit fällt es uns dann leichter, freundlich zu uns selbst und zu unseren Kindern zu sein. Und dass Sie freundlicher mit den Kindern umgehen wollen, war ja schließlich der Grund, aus dem Sie dieses Buch in die Hand genommen haben, stimmt's?

Damit wir uns nicht missverstehen, will ich betonen: Es ist durchaus möglich, zur selben Zeit freundlich zu sein *und* Nein zu sagen *und* darauf zu beharren, dass Ihre Hilfsbereitschaft Grenzen hat. Freundlich zu sein ist nicht dasselbe wie den anderen zu Diensten zu sein, immer Ja zu sagen und sich aufzuopfern. Es bedeutet einfach nur, nicht schroff, gehässig oder boshaft zu sein, auch wenn Sie mit Bestimmtheit auftreten. (Das ist übrigens auch gegenüber den Kindern eine gute Strategie. Sie können freundlich zu ihnen sein, sie ernst nehmen und mit ihnen kuscheln, während Sie zugleich hart bleiben: Nein, das war jetzt der letzte Keks, nein, Sie kaufen ihnen kein Smartphone, nein, sie können heute nicht mit den anderen im Einkaufszentrum abhängen – wobei ich nicht sicher bin, ob Kinder sich heutzutage noch im Einkaufszentrum treffen.)

Und wenn wir schon dabei sind: Vergessen Sie nicht, sich selbst auf die Liste der Leute zu setzen, die es wert sind, dass Sie freundlich mit ihnen umgehen.

Selbstmitgefühl

Falls sich »Mitgefühl mit sich selbst« für Sie schräg oder gefühlsduselig anhört, sind Sie mit Ihren Vorbehalten keineswegs allein. Mir ging es mit diesem Begriff genauso. In den mehr als zehn Jahren, in denen ich Psychologie und Sozialarbeit studiert habe, ist mir das Konzept nie untergekommen. Erst als ich nach Strategien dafür suchte, gegen meine Tendenz zum Ausrasten anzugehen, stieß ich auf diesen Begriff und kam aus dem Kopfschütteln nicht mehr heraus, weil er für mich so lächerlich klang. Ich musste an die Figur des naiven Selbstoptimierers und Selbsthilfefanatikers Stuart Smalley in der Comedy-Show *Saturday Night Live* denken. Er sitzt vor einem Spiegel und betet seine Litanei von Bekräftigungsformeln und positiven Gedanken herunter: »Ich bin ein wertvolles menschliches Wesen«, »Die

Leute mögen mich«, und so weiter. (Falls Sie ihn noch nie gesehen haben, googeln Sie ihn. Es ist zum Wegschmeißen.)

Zum Glück ist diese gekünstelte, forcierte Art von Selbstliebe nicht das, was mit Selbstmitgefühl gemeint ist. Mitgefühl mit sich selbst bedeutet vielmehr, sich in einer schwierigen Situation bewusst zu machen, dass Sie zu kämpfen haben, und sich dann dafür zu entscheiden, sich selbst ein wenig Wärme und Freundlichkeit entgegenzubringen. Es geht darum, sich in Erinnerung zu rufen, dass Sie nicht der einzige Mensch auf der Welt sind, der oft ausrastet. Stellen Sie sich vor, was Ihre beste Freundin Ihnen antworten würde, wenn Sie ihr spätabends eine Textnachricht schicken, in der Sie darüber klagen, dass Sie einfach nicht fürs Kindererziehen gemacht sind. Die verständnisvolle Haltung, die Ihre Freundin zeigen wird, ist genau der Stil im Umgang mit sich selbst, der Ihnen guttun wird.

Die folgenden Punkte sind für Sie vielleicht Binsenweisheiten. Die meisten Menschen machen sich aber nie klar, a) dass wir ständig Selbstgespräche führen, die b) oft aus abwertenden, gehässigen Selbstanklagen bestehen, und c) dass wir auch anders mit uns selbst umgehen können. Ich selbst habe das jedenfalls sehr lange nicht wahrgenommen. Ich habe mir jahrelang vorgehalten, ich sei eine schreckliche Mutter, ohne dass mir bewusst war, dass ich so mit mir rede. Zum Glück geht es auch anders. Nein, Sie müssen nicht wie Stuart Smalley in den Spiegel starren und sich versichern, dass Sie gut genug, klug genug und außerdem wirklich sehr beliebt sind. Versuchen Sie es stattdessen mit den folgenden drei Strategien der Forscherin Kristin Neff, die eine Expertin zum Thema Selbstmitgefühl ist:

NEHMEN SIE BEWUSST WAHR, wie grob und verletzend Sie mit sich selbst umgehen. Das bewusste Wahrnehmen ist ein wirkungsvolles Instrument, das wir uns in Kapitel 8 »Nicht ausrasten: Wie geht das jetzt?« (Seite 181) noch näher anschauen werden. Vielleicht werden Sie schockiert sein, wenn Sie merken, wie oft Sie sich mental selbst in die Tonne treten. Verschließen Sie davor nicht die Augen, lassen Sie sich nicht in diesen Strudel hineinziehen, und machen Sie sich um Himmelswillen nicht auch noch deswegen fertig, weil Sie sich fertigmachen. Registrieren Sie einfach nur, dass etwas nicht gut gelaufen ist und dass Sie dann unnötig hart mit sich umgesprungen sind.

BEHANDELN SIE SICH SELBST WIE EINE GUTE FREUNDIN ODER EINEN GUTEN FREUND. Stellen Sie sich vor, was Sie sagen würden, wenn eine enge Freundin Ihnen in allen Einzelheiten von einem wirklich schrecklichen Abend erzählte. Sie ist gegenüber den Kindern völlig ausgerastet, schämt sich jetzt dafür und hat furchtbare Schuldgefühle. Ich hoffe ja sehr, dass Sie zu ihr nicht sagen würden: »Ach, du bist eine Katastrophe. Du gehst beschissen mit den Kindern um, du machst das wirklich schlecht. Aber egal – wie wär's, wenn du dich einfach mit Schokokeksen und einer Flasche Wein hinsetzt und versuchst, nicht dran zu denken, wie gut alle anderen außer dir das mit der Kindererziehung hinkriegen?«

So etwas würden Sie zu keinem anderen Menschen sagen. Also sagen Sie es auch nicht zu sich selbst. Versuchen Sie es stattdessen mit ein wenig Freundlichkeit, etwa so: »Das ist okay. Kinder großzuziehen ist ein verdammt harter Job. Ich bin nur ein Mensch. Auch gute Eltern haben ihre schwachen Momente. Ich atme jetzt ein paar Mal tief durch, hole mir eine Tasse Tee und mache mir klar, dass die Kinder das verkraften werden.« Vielleicht stellen Sie fest, dass die erbarmungslosen Gedanken wiederkommen. Das ist völlig normal. Bemühen Sie sich einfach weiterhin um Freundlichkeit gegenüber sich selbst. Üben Sie diese Haltung ein, bis sie Ihnen selbstverständlich geworden ist, und schließlich werden Sie auch wirklich glauben, was Sie zu sich selbst sagen.

Rufen Sie sich auch immer wieder in Erinnerung, wie vielen anderen Stressfaktoren Sie in Ihrem Leben ausgesetzt sind. Wir vergessen leicht, dass die ganzen Turbulenzen und Probleme des täglichen Lebens sich darauf auswirken, wie wir mit der Kindererziehung zurechtkommen. Wenn wir unter Druck geraten, sehen wir nur noch, was unmittelbar vor uns liegt. Nehmen Sie sich also einen Augenblick, um ein wenig Überblick über die vielen Schwierigkeiten zu gewinnen, mit denen Sie sich als Erwachsene herumschlagen müssen. Es geht nicht darum, Entschuldigungen oder Ausreden zu finden, sondern darum, die Realitäten anzuerkennen, mit denen Sie es zu tun haben. Wir müssen nicht tief in die Philosophie einsteigen, um zu verstehen, dass das Leben nun einmal härter ist, wenn wir viele Schwierigkeiten zu bewältigen haben.

BEDENKEN SIE, DASS SIE NICHT ALLEIN SIND. Dieser Gedanke kann den Blick auf die Welt grundlegend ändern. Ich weiß nicht, wie oder warum das menschliche Gehirn sich dahin entwickelt hat, dass es uns oft vorgaukelt, wir seien die Einzigen, die es schwer haben und die schreckliche Momente erleben. Tappen Sie das nächste Mal, wenn Ihr Gehirn Ihnen weiszumachen versucht, dass niemand außer Ihnen einen schrecklichen Tag, eine schreckliche Woche oder einen schrecklichen Monat mit seinen Kindern durchzustehen hat, *nicht wieder in diese Falle.* Sitzen Sie bloß nicht dieser Illusion auf, die Sie unweigerlich von dem einzigen Ort fortzerrt, an dem Sie wirklich durchatmen können, und Sie dann zappelnd in der Wüste der Einsamkeit zurücklässt. *Sie sind nicht allein, und Ausraster gegenüber den Kindern passieren definitiv nicht nur Ihnen.* Rufen Sie Ihren Bruder oder Ihre beste Freundin an, wenden Sie sich an Ihren Therapeuten, lesen Sie nochmal Kapitel 2 (Seite 56) dieses Buchs oder googeln Sie »Wie schaffe ich es, die Kinder nicht mehr anzuschreien?« Wenn Sie der einzige Mensch mit diesem Problem wären, würde die Suchmaschine nicht viele Millionen Treffer melden. Sie sind weder durchgeknallt noch unfähig. Sie sind ein Mensch. Willkommen also im Club der Dünnhäutigen. Schön, dass Sie dabei sind.

Falls Sie es noch nie mit Selbstmitgefühl probiert haben, wird der erste Versuch damit sich äußerst seltsam anfühlen. Es ist, als versuchten Sie eine Sprache zu sprechen, die Sie kaum kennen. Sie mühen sich ab, die richtigen Worte zu finden, und wenn Sie dann draufgekommen sind, scheitern Sie vielleicht an der Aussprache. Bleiben Sie am Ball. Üben hilft. Behalten Sie dabei folgende Punkte im Blick:

- **Tun Sie etwas Nettes für sich,** wenn sich die richtigen Worte nicht einstellen wollen. Wenn die Kinder um Sie herumwuseln, wird das nicht ganz einfach sein. Sagen Sie dann etwas wie: »Kinder, ich bin gerade nicht so gut drauf und brauche ein bisschen Ruhe. Wie wär's, wenn wir alle ein paar Minuten Pause machen?« Geben Sie ihnen dann ein Buch oder setzen Sie sie vor einen Monitor, um sich dann mit einer Decke und einem Buch oder einer Zeitschrift neben sie zu kuscheln. Machen Sie sich eine schöne Tasse Tee oder Kaffee. Schreiben Sie eine Textnachricht an eine Freundin, die Sie immer aufzumuntern weiß und zum Lachen bringt. Legen Sie sich im Wohnzimmer auf den Boden und machen Sie ein paar Dehnübungen. Hören Sie Ihren Lieblingssong oder schauen Sie sich ein Foto von einem schönen Moment an, in dem Sie alle froh und entspannt waren.
- **Freundlichkeit ist eine Fertigkeit,** so wie das Werfen einer Frisbeescheibe, das Grillen und das Unterbinden von Ausrastern. In dieser Fertigkeit werden Sie, so wie in allen anderen, umso besser, je mehr Sie sie üben. Falls es Ihnen zu schwerfällt, Mitgefühl mit sich selbst zu haben, können Sie erst einmal mit den Menschen um Sie herum anfangen. Üben Sie Freundlichkeit, wo sie Ihnen leichtfällt – etwa indem Sie Blickkontakt mit der Kassiererin im Supermarkt aufnehmen und mit einem Lächeln Hallo sagen. Je häufiger Sie Fremde anlächeln, desto leichter fällt es Ihnen, freundlich zu anderen (und zu sich selbst) zu sein, auch wenn Sie eigentlich gern jemanden würgen würden. Es klingt verrückt, aber es funktioniert.
- **Sprechen Sie die Sprache des Mitgefühls.** Wenn Sie sich schwer damit tun, sollten Sie Zeit mit Menschen verbringen, die Ihnen diese Sprache näherbringen können. Suchen Sie den Kontakt zu Menschen, die hilfsbereit und verständnisvoll auf Ihre Schwierigkeiten eingehen. Das kann

Freundlichkeit für Fortgeschrittene

Wenn Sie Ihre Übungen in Freundlichkeit ein wenig intensivieren möchten, können Sie eine Form der *Metta*-Meditation ausprobieren. *Metta* ist ein Begriff aus dem Buddhismus und bedeutet »liebende Güte«. Die dahinterstehende Idee ist nicht an eine bestimmte Weltanschauung gebunden und mit vielen spirituellen und religiösen Vorstellungen vereinbar. Bei der *Metta*-Meditation wiederholen Sie in Gedanken wohlwollende Wünsche für sich und andere. Es gibt mehrere Varianten. Ich selbst verwende die folgende:

»Möge ich glücklich sein. Möge ich sicher sein. Möge ich gesund sein. Möge ich mit Leichtigkeit leben.«

Wenn ich von meinen Kindern total frustriert bin, sende ich eine kleine *Metta*-Botschaft in ihre Richtung: »Möget ihr glücklich sein. Möget ihr sicher sein. Möget ihr gesund sein. Möget ihr mit Leichtigkeit leben. Möget Ihr mir ein wenig Freiraum lassen, damit ich euch nicht irgendwann den Hals umdrehe.«

(Selbst wenn ich in dem Moment keine Liebe für sie empfinde, hilft mir die *Metta*-Übung doch, ruhiger zu werden und mein Denken zu fokussieren, und sie lenkt mich zumindest von meinen im Stillen ablaufenden Schimpftiraden ab, die mich an den Rand des Ausrastens treiben.)

Sie können *Metta*-Botschaften auch an Ihre Großmutter, den Briefträger oder den Hamster der Kinder richten. Wesentlich ist nicht der Adressat, sondern der Akt des Anbietens von Mitgefühl. Sie können die Übung machen, wenn Sie allein sind, wenn Sie die Kinder um sich haben oder auch, wenn Ihre Nerven schon blank liegen.

Sie können sich *Metta* ungefähr so vorstellen, als würden Sie üben, mit dem Baseballschläger den Ball zu treffen. Wenn Sie richtig gut darin werden wollen, gehen Sie in einen Baseballkäfig und versuchen, einen der auf Sie zukommenden Bälle nach dem anderen zu erwischen. Wollen Sie richtig gut darin werden, gütig und freundlich zu sein? Dann üben Sie es wieder und wieder. Sie setzen dabei an Ihren Gedanken an, die Einfluss auf Ihr Verhalten nehmen. Das Ganze hat übrigens einen wunderbaren Nebeneffekt: *Metta* ist eine großartige Methode, das Denken klarer und fokussierter werden zu lassen und ein überreiztes Nervensystem zu beruhigen.

eine Cousine sein, ein Geistlicher oder eine Mutter, die Sie von der Kita kennen. Wichtig ist nur, dass diese Person nicht wertend oder verurteilend, sondern mitfühlend und akzeptierend reagiert, wenn Sie ihr von Ihren neuesten Missgriffen und Ausrutschern bei der Kindererziehung berichten.

- **Üben Sie in Situationen, in denen es leichter fällt.** Ich habe Ihnen das schon einmal in Kapitel 4 »Weniger tun, hilft die Nerven zu behalten« (Seite 91) empfohlen und wiederhole es gerne noch einmal. Sie werden das Selbstmitgefühl vor allem dann brauchen, wenn Sie ausgerastet sind (mehr dazu in Kapitel 9 »Wenn der Sturm sich legt«, Seite 204), und gerade in solchen Momenten ist es am schwersten aufzubringen. Indem Sie nach geringfügigen Patzern und Fehltritten freundlich zu sich selbst sind, bereiten Sie sich darauf vor, dass das auch in den schwierigsten Momenten klappen wird.

Bemühen Sie sich um Selbstmitgefühl, wann immer das möglich ist. Nach einem Ausraster hilft Ihnen das, sich zu beruhigen, und es verringert die Wahrscheinlichkeit weiterer Ausraster. Freundlichkeit ist im präfrontalen Kortex verankert. Wenn Sie diesen erwachsenen Teil Ihres Gehirns mobilisieren, ziehen Sie damit Energie vom limbischen System ab, dem ungestümen Kleinkind, das in Ihrem Kopf herumtollt. Dadurch werden Ihre Knöpfe kleiner, sodass Sie das nächste Mal, wenn Ihr Kind darauf herumdrücken will, weniger empfindlich reagieren werden.

6 Gelassener werden: Dinge, die helfen

Hier kommen jetzt sieben weitere Abkühlmethoden. Sie erfahren, wie Sie aus Grübelschleifen herausfinden und was Sie unbedingt brauchen: mehr Bewegung, weniger Hektik.

Das war noch nicht alles, es geht munter weiter. Ich habe noch sieben weitere Abkühlmethoden parat, die ich Ihnen vorstellen möchte. Sie helfen Ihnen, gelassen zu bleiben, wenn die Kinder sich an Ihren Knöpfen zu schaffen mache. Diese Methoden sollen zwar nur Optionen sein, aber ich möchte sie Ihnen doch wärmstens ans Herz legen. Jede von ihnen kann dazu beitragen, dass Sie im Alltag besser zurechtkommen. Im Idealfall setzen Sie so viele dieser Methoden so oft wie möglich ein (ich nenne sie in beliebiger Reihenfolge): entrümpeln, Dehnübungen, die Stille suchen, langsamer machen, sich Freiräume schaffen, Danke sagen, atmen.

Bestimmt haben Sie sowieso schon mal überlegt, ob Sie das eine oder andere nicht öfter tun sollten. Ich kann Ihnen sagen, es lohnt sich: Das Ausrastrisiko sinkt.

Entrümpeln: Das Leben einfacher machen

Es liegt auf der Hand, dass Unordnung jeder Art ein Trigger ist. Wir sind schnell überfordert und werden gereizt, wenn zu viel Kram herumliegt und herumsteht, wenn wir zu viele Wahlmöglichkeiten oder Informationen zu verarbeiten haben oder wenn wir zu viel grübeln und zu viele Pläne schmieden. Wir geraten unter Stress, wenn wir mit zu vielen Bällen gleichzeitig jonglieren (und einige davon vielleicht schon am Boden liegen). Einige davon erfordern momentan vielleicht keine große Aufmerksamkeit und sind für unser Leben kaum von Bedeutung, im Hinterkopf aber dennoch präsent.

Wenn Sie es schaffen, Ihr Leben ein wenig aufzuräumen und klarer zu strukturieren, werden Sie gelassener und springen nicht mehr auf jeden Trigger an. Unter Entrümpeln verstehen viele nur das Aussortieren von Gegenständen. Gestressten Eltern tut aber auch Folgendes gut:

- die Zahl der Entscheidungen herunterschrauben, die Sie fortwährend zu treffen haben,
- Ihren Terminplan straffen und dafür sorgen, dass Sie weniger Verpflichtungen nachkommen müssen,
- die Menge an zu verarbeitenden Informationen einschränken,
- das Denken entschleunigen und fokussieren.

Macht Sie das Durcheinander um Sie herum anfälliger?

Mit dem Entrümpeln der Wohnung anzufangen ist sicher eine gute Idee. Je weniger da herumsteht und herumliegt, desto weniger Sachen gibt es, um die Sie sich kümmern müssen, desto leichter sind die Sachen zu finden, die Sie wirklich brauchen, und desto mehr Geld haben Sie für Dinge und Aktivitäten übrig, die für Sie wesentlich sind. Selbst wenn Sie sich mit vielem, was da um Sie herum ist, gar nicht abgeben müssen, kann allein schon der Anblick Sie stressen. Zum Thema Entrümpeln gibt es unzählige Bücher und Websites. Suchen Sie sich ein Konzept aus, das Ihnen zusagt, und setzen Sie es in die Tat um.

Eine große Auswahl von Optionen ist nicht immer hilfreich

Stress und Durcheinander in unserem Leben können auch dadurch entstehen, dass wir zu viele Optionen haben und zu viele Entscheidungen treffen müssen. Wir denken vielleicht, wir sollten möglichst viele Wahlmöglichkeiten haben, aber das stimmt eigentlich gar nicht. Es gibt zwei Gründe, aus denen es uns anstrengt und letztlich triggert, wenn wir zu viele Entscheidungen zu treffen haben. Der erste ist das Paradox der großen Auswahl. Wir nehmen an, dass wir uns, wenn wir unter zahlreichen Optionen wählen können, für die bestmögliche entscheiden werden. *Falsch.* Je mehr Optionen wir haben, desto mehr bezweifeln wir unsere Entscheidung hinterher und fragen uns, ob wir besser eine andere hätten treffen sollen. Letztlich sind wir mit dem, was wir am Ende bekommen, weniger zufrieden. (Deshalb gehen manche Leute lieber in kleine Läden, in denen das Sortiment kleiner ist als in Riesensupermärkten und ihnen weniger Entscheidungen abverlangt.) Die Kunst besteht darin, sich mit etwas zufriedenzugeben, das *gut genug* ist. In den meisten Fällen ist gut genug besser als

Kindersachen entrümpeln

Manchen Eltern fällt es leicht, das Chaos im Kinderzimmer im Rahmen zu halten. Ich gehöre nicht dazu. Falls auch Sie sich schwer damit tun, könnten die folgenden Vorschläge von Interesse für Sie sein.

- Zügeln Sie Ihren Drang, Liebe materiell auszudrücken. Die Gleichsetzung von Zuneigung und Schenken ist vermutlich keine Lektion, die Sie Ihrem Kind fürs Leben mitgeben möchten. Wenn es zu viele Spielsachen hat, wird es sich schwerer entscheiden können, welches es in die Hand nehmen und was es mit ihm spielen soll.
- Wenn das Kind noch klein ist, sollten Sie sein Zimmer nicht in seiner Anwesenheit entrümpeln. Legen Sie los, aber sortieren Sie keine Schmusetiere oder andere heißgeliebte Spielsachen aus.

- Halten Sie das Kind, wenn es älter wird, dazu an, selbst Dinge auszusortieren. Alle Sachen, von denen es sich nicht trennen kann, müssen dann in seinem Zimmer oder seiner Zimmerecke bleiben.
- Wenn bei einem Entrümpelungstag mit der ganzen Familie alle mitmachen, bekommt das Kind nicht das Gefühl, ungerecht behandelt zu werden.
- Versuchen Sie, mit dem Kind Kompromisse zu schließen, wenn es sich nur schwer von Sachen trennen kann, die es nicht mehr anzieht oder benutzt. Schlagen Sie ihm vor, die Sachen in eine Schachtel zu packen, auf der sein Name und das Datum vermerkt werden. Die Schachtel wandert dann in den Schrank, auf den Dachboden oder in den Keller. Wenn das Kind dann ein Jahr lang nicht nach den Sachen gefragt hat, sprechen Sie mit ihm darüber. Falls es ihm immer noch zu schwerfällt, sich von den Sachen zu trennen, warten Sie ein weiteres Jahr mit dem Wegwerfen oder Weggeben.
- Stellen Sie einen Spendenkarton in den Flur oder den Keller und halten Sie alle in der Familie dazu an, jeden Tag oder jede Woche einen Gegenstand hineinzulegen. Sobald der Karton voll ist, bringen Sie ihn zusammen mit den Kindern zu einer Annahmestelle für Spenden.
- »Mitgebsel«-Tüten bei Kindergeburtstagen müssen nicht sein! Wenn wir Eltern uns zusammentun, können wir eine wahre Revolution entfesseln und die Menschheit von diesem bösen Fluch befreien. (Mittlerweile dürfte klargeworden sein, dass ich mich über diese Art von Geschenken furchtbar gern aufrege!)

perfekt, denn das Perfekte existiert in Wirklichkeit gar nicht, und auf der Jagd danach machen wir uns nur verrückt.

> — *Je mehr Optionen wir haben, desto mehr bezweifeln wir unsere Entscheidung hinterher und fragen uns, ob wir besser eine andere hätten treffen sollen.* —

Der zweite Grund ist die sogenannte Entscheidungsermüdung. Es strengt uns an, wenn wir im Lauf des Tages zu viele Entscheidungen treffen müssen, seien es auch einfache oder unwichtige, und folglich fällt uns das Entscheiden zunehmend schwer. Unser präfrontaler Kortex ist für die Art der Dauerbeanspruchung nicht ausgelegt und wird müde. Deshalb starren wir manchmal in den Kühlschrank und können uns einfach nicht entscheiden, was wir zum Abendessen kochen sollen. Also doch wieder Nudeln mit Tomatensauce? Überlegen Sie also, wie Sie die Zahl der Entscheidungen, die Sie im Lauf eines Tages treffen müssen, und die Zahl der Optionen beschränken können. Ich hätte dazu einige Vorschläge:

- **Um welche Punkte streiten Sie mit Ihren Kindern oft?** Achten Sie darauf und schränken Sie die Wahlmöglichkeiten ein. Schaffen Sie nur eine Art von Trinklerntasse, nur ein Turnschuh-Modell und nur eine Sorte Gummibärchen an, solange die eine Option funktioniert. Lassen Sie nur die Kleidung, die zur jeweiligen Jahreszeit passt, in den Schubladen der Kinder, und lassen Sie die Bücher und Spielsachen verschwinden, die Sie in den Wahnsinn treiben. (Das klappt nur, wenn die Kinder noch klein sind, also nutzen

Sie die Gelegenheit, solange es noch geht.) Abwechslung ist die Würze des Lebens, heißt es, aber das stimmt nur, wenn sie Sie nicht zum Ausrasten bringt.

Lassen Sie andere entscheiden, soweit das möglich ist. Lassen Sie die Kinder oder Ihren Partner Entscheidungen, deren Ergebnis Ihnen egal oder weitgehend egal ist, selbst treffen. Falls Ihnen keine solchen Entscheidungen einfallen, müssen Sie endlich aufhören, alles so wichtig zu nehmen! Wir alle wollen unsere Eigenständigkeit behaupten – insbesondere Kinder, die den lieben langen Tag von Erwachsenen gesagt bekommen, was sie tun sollen und was nicht. Überlassen Sie ihnen, solange sie noch klein sind, dann die Entscheidung, wenn es für Sie nicht aufs Ergebnis ankommt. (Grüne oder blaue Unterwäsche? Zuerst Klavier üben oder zuerst in die Badewanne? In die Pizzeria oder in den Asia-Imbiss?) Wenn die Kinder älter werden, können Sie ihnen mehr und mehr Entscheidungen überlassen und dabei helfen, mit den sich ergebenden Konsequenzen umzugehen. Jedenfalls sollten Sie verhindern, dass Sie auf Dauer die Verantwortung für alles tragen, was im Leben der Familie geschieht.

Treffen Sie Entscheidungen dann, wenn es Ihnen leichter fällt. Entscheidungen zu treffen ist schwer, wenn Sie müde sind, wenn Sie gerade aus dem Haus wollen oder wenn Sie die ganze Zeit von einem quengelnden Kleinkind bedrängt werden. Handeln Sie also vorausschauend. Erstellen Sie einen Speise- und Einkaufsplan für die Woche, ob am Sonntagabend, am Dienstagmorgen oder wann immer Sie zehn Minuten Zeit haben, um Atem zu holen und nachzudenken. Lassen Sie das Kind abends aussuchen, was es am nächsten Tag anziehen will. Achten Sie darauf, ob Sie sich mit bestimmten Entscheidungsfindungen immer wieder schwertun, und überlegen Sie, ob Sie diese auf Zeitpunkte verlegen können, zu denen Sie weniger unter Druck stehen und entspannter sind.

- **Alternative:** keinen Entscheidungsspielraum lassen. Geben Sie Regeln vor und pinnen Sie sie an die Wand oder schreiben Sie sie auf Ihre Stirn. In unserem Haus gilt die Regel: keine Bildschirmzeit an Samstagen. Sie ist nicht verhandelbar. Somit müssen mein Mann und ich am Wochenende keine kostbare Zeit und Energie darauf verwenden, mit den Mädchen darüber zu diskutieren, ob sie die Serie *Barbie – Traumvilla-Abenteuer* schauen dürfen (die nebenbei gesagt witziger ist, als ich erwartet hätte). Solche Regeln gelten übrigens nicht nur für die Kinder, wie mir eine Bekannte beigebracht hat. Ich lud sie zu einer Abendveranstaltung an der Schule ein, aber sie lehnte höflich ab: Unter der Woche gehe sie abends nicht aus. Ich war nicht gekränkt, sondern beeindruckt und nahm mir ein Beispiel an Ihrer Fähigkeit, ihre Prioritäten klar und freundlich zu äußern.

Wenn Ihnen Aufgaben und Verpflichtungen über den Kopf wachsen

Die dritte Art von Unordnung, die ein starker Trigger sein kann, entsteht dadurch, dass Sie sich zu viel aufbürden – zu viele Erledigungen, Verpflichtungen, außerschulische Aktivitäten der Kinder, zu viele Projekte und Pläne. Wenn Sie pausenlose auf Trab sind, untergräbt das zum einen Ihre Lebenstüchtigkeit und Ihr Wohlbefinden. Zum anderen tut es auch Ihren Kindern nicht gut, die genauso wie Sie Ruhezeiten brauchen und auf Stress oft ähnlich reagieren werden wie Sie – indem sie austicken. Es folgen ein paarVorschläge für die Entschlackung Ihres Zeitplans:

- **Sagen Sie nicht Ja,** nur weil Sie es schon irgendwie hinbekommen würden. Es ist in Ordnung, eine weitere Einladung zu einer Geburtstagsparty oder zu einem Elterntreffen höflich auszuschlagen, ohne dass Sie einen triftigen Grund haben (wobei Sie das Letztere für sich behalten sollten). Sie können zum Ausgleich beispielsweise anbieten, an einem anderen Tag ein Spieltreffen zu organisieren, aber auch das muss nicht sein.

- **Behalten Sie das Gesamtbild im Auge.** Schauen Sie, bevor Sie einen neuen Termin oder eine neue Verpflichtung in Ihren Zeitplan aufnehmen, jedes Mal zunächst auf die gesamte Woche oder den gesamten Monat. Wie fügt sich das ein? Falls es um eine größere Sache geht oder Sie ohnehin schon ausgelastet sind, sollten Sie besonders vorsichtig mit dem sein, was Sie sich da zumuten würden.
- **Begrenzen Sie außerschulische Aktivitäten.** Eine gute Daumenregel ist: zwei Aktivitäten pro Woche. Davon suchen Sie die eine aus und das Kind die andere.
- **Sie müssen nicht immer dabei sein**, ob Probe oder Training. Organisieren Sie eine Fahrgemeinschaft. Wenn Sie mit dem Fahren dran sind, können Sie die Kinder absetzen und dann Besorgungen machen oder sich eine Tasse Kaffee holen. (Ich weiß, ich weiß – das sind eigentlich Gelegenheiten, mit Ihrer Peergroup warmzuwerden. Es geht einfach darum, zwischen verschiedenen Erfordernissen eine gute Balance zu finden.)
- **Ihr Tagesablauf ändert sich**, wenn die Kinder größer werden – denken Sie daran. Momentan müssen Sie vieles zurückstellen, aber in einigen Jahren haben Sie wieder mehr Spielraum.
- **Lassen Sie los.** Sie werden nie alles erledigt bekommen, was Sie vorhaben, und wenn Sie etwas Woche um Woche von neuem auf Ihre Liste setzen müssen, ist es vielleicht an der Zeit, es in eine andere Liste zu verschieben, vielleicht unter der Überschrift »Sachen, zu denen ich erst kommen werde, wenn die Kinder ausgezogen sind«.

Sie müssen nicht immer alle Neuigkeiten mitbekommen

Wir haben heute Zugriff auf einen unglaublichen Reichtum an Informationen. Das klingt auf den ersten Blick großartig, doch können überflüssige, widersprüchliche oder beunruhigende Informationen Sie auch ablenken und verwirren und so Ihr Stressniveau anheben. In Kapitel 1 »Warum rasten Sie aus« (Seite 20) habe ich Ihnen von dieser Kurzmitteilung auf meinem Handy erzählt, in der von einem »Ausnahmezustand« die Rede war, den der Präsident erklärt habe. Das war nun wirklich eine Nachricht, auf die ich gut hätte verzichten können. Wir brauchen einfach nicht so viel Informationsinput, wie wir denken. Schauen Sie sich die folgenden Vorschläge an und überlegen Sie, welche davon für Sie brauchbar sind:

- **Wählen Sie eine oder zwei Quellen** für Nachrichten und nutzen Sie sie ein oder zwei Mal am Tag, nicht öfter. Ich höre jeden Tag im Auto, wenn ich zur Schule und zurück fahre, einen Nachrichtenkanal im Radio. Eine Freundin von mir liest jeden Morgen ihre Zeitung auf Papier und nutzt darüber hinaus keine weiteren Nachrichtenmedien. Falls Sie den Drang verspüren, im Fernsehen Nachrichtenkanäle zu verfolgen (lassen Sie's lieber sein), sollten Sie sich zumindest nicht unter Druck setzen, rund um die Uhr auf dem Laufenden zu bleiben. Fortlaufend aktualisierte Informationen brauchen Sie nur, wenn Sie Friedensverhandlungen im Nahen Osten führen oder über den Weg eines Wirbelsturms Bescheid wissen müssen.
- **Soziale Medien** haben für manche Menschen einen Nutzen, während für andere eher die Nachteile überwiegen. Achten Sie einmal darauf, wenn Sie das nächste Mal am Scrollen und Klicken sind, wie Sie sich dabei fühlen und was Ihnen durch den Kopf geht. Sind Sie zufriedener und fühlen sich enger mit anderen verbunden? Oder sind Sie ange-

spannt, verwirrt, verärgert oder auf andere Weise getriggert? Dass Sie bei der Nutzung sozialer Medien mit Triggern konfrontiert werden, ist zu erwarten: Sie wissen nie, ob Sie bei Fotos von ach so perfekten Eltern landen, ob Sie eine Todesnachricht lesen müssen oder ob Sie auf eine Meldung zu einem grauenhaften Ereignis stoßen, die vielleicht gar nicht korrekt oder aktuell ist, aber trotzdem zum Trigger für Sie wird. Ich sage damit nicht, dass Sie nie mehr in Ihre Konten bei sozialen Medien reinschauen sollen (Freunde von mir haben den sozialen Medien allerdings Lebewohl gesagt und sind sehr froh darüber, wie ihr Leben sich dadurch verändert hat). Ich sage nur: Wenn das Trigger für Sie sind, sollten Sie sich gut überlegen, wann und wo Sie sich damit beschäftigen, und vielleicht weniger Zeit darauf verwenden.

- **Seien Sie wählerisch mit den Informationen**, die auf Sie einströmen. Vor kurzem wollten meine Töchter von mir wissen, was denn das »F-Wort« ist. Ich antwortete, das könne ich ihnen sagen. Sobald dieses Wort aber in ihrem Kopf sei, würden sie es nie mehr vergessen, und es könne ihnen dann einmal aus Versehen herausrutschen. Und wenn das in der Schule passiere, würden sie ins Rektorat zitiert, selbst wenn sie gar nichts Böses im Sinn gehabt hätten. Nach einigem Hin und Her beschlossen die Mädchen, dass sie das Wort lieber doch nicht wissen wollten. Ich erzähle diese Geschichte, weil das bei uns Erwachsenen ganz ähnlich ist. Vermeiden Sie es, Dinge zu lesen und zu sehen, die Sie nicht in Ihrem Kopf haben wollen. Sie wollen nicht an all die grässlichen Dinge denken müssen, die Menschen einander antun? Dann hören Sie auf, die Serie *Law & Order: Special Victims Unit* zu gucken. Regen Sie sich zu oft über Politiker auf? Dann lassen Sie von Nachrichtenmagazinen, in denen Enthüllungsgeschichten über Politiker ausgebreitet werden, eine Weile die Finger.

Zu viele Gedanken: Ihr Kopf braucht Erholungspausen

Auch Ihre Gedanken können Entrümpelung vertragen. Selbst wenn Sie Ihr Umfeld völlig triggerfrei halten könnten und im Fernsehen nie etwas Aufregenderes als *Paw Patrol – Helfer auf vier Pfoten* anschauten, würden Ihre Gedanken Ihnen ein Schnippchen schlagen. Zum Beispiel schießen Ihnen, während Sie gerade die Küchenarbeitsplatte abwischen, also etwas völlig Harmloses tun, urplötzlich Gedanken voller Kummer, Sorge, Zweifel oder Verwirrung durch den Kopf. Vielleicht kommen sie wie aus dem Nichts, vielleicht können Sie auch feststellen, was die Gedanken ausgelöst hat. In beiden Fällen setzt dieser innere Aufruhr Sie unter Stress, lässt Ihre Knöpfe aufleuchten und bringt die Gefahr mit sich, dass Sie gegenüber den Kindern ausrasten.

Diese unvermittelt auftauchenden Gedanken sind, so lästig sie auch sein mögen, ein völlig normales und sehr häufiges Phänomen. Sie können solche Gedanken zwar nicht einfach abschalten, aber die Entscheidung, wie Sie auf das reagieren, was in Ihnen gerade vor sich geht, liegt ganz bei Ihnen. Vielen Menschen ist gar nicht klar, dass sie diese Option haben, und so sind sie den Turbulenzen ihrer Innenwelt schutzlos ausgeliefert.

Die Kunst besteht darin, es zunächst einmal zu bemerken, wenn die Gedanken einen ungünstigen Kurs einschlagen. Stochern Sie in quälenden Erinnerungen herum, verlieren Sie sich in düsteren Vorahnungen von etwas, das vielleicht niemals geschehen wird, oder mäkeln Sie an sich selbst oder an Ihrem Kind herum? Falls Sie so etwas an sich beobachten, versuchen Sie im nächsten Schritt, die eigenen Gedanken aus einer gewissen Distanz zu betrachten und einfach zu registrieren, dass sie da sind. Machen Sie sich bewusst, dass Ihre Gedanken nicht unbedingt die Wirklichkeit abbilden. Sie müssen also auch nicht so auf Ihre Gedanken reagieren, als würden sie die Realität beschreiben.

Das ist dann so, als würden Sie aus der Perspektive eines Schauspielers zur Perspektive des Publikums wechseln. Daraufhin können Sie entscheiden, ob Sie die Aufführung weiter anschauen wollen oder nicht. Dass wir nicht alles glauben müssen, was wir denken, kann zunächst eine verwirrende Vorstellung sein, doch je öfter Sie dieses Umschalten der Perspektive üben, desto mehr wird Ihnen das einleuchten.

Vertreter des Konzepts der Achtsamkeit (Achtsamkeit ist im Wesentlichen das, wovon ich hier spreche) sagen, dass eine wesentliche Voraussetzung für ein gelasseneres, zufriedeneres Leben darin besteht, unsere inneren Selbstgespräche zu beobachten und eine gewisse Distanz zu ihnen zu gewinnen. Dem kann ich nur zustimmen. Für mich war es eine bahnbrechende Erfahrung, dass ich die Möglichkeit habe, meinem Bewusstsein und meinem Denken eine andere Richtung zu geben. Wenn Frustration oder Verwirrung mich fest im Griff zu haben scheinen, singe ich, zähle meine Atemzüge oder rufe mir in Erinnerung, dass Kindererziehung anstrengend ist und dass ich fähig bin, schwierige Aufgaben zu bewältigen. Letzteres gilt im Übrigen auch für Sie.

Es gibt viele hervorragende Bücher über Achtsamkeit und Meditation. Schauen Sie sich um. Für den Anfang möchte ich Ihnen einige meiner wirkungsvollsten Strategien vorstellen, die mir helfen, vom Karussell fruchtloser Gedanken abzuspringen:

- Richten Sie die Aufmerksamkeit auf das, was Sie gerade tun (etwa indem Sie es in Worte fassen und aussprechen).
- Singen Sie Ihr Lieblingslied.
- Zählen Sie von acht bis achtundachtzig oder bis zu irgendeiner Zahl dazwischen und fangen Sie dann wieder bei eins an.
- Rezitieren Sie Ihr Lieblingsgedicht oder erzählen Sie Ihren Lieblingswitz.
- Sprechen Sie ein Gebet oder ein Mantra.
- Lernen Sie zu meditieren. Beim Meditieren üben Sie, Ihre Gedanken bewusst wahrzunehmen und immer wieder zu beschließen, sich nicht in sie hineinziehen zu lassen. (Mehr

dazu in Kapitel 8 »Nicht ausrasten: Wie geht das jetzt?«, Seite 181.)

- Nehmen Sie etwas in den Blick, für das Sie dankbar sind. (Mehr dazu später, Seite 164.)

Ihre Gedanken werden, ganz gleich, in welche Richtung Sie sie zu lenken versuchen, immer wieder abschweifen, und wie aus dem Nichts werden irgendwelche seltsamen Erinnerungen, Fantasien oder Ängste aufsteigen. Das liegt nicht daran, dass Sie übergeschnappt wären, sondern daran, dass unser Gehirn darauf programmiert ist, die ganze Zeit alle möglichen Gedanken abzuspulen. Sie müssen sich deswegen keinen Stress machen oder versuchen, Ihr Denken unter Kontrolle zu bekommen. Der Trick ist vielmehr, sich immer wieder klarzumachen, dass Sie die Möglichkeit haben, einen Schritt zurückzutreten, um bewusst wahrzunehmen, was Sie gerade denken, und zu entscheiden, ob Sie mit der Aufmerksamkeit bei diesen Gedanken bleiben wollen oder nicht. Das ist nur eine kleine Bewusstseinsverschiebung, aber eine äußerst wirkungsvolle.

Sich dehnen: Ihr Körper braucht Bewegung!

Mit »sich dehnen« meine ich hier nicht nur, dass Sie sich hinunterbeugen und die Zehen mit den Fingern berühren. Ich meine damit ganz allgemein »sich bewegen«. Gehen Sie spazieren. Sie können sich auch mit religiösem Eifer in Ballettstunden oder die Vorbereitung auf einen Marathon stürzen. (Mich werden Sie dort allerdings nicht zu Gesicht bekommen.) Worauf es nur ankommt: Bewegen Sie sich!

Wie körperliche Bewegung Ruhe in ein aufgescheuchtes Nervensystem bringt, lässt sich auf vielerlei Arten erklären. Auf die Gefahr hin, dass ich das allzu vereinfacht darstelle, beschränke ich mich hier auf zwei Beschreibungsansätze.

Wenn Sie auf irgendeinen Trigger ansprechen, werden im Körper, der sich für Kämpfen, Fliehen, Erstarren oder Austicken bereitmacht, Stresshormone ausgeschüttet. Bewegung senkt die Spiegel dieser Hormone ab und hebt zugleich die Spiegel der Neurotransmitter an, die Schmerzen lindern und Heilungsprozesse fördern: Weniger Stress + weniger Schmerzen = weniger Ausraster.

Als zweiten Aspekt möchte ich nennen: Jedes Mal, wenn Sie auf Trigger reagieren, wird das Nervensystem in Alarmbereitschaft versetzt, damit Sie sofort um sich schlagen, wegrennen, sich tot stellen oder ausrasten können. Falls dem Nervensystem alle diese Reaktionsmöglichkeiten verbaut sind, wird es noch zappeliger. Das liegt daran, dass es nur bedingt auseinanderzuhalten vermag, ob Sie nun *außerstande* sind zu reagieren oder *sich dafür entscheiden,* nicht zu reagieren. Angesichts einer realen oder fantasierten Gefahr aus irgendeinem Grund handlungsunfähig zu sein, kann traumatisierend wirken. Sie können die Entscheidung, an sich zu halten und nicht zu explodieren, durchaus sehr bewusst treffen, doch das wird Sie nicht notwendigerweise aus dem Zustand höchster Alarmbereitschaft herausholen. Falls Ihr Körper äußerst angespannt ist oder auf Bewegung drängt, setzen Sie sich am besten in Bewegung. Für den Körper macht es keinen Unterschied, ob Sie vor einem Grizzlybären fliehen oder joggen gehen. Er freut sich einfach nur, dass er das tun kann, wozu er Sie die ganze Zeit zu bringen versucht hat.

Als Sonderbonus kommt hinzu: Bewegung lindert Ängste und Depressionen, erhöht Ihre Fitness und verbessert ganz allgemein Ihren Gesundheitszustand. Auch zu diesem Thema gibt es unzählige Bücher, Videos, Podcasts, Websites und Apps, die Ihnen helfen können, den Hintern hochzukriegen. Suchen Sie sich die Tipps aus, die für Sie passen, und befolgen Sie sie. Merken Sie sich außerdem folgende Punkte:

TUN SIE, WAS SIE MÖGEN. Manche bevorzugen Übungen, die auf Achtsamkeit zielen, wie etwa Yoga oder Tai-Chi, während andere lieber joggen oder auf Hantel- oder Zirkeltraining stehen. Manche trainieren gern allein, und anderen sind Gruppenkurse oder

Mannschaftssportarten lieber. Ein Freund von mir turnt jede Woche am Trapez. Ich würde mir ja lieber einen Finger abschneiden, aber für ihn es das Richtige, und darauf kommt es an.

AUCH GERINGE BEANSPRUCHUNG ZEIGT WIRKUNG, nicht nur starke. Wenn Sie Ihren Puls hochtreiben und am Ende des Trainings durchgeschwitzt sind, lässt das nicht nur Ihre Knöpfe stark schrumpfen, sondern Sie können auch mit gutem Recht zufrieden und stolz auf sich sein. Unterschätzen Sie aber nicht die Bedeutung weniger anstrengender Bewegung, die Sie in Ihren Tagesablauf einbauen können: die Schultern hochziehen und fallenlassen, an der Treppe kurz die Waden dehnen, die Treppe statt den Fahrstuhl nehmen, Dinge zu Fuß erledigen. Jede Art von Bewegung kann dazu beitragen, Ausrastern vorzubeugen, oder auch helfen, sich mitten in einer Explosion und danach wieder zu beruhigen.

FRAGEN SIE EINE FREUNDIN, ob sie regelmäßig mit Ihnen spazieren gehen oder Sport treiben möchte. Damit steigen die Chancen, dass Sie genug Bewegung bekommen, denn Sie werden nicht immer diejenige sein wollen, die kneift. Ein schöner Nebeneffekt ist auch, dass Sie Ihr Unterstützungssystem pflegen.

MIT TECHNIK DEN SPASSFAKTOR ERHÖHEN. Ich trage ein Fitnessarmband, und jedes Mal, wenn ich ein gestecktes Ziel erreiche und ein kleines Feuerwerk den Monitor erstrahlen lässt, werde ich viel aufgeregter, als sich das für eine vernünftige Erwachsene gehört. Außerdem bin ich über die App mit einer zufällig ausgewählten Gruppe von Leuten verbunden, und es wurmt mich, wenn bei den anderen mehr zurückgelegte Schritte angezeigt werden als bei mir. Dieser alberne Konkurrenzdrang ist für mich Anlass genug, mich morgens aus dem Bett zu quälen und loszugehen. Mein Mann hat eine App, die seine Trainingseinheiten protokolliert, und er hat es gar nicht gern, wenn seine Werte zwischendurch absacken.

Die Stille suchen: Der Lärm zehrt an Ihnen

Für manche Menschen ist Lärm definitiv ein starker Trigger. Dank Smartphones, Funkkopfhörer und Bluetooth-Lautsprecher sind viele von uns jede wache Minute (und manchmal auch im Schlaf) von Klängen, Stimmen und Geräuschen umgeben. Und das ist nur die Klangkulisse, die wir freiwillig einschalten. Hinzu kommen Verkehrslärm, Sirenen, Hundebellen, redselige Kollegen und Kinder, die es einfach nicht in ihren Schädel reinkriegen, dass Zimmerlautstärke beim Reden ausreicht.

Jeden Tag einige Minuten in Stille verbringen zu können ist aus einer ganzen Reihe von Gründen wesentlich für Ihre geistige Gesundheit, unter anderem weil dabei Ihr Stressniveau sinkt und Ihre Knöpfe sich abkühlen können. Die Stille kann sich zunächst einmal unangenehm anfühlen, denn Ihr Gehirn versucht unter Umständen, den wegfallenden Lärm dadurch auszugleichen, dass es Ihre Gedanken in den Vordergrund rückt. Doch das legt sich, wenn Sie sich darin üben, aufmerksam und gelassen auf die dahinströmenden Gedanken zu blicken.

Hier sind einige Vorschläge, wie Sie den Geräuschpegel in Ihrer Umgebung senken können:

LASSEN SIE FERNSEHER UND RADIO AUS. Falls Sie daran gewöhnt sind, dass ein Gerät im Hintergrund läuft, können Sie es leiser stellen oder es zwischendurch für einige Minuten ausschalten. Und überspringen Sie um Himmelswillen die verdammten Nachrichten.

STELLEN SIE DIE HANDYTÖNE AB. Mein Fitnessarmband vibriert, wenn Text- oder andere Nachrichten eintreffen. Deshalb höre ich mein Telefon nie summen, piepsen oder klingeln. Falls Sie keine Smartwatch oder etwas Ähnliches tragen möchten, können Sie Ihr Handy, wenn Sie einige Minuten Ruhe haben wollen, in den

»Bitte nicht stören«-Modus schalten. Wichtige Kontakte (Ihren Partner, die Firma, die Schule und so weiter) können Sie in eine Favoritenliste aufnehmen und das Handy so einstellen, dass es nur bei deren Anrufen bimmelt.

Und noch einmal der Rat: Stellen Sie die verdammten Benachrichtigungen ab. Am besten jetzt gleich.

STELLEN SIE DAS REDEN EIN. Das ist kein Witz. Seien Sie still. Bitten Sie die Kinder, dasselbe zu tun. In unserer Familie sind Schweigezeiten ein eingespieltes Ritual, vor allem im Auto bei unseren Schweigefahrten. Vermutlich ahnen Sie schon, dass das Wort Schweigefahrt eine Umschreibung ist für: »Da ist jemand kurz vorm Ausrasten – und vermutlich ist es Mama.« Meine Mädchen bitten mittlerweile sogar von sich aus um eine Schweigefahrt, und ich mache da immer sehr gern mit.

Machen Sie langsam: Sie sind gar nicht so spät dran

Nein, Sie müssen sich wirklich nicht immer so abhetzen, außer Sie sind dabei, einen Flug zu verpassen, oder Sie sind Spider-Man und müssen eben mal die Welt retten. Hast und Betriebsamkeit senden an unser Nervensystem die Botschaft, dass es in den Fluchtmodus schalten muss, was dann aber gar nicht unbedingt geschieht. Manchmal geraten wir in Hektik, weil wir auf einen Trigger reagieren, doch manchmal triggern wir uns selbst, indem wir uns zur Eile antreiben. Lassen Sie das also besser sein. Versuchen Sie stattdessen Folgendes:

NEHMEN SIE IHRE HEKTIK BEWUSST WAHR. Nehmen Sie sich einen Moment Zeit, um sich darüber klarzuwerden, ob Sie tatsächlich unter Zeitdruck stehen oder ob Sie nur der Gewohnheit folgen, schneller als nötig vorwärtszustürmen.

ÜBERGANGSSITUATIONEN TRIGGERN UNNÖTIGE EILE, und zwar besonders stark. Manchmal können Eltern es kaum fassen, wie schwer ihr Kind sich in Übergangssituationen tut, und machen sich dabei nicht klar, dass es oft nicht viel anders geht. Achten Sie darauf, was jedes Mal geschieht, wenn Sie aus dem Haus gehen oder von einer Aktivität zur anderen wechseln, und drosseln Sie dabei, wann immer möglich, Ihr Tempo.

PLANEN SIE MEHR ZEIT EIN, als nach Ihrer Einschätzung nötig sein wird, etwa wenn Sie mit den Kindern zu einem Termin müssen. Kinder brauchen nun einmal *endlos lange* mit dem Reißverschluss ihrer Jacke und den Schnürsenkeln ihrer Schuhe. Geben Sie ihnen also mindestens zehn Minuten, um zu Ende zu bringen, was eigentlich in 45 Sekunden erledigt sein könnte. Im schlimmsten Fall kommen Sie einige Minuten zu früh an, doch dann haben vor dem Termin Zeit, um in aller Ruhe noch auf die Toilette zu gehen oder sich einen Imbiss zu besorgen.

GEHEN SIE MIT IHRER UNPÜNKTLICHKEIT UM. Falls Sie regelmäßig zu spät kommen, können Sie entweder versuchen, sich am Riemen zu reißen und dafür zu sorgen, dass das nicht mehr passiert, oder einfach akzeptieren, dass Sie chronisch unpünktlich sind, und das unter persönlicher Marotte oder genetischem Defekt verbuchen. Sparen Sie es sich jedenfalls, in Hektik auszubrechen. Denn wenn Sie ohnehin unpünktlich sein werden, ob Sie sich nun beeilen oder nicht, dann können Sie auch einfach zu spät kommen, ohne sich zu hetzen. (Fragen Sie mich aber besser nicht, ob wir uns die Fahrdienste zur Schule teilen sollen.)

Danke sagen: wertvoller als Sie vielleicht denken

Das Thema Dankbarkeit ist Ihnen sicher schon begegnet, und entweder sind Sie total skeptisch, oder Sie wissen bereits, wie viel kleine Dankbarkeitsrituale uns geben können. Ich habe sie jahrelang nicht ernst genommen oder mich offen über sie lustig gemacht, aber mittlerweile bin ich ein Fan davon. Meine Bekehrung geschah an dem Ort, an dem derzeit alles Wichtige in meinem Leben geschieht: in meiner Küche.

Ich stehe überhaupt nicht drauf, morgens die Lunchboxen für die Mädchen fertigzumachen. Das muss ich fast jeden verdammten Tag tun, und ich habe diese nervtötende und langweilige Pflicht jahrelang lang murrend verrichtet.

Eines Morgens aber ging mir plötzlich auf, ohne dass es einen besonderen Anlass gegeben hätte, wie glücklich ich mich doch schätzen kann, dass wir genug Geld haben, um die Nahrungsmittel zu kaufen, die wir brauchen, und dass wir in der Nähe eines gut sortierten Supermarkts mit frischem Obst und verpackten Salzbrezeln wohnen. Als Kind kannte ich nur ungekühlte belegte Brote aus braunen Papiertüten und staunte, als ich erfuhr, dass es Dinge wie Kühlboxen und wiederverwendbare Kühlelemente gibt. Ich dachte voller Dankbarkeit daran, dass ich gesund genug bin, jeden Morgen aufzustehen und ohne Hilfe die Treppe runterzugehen, und dass meine Kinder ein breites Spektrum von Nahrungsmitteln vertragen und verdauen können (was nicht heißt, dass sie alles mit Begeisterung essen würden, was ihnen angeboten wird).

Die Pausensnacks vorzubereiten macht mir nach wie vor keinen Spaß, aber es fällt mir leichter, wenn ich die Sache mit ein wenig Abstand betrachte und sehe, wie viel schwieriger doch alles sein könnte. Seit jenem Morgen ist mir klar, dass Dankbarkeit mir helfen kann, fast jede Herausforderung bei der Kinderziehung besser zu bewältigen. Einen positiven Aspekt zu finden, den ich würdigen kann, mildert Anspannung und Frustration, fokussiert das Denken, weitet den

Blick und mindert das Risiko von Ausrastern erheblich. Hier drei einfache Tipps, wie Sie in schwierigen Momenten Danke sagen können:

1. **Erkennen Sie Ihren negativen Blickwinkel.** Es passiert nur allzu leicht, dass wir in mürrischen, ängstlichen oder ärgerlichen Gedanken festgefahren sind und das nicht einmal merken. Diese Gedanken bewusst wahrzunehmen ist der erste Schritt zu ihrer Veränderung.

2. **Finden Sie etwas, das schätzenswert ist.** Wenn Sie etwas finden, das mit dem zusammenhängt, woran Sie sich gerade abmühen, umso besser. Es kann aber auch etwas ganz anderes sein. Ihre Dankbarkeit kann einer *beliebigen* Sache gelten: In Ihr Haus hat nie ein Blitz eingeschlagen, Sie haben noch so ziemlich alle Zähne, und wir leben in einer Epoche mit praktischen Dingen wie Toilettenpapier und Mikrowelle.

3. **Wiederholen Sie die beiden Punkte,** sooft es möglich ist und wenn es nötig ist.

Atmen: Ihre Geheimwaffe

Ich kann es nicht ausstehen, wenn Leute mir sagen, ich soll atmen. Da regt sich mein gehässiges Pubertätsselbst, und ich muss mich zurückhalten, um ihnen nicht an die Gurgel zu gehen. Ich weiß, dieses Reaktionsmuster ist einigermaßen bedauernswert, denn eigentlich ist das mit dem Atmen ein prima Tipp. Der Atem ist der einzige Aspekt unseres sympathischen Nervensystems, den wir willentlich steuern können. (Vom sympathischen Nervensystem geht die Kämpfen-/Flüchten-/Erstarren-/Ausrasten-Reaktion aus.) Jedes Mal, wenn Sie bewusst atmen, hacken Sie sich sozusagen in Ihr Nervensystem ein und schicken an Ihre Knöpfe die Botschaft, dass alles in Ordnung ist und sie ihre Temperatur ruhig senken können.

Zuerst selbst die Atemmaske aufsetzen

Wenn Sie schon einmal geflogen sind, haben Sie die Anweisung schon einmal gehört, dass Sie sich die Sauerstoffmaske zuerst selbst überziehen sollen, bevor Sie Kindern mit ihren Masken helfen. Denn wenn Sie das Bewusstsein verlieren, können Sie nichts mehr für sie tun. Die Anweisung ist, aus leicht nachvollziehbaren Gründen, ein beliebtes Sinnbild für die Selbstfürsorge von Eltern. Wir kommen nicht darum herum, zunächst einmal gut für uns selbst zu sorgen, wenn wir auch nur den Hauch einer Chance haben wollen, präsent zu sein und nicht die Geduld mit unseren Kindern zu verlieren. Und wenn es um Kindererziehung geht, sollten wir uns besser nicht erst dann um uns selbst kümmern, wenn das Flugzeug bereits abzustürzen droht, das heißt, wenn wir kurz vorm Ausrasten sind. Greifen Sie also schon früher zur Atemmaske, und atmen Sie durch!

Atmen ist auch ein fantastisches Instrument, weil es nichts kostet, weil Sie ja wissen, wie's geht, und weil Sie eigentlich nichts falsch machen können. Halten Sie sich nicht zu sehr damit auf, wie lange Sie einatmen oder durch welches Nasenloch Sie ausatmen sollen. Schnelles, flaches Atmen ist tatsächlich eher ungünstig, aber sobald Sie ein wenig langsamer und tiefer atmen, machen Sie's richtig. Bewusstes Atmen können Sie überall praktizieren, ohne dass irgendjemand mitbekommen muss, dass Sie einen Ausraster abzufangen versuchen. Sie müssen nicht die Gebetskette hervorholen oder im Wartezimmer des Kinderarztes Yogaübungen machen. Sie müssen nur einatmen und ausatmen, und niemand wird mitbekommen, dass Sie sich aus der Gefahrenzone wegatmen.

Bewusstes Atmen einzusetzen, um den Tag zu überstehen, kann vor allem dann sehr hilfreich sein, wenn Sie erschöpft oder gestresst sind oder keine Möglichkeit haben, zwischendurch mal ganz für sich zu sein. Halten Sie durch und beobachten Sie das Ein und Aus Ihres

Atems. Das hilft Ihnen, präsent zu bleiben. Solange Sie Ihren Atem spüren, ist alles im grünen Bereich.

Wir haben's schon fast geschafft. Wir haben zehn von elf Abkühlmethoden erkundet. Mit ihnen können Sie erreichen, dass Ihre Knöpfe kleiner werden und auf die Kinder weniger einladend wirken, und sie helfen Ihnen außerdem, sich nach einem Ausraster wieder zu berappeln. Integrieren Sie sie, so gut es geht, in Ihren Alltag.

Wenn Sie die Abkühlmethoden (was nicht ausbleiben wird) aus dem Blick verloren haben, atmen Sie einfach tief ein und aus und betrachten sich selbst mit Mitgefühl. Selbstmitgefühl ist ein erster Schritt, der Ihnen dabei hilft, die verschiedenen Abkühlmethoden wieder für sich zu nutzen.

Das zentrale Element aller dieser Strategien ist das *bewusste Wahrnehmen*. Machen Sie sich also bewusst, dass Sie erschöpft sind, dass Sie zwölf Dinge gleichzeitig zu tun versuchen, dass Sie sich abhetzen, obwohl Sie genügend Zeit haben, oder dass Sie im Grunde schon seit Jahren die Luft anhalten, also nicht durchatmen. Bewusstes Wahrnehmen ist der Schlüssel. Wenn Sie sich nicht bewusstmachen, was gerade geschieht, können Sie sich auch nicht dafür entscheiden, etwas anders zu machen.

In Kapitel 8 »Nicht ausrasten: Wie geht das jetzt?« (Seite 181) komme ich ausführlicher auf das bewusste Wahrnehmen zurück. Zuvor möchte ich aber, dass Sie sich bewusstmachen, wie viel Zeit Sie mit Ihren Kindern verbringen – und ob Sie nicht ein wenig (oder jede Menge) Freiraum und Zeit für sich selbst brauchen.

7 Freiräume schaffen, um nicht auszurasten

Hier geht es darum, hin und wieder Abstand zu den Kindern gewinnen ... auch wenn Sie nicht wegkönnen.

Es gibt noch eine letzte Strategie, die wir uns anschauen wollen, bevor wir uns damit befassen, was Sie tun können, wenn Sie kurz vorm Ausrasten sind. Ich spreche davon, *weniger* Zeit mit Ihren Kindern zu verbringen oder, genauer gesagt, sich gut zu überlegen, wie Sie die Zeit mit ihnen gestalten wollen.

Auf den ersten Blick mag das wenig einleuchtend klingen. Kleine Auszeiten von Ihren Kindern zu nehmen ist aber ein hochwirksames Mittel gegen Ausraster, und zwar aus zwei Gründen:

1. Wenn Sie nicht bei den Kindern sind, können sie Sie auch nicht auf Palme bringen. Voilà! Ganz einfach.

2 Ein wenig für sich zu sein hilft, Ihre Knöpfe abzukühlen, damit sie für die Kinder weniger verlockend sind. Falls Sie bereits ausgerastet sind, hilft es Ihnen, sich schneller zu beruhigen. Je stärker Sie auf Trigger reagieren und je öfter oder heftiger Sie ausrasten, desto mehr Zeit und Freiraum werden Sie für sich brauchen.

Manche von Ihnen werden noch skeptisch sein, so überzeugend mir meine Argumente auch vorkommen mögen. Bleiben Sie dran.

Wir Eltern von heute verbringen mehr Zeit mit unseren Kindern als jede Generation vor uns. Das ist sogar bei Eltern mit Vollzeitjobs so. Auf den ersten Blick scheint damit alles in Butter zu sein, aber ich habe meine Zweifel. Eine starke, flexible Beziehung entsteht nicht einfach dadurch, dass Sie und die Kinder ständig zusammen sind. Denken Sie an die Menschen, die Ihnen neben Ihren Kindern die liebsten sind – an Ihren Partner, Ihre Geschwister, Ihre Eltern und Ihre besten Freundinnen und Freunde. Würden Sie mit denen jede wache Minute verbringen wollen? Würden Sie wollen, dass sie Ihnen ständig auf der Pelle hocken und Sie fragen, ob sie Ihnen bei etwas helfen oder bei dem mitmachen sollen, was Sie gerade tun? Falls die Zeit des Werbens um die Gunst des Gegenübers vorbei ist, lautet die Antwort vermutlich: Bitte nicht. Sie wollen diese Menschen regelmäßig sehen, mit ihnen essen gehen, eine Wanderung oder sogar Urlaub machen, aber Sie wollen auch Dinge ohne sie machen, um mit anderen Leuten Zeit zu verbringen oder auch für sich zu sein, allein mit Ihren Gedanken, um ein Buch zu lesen oder einem Hobby nachzugehen.

Ähnliches gilt für die Beziehung zu Ihren Kindern. Manche Eltern fühlen sich, wenn ihr Kind ganz klein ist, wie im siebten Himmel, so als wären sie verliebt. Das trifft sich gut, denn so ein Baby braucht viel Körperkontakt mit Erwachsenen. Wenn es aber größer wird, braucht es auch körperliche und psychische Distanz zu den Eltern. Es braucht Zeit, um sich selbst kennenzulernen und um Selbstvertrauen zu entwickeln, das nur dadurch entstehen kann, dass es Probleme selbst lösen lernt – ob es nun herausfindet, wie es aus Pappschachteln eine

Burg bauen kann, oder ob es sich nach einem Streit wieder mit den Geschwistern oder Freunden vertragen muss. Es muss auch Zeit mit anderen Erwachsenen als den Eltern verbringen, damit es lernt, sich flexibel auf verschiedene Kommunikationsstile, Regeln und Erwartungen einzustellen.

Unsere Kinder müssen uns nicht ständig um sich herum haben. Beständige Beobachtung kann übergriffig und verunsichernd wirken. Was sie von uns brauchen, ist vielmehr, dass wir uns auf ihre Bedürfnisse einstimmen und spüren, ob sie zufrieden sind und in Ruhe gelassen werden wollen, ob sie sich an etwas abmühen, es aber allein hinbekommen werden oder ob sie tatsächlich unsere Hilfe benötigen. Eine solche rücksichtsvolle Reaktionsbereitschaft verlangt von uns, dass wir uns Zeit lassen, offen sind für das, was geschieht, und im Blick behalten, dass eine enge Beziehung zum Kind nicht auf ununterbrochenem Beisammensein basiert. Sie gründet darin, dass wir erfassen, was das Kind im gegenwärtigen Augenblick braucht und was wir selbst brauchen, dass wir das Kind so oft wie möglich eigenständig handeln lassen und dass wir gut für uns selbst sorgen.

Von wesentlicher Bedeutung ist auch, dass Sie sich Freiräume für sich selbst schaffen. Wenn Sie im Alltag Zeit finden, für sich zu sein und sich mit Ihren Abkühlmethoden zu beschäftigen, werden Sie präsenter und geduldiger sein, wenn Sie dann wieder mit den Kindern zusammen sind. Natürlich wird es immer Zeiten geben, in denen Sie sich körperlich nicht aus der Situation zurückziehen können, etwa weil Sie nicht dann gedacht haben, einen Babysitter zu engagieren, weil Sie das Geld dafür nicht aufbringen können oder weil Sie im Familienurlaub an einem Regentag in der Ferienwohnung festsitzen. In diesem Fall müssen Sie einen Weg finden, sich einen mentalen Rückzugsraum zu schaffen. Wenn Sie die Fähigkeit kultivieren, sich nicht in die emotionalen und psychischen Turbulenzen Ihrer Kinder hineinziehen zu lassen, wird Ihnen das helfen, die unausbleiblichen Familiendramen in einem erträglichen Rahmen zu halten.

Verstehen Sie mich jetzt nicht falsch. Ich sage nicht, Sie sollen sich nicht mit Ihren Kindern abgeben. Natürlich nicht. Ich will nur darauf hinweisen, dass die meisten modernen Eltern – selbst wenn sie Vollzeit arbeiten – die Tendenz haben, es mit der permanenten Betreuung der Kinder zu übertreiben. Somit haben wir da ein wenig Spielraum und müssen uns keine Sorgen machen, durch zu geringes Engagement die Beziehung zu unseren Kindern zu gefährden. Vielleicht kommen Sie, wenn Sie merken, dass Ihre Nerven seit einigen Tagen blankliegen, zu dem Schluss, dass Sie eine Weile Abstand zu den Kindern brauchen. Sie können so etwas aber auch planen und sich zum Beispiel an Wochenendnachmittagen mit Ihrem Partner bei der Kinderbetreuung abwechseln, sodass Sie regelmäßig ein wenig Zeit für sich haben. Das Wesentliche ist in jedem Fall, dass Sie diese Zeit genießen. Versuchen Sie, nicht die ganze Zeit über die Kinder, über den Wohnungskredit oder über Ihr dünner werdendes Haar nachzugrübeln. Zweck des Ganzen ist ja, dass Sie zu mehr Ruhe und Gelassenheit finden, und sicher nicht, dass Sie von Sorgen zerfressen zu den Kindern zurückkehren.

Was ich Ihnen vorschlage – in diesem ganzen Buch, insbesondere aber in diesem Kapitel –, läuft auf eine grundlegende Veränderung Ihrer Haltung zu sich selbst und zu Ihrer Elternrolle hinaus. Es geht darum, neue Gewohnheiten und Routineabläufe zu entwickeln, Dinge neu auszubalancieren und darauf zu vertrauen, dass Ihre Kinder, wenn Sie ihnen mehr Spielraum geben, diese Herausforderung für sich zu nutzen wissen. Das alles ist nicht einfach, aber die Mühe lohnt sich ganz sicher.

Wirklich Pause von den Kindern machen

Es ist zwar grundsätzlich möglich, aber wahrlich nicht einfach, unseren Kindern körperlich nahe zu sein, ohne dass wir ständig auf sie konzentriert sind. Oft tun sie alles, um unsere Aufmerksamkeit auf sich zu ziehen. Selbst wenn sie es mal nicht darauf anlegen, lenken sie uns mit dem ab, was sie so alles anstellen. Es ist jedenfalls,

Was, wenn Sie nicht genug Zeit mit den Kindern verbringen können?

Viele Eltern haben zu wenig Möglichkeiten, auch einmal Pause von den Kindern zu machen, doch bei manchen ist es gerade umgekehrt. Wenn Sie nicht so viel Zeit mit Ihren Kindern verbringen können, wie Sie eigentlich möchten, kann das Scham, Verwirrung, Bitterkeit oder Schuldgefühle auslösen. Alle diese Empfindungen sind starke Trigger. Vielleicht können Sie nicht bei Ihren Kindern sein, weil Sie Überstunden machen müssen, weil Sie als Soldat im Auslandseinsatz sind, weil Sie getrennt leben oder weil Sie unter einer körperlichen oder psychischen Erkrankung leiden. Vermutlich sind Sie, wie auch immer Ihre Lebenssituation aussieht, einer Vielzahl von Triggern ausgesetzt, ob das nun die Belastungen langer Arbeitstage sind, traumatische Erfahrungen im Kampfeinsatz oder die logistischen und emotionalen Probleme, die eine Trennung und die Aufteilung der Kinderbetreuung mit einem Ex mit sich bringen. Solche Trigger können Ihnen, wie ich bereits erläutert habe, die Aufgabe der Kindererziehung erschweren, auch wenn sie nicht im direkten Zusammenhang mit ihr stehen mögen.

Wenn Sie sich mit Schuldgefühlen quälen, weil Sie nicht mehr Zeit mit den Kindern verbringen, dann setzen Sie sich unter Druck, dass jeder Moment mit ihnen perfekt sein muss. Verlieren Sie dann während der kostbaren Zeit, die Sie mit ihnen verbringen, die Geduld, fühlen Sie sich doppelt schuldig. Ich werde später noch näher darauf eingehen, was Sie tun können, wenn Sie kurz vorm Ausrasten sind. Hier soll die Feststellung genügen: Mit diesem Thema schlagen sich viele Menschen, die ihre Kinder wenig sehen, ständig herum. Sie sind damit also definitiv nicht allein.

Falls Sie sich Ihre Zeit bis zu einem gewissen Grad flexibel einteilen können, sollten Sie alles daransetzen, mehr Zeit mit den Kindern zu verbringen. Falls an Ihrem Zeit-

plan nicht zu rütteln ist, sollten Sie alle Möglichkeiten nutzen, um mit den Kindern in Verbindung zu bleiben. Bei kleinen Kindern sind Gespräche via Skype oder FaceTime eine wunderbare Option, bei älteren Kindern auch Textnachrichten. Richtige Briefe können für Kinder von besonderer Bedeutung sein. Post zu bekommen finden sie toll, und sie können die Briefe jedes Mal wieder lesen, wenn Sie sich mit Ihnen verbunden fühlen wollen. Vergessen Sie übrigens nicht, Ihre Abkühlmethoden zu üben, wenn Sie nicht bei den Kindern sind. Auf diese Weise für sich selbst zu sorgen hilft Ihnen, so ruhig, präsent und zugewandt wie möglich zu sein, wenn Sie mit den Kindern zusammen sind.

wenn wir nicht wirklich von ihnen weggehen (oder sie wegschicken), höchst unwahrscheinlich, dass wir wirklich den Kopf freibekommen. Hier einige Tipps, wie Sie es schaffen, sich eine Pause von den Kindern zu gönnen:

- **Geben Sie sie eine Weile in die Obhut anderer.** Diese anderen können beispielsweise Babysitter, Großeltern, Tanten und Onkel, Ihre besten Freundinnen, ältere Geschwister, Tagesmütter oder Erzieherinnen sein. Die Hauptsache ist dabei, dass Sie diesen Leuten vertrauen. Falls Sie kein Geld für Kinderbetreuung zur Verfügung haben, können Sie eine Babysitting-Kooperative gründen oder sich einer anschließen, um sich mit anderen Eltern bei der Kinderbetreuung abzuwechseln.
- **Bringen Sie Ihre Kinder zu Spieltreffen** bei anderen Familien und laden Sie deren Kinder umgekehrt zu sich ein. Aus verschiedenen Gründen ist die Ära vorüber (schluchz!), in der Kinder, wenn sie von der Schule kamen, sogleich mit den Nachbarskindern loszogen und dann zum Abendessen nach Hause gerufen werden mussten. Heutzutage vereinbaren Eltern Spieltreffen. Das ist eine wunderbare Sache. Und falls Sie mit den anderen Eltern, weil sie sich gut mit ihnen verstehen, Zeit verbringen möchten, umso besser. Wenn Sie das aber nicht wollen oder können, sollten Sie von Anfang an klarmachen, dass die Spieltreffen für Sie dazu da sind, die Kinder »abzugeben«. Stimmen Sie das mit den anderen Eltern ab, damit Klarheit über die gegenseitigen Erwartungen herrscht. Bieten Sie, wenn Ihr Kind anderswo zu Gast ist, jedes Mal an, selbst ein Spieltreffen auszurichten.
- **Bringen Sie Ihr Kind zum Training**, aber bleiben Sie nicht. Sie müssen nicht die ganze Zeit am Spielfeldrand sitzen, außer es macht Ihnen Freude oder Sie wollen sich mit den anderen Eltern unterhalten. (Im letzteren Fall holen Sie

sich einen Stuhl und einen Kaffee und schenken Sie Ihren Kindern keinerlei Aufmerksamkeit – keine Kommentare zum Spiel, kein Lob, keine ermunternden Zurufe. Konzentrieren Sie sich ganz auf den Austausch mit den Erwachsenen.) Falls Sie nur die Kontakte zu Ihrer Peergroup warmhalten möchten, können Sie zum Beispiel zehn Minuten bleiben und dann gehen. Andernfalls sagen Sie kurz dem Lehrer oder der Trainerin Hallo und machen sich auf. Gehen Sie spazieren, machen Sie Besorgungen oder setzen Sie sich ins Auto und genießen Sie die Ruhe.

- **Bilden Sie Fahrgemeinschaften!** Tun Sie sich aber nur mit Leuten zusammen, die nicht ständig zu spät dran sind. (Das wollte ich nur nochmal gesagt haben, ja.)
- **Akzeptieren Sie Hilfe.** Ich kann Ihnen gar nicht sagen, wie oft ich mitbekommen habe, dass Eltern aufrichtige Hilfsangebote ausschlagen. Ich habe das auch selbst getan, aus Gründen, die ich nicht mehr alle weiß, auch wenn sie mir damals sehr einleuchtend vorkamen. Tun Sie das bloß nicht. Wenn eine vertrauenswürdige Person Ihnen anbietet, sich eine Stunde, einen Tag oder ein ganzes Wochenende lang um die Kinder zu kümmern, *dann nehmen Sie das gefälligst an.*

Den Kopf auch mit den Kindern freibekommen

Es wird nicht immer möglich oder erstrebenswert sein, dass andere sich eine Weile um Ihre Kinder kümmern, damit Sie Zeit für sich haben. Sie haben die Kinder also bei sich, und Sie wollen, dass diese Zeit für alle so angenehm wie möglich ist. Räumliche Nähe zu den Kindern bedeutet indes nicht, dass Sie sich in jedem Augenblick mit ihnen beschäftigen müssen. Wenn Sie in der Lage sind, sich bewusst zu entscheiden, ob Sie sich ins Getümmel stürzen oder aber nicht eingreifen, hilft Ihnen das sehr, kühlen Kopf zu bewahren. Im Folgenden nenne ich einige Strategien, wie Sie sich innerlich absetzen können, auch wenn die Kinder dabei sind.

- **Widmen Sie den Kindern entweder** Ihre volle Aufmerksamkeit oder beachten Sie sie nicht. Wie ich bereits mehrfach betont habe, ist Multitasking in Gegenwart der Kinder frustrierend für sie und belastend für uns selbst und lässt es wesentlich wahrscheinlicher werden, dass wir irgendwann explodieren. Wenn Sie also etwas ohne die Kinder tun wollen oder müssen, beschäftigen Sie sie am besten mit Spielsachen, mit einem Buch oder einem Spiel und *überlassen sie dann sich selbst.* Erledigen Sie Ihre Arbeit, lesen Sie Ihr Buch oder machen Sie sich ans Kochen, aber widerstehen Sie der Versuchung, das zu kommentieren, was die Kinder tun, oder ihnen Fragen dazu zu stellen. Wenn Sie so weit sind, dass Sie wieder in Kontakt zu ihnen treten wollen (oder wenn deutlich wird, dass sie Sie brauchen), klappen Sie das Notebook zu, legen das Telefon weg und widmen sich wieder ganz der Elternrolle. Bringen Sie schon dem Baby oder Kleinkind bei, Dinge ohne Sie zu tun. Vielleicht werden Sie staunen, wie lange ein kleines Kind sich mit Bauklötzen oder Bällen selbst beschäftigen kann.
- **Lassen Sie die Kinder auch mal warten.** Es klingt wie eine Selbstverständlichkeit, aber viele Eltern haben ihre liebe Mühe damit. Wenn Sie gerade beim Kochen sind, Onlinebanking machen oder telefonieren und Ihr Kind etwas von Ihnen wissen oder haben will, sollten Sie nicht versuchen, zwei Dinge gleichzeitig zu tun. Sagen Sie stattdessen etwas wie: »Einen Moment, ich bin gleich da.« Mit einiger Sicherheit kommt Ihre Botschaft beim ersten Mal noch nicht an. Scheuen Sie sich nicht, sie fünfzehn Mal zu wiederholen. Das Kind wird vielleicht ungeduldig, aber es wird sich mit der Situation arrangieren und sie heil überstehen. Gedul-

dig zu warten, bis es drankommt, ist eine wichtige Fähigkeit, die es in seinem Leben brauchen wird. Fangen Sie also beizeiten an, sie ihm zu vermitteln.

- **Geben Sie einem zufriedenen Kind kein Eis.** Das ist einer meiner Lieblingsratschläge für Eltern. Er stammt von dem Schauspieler Jack Black. Greifen Sie nicht ein, solange Ihr Kind zufrieden ist. Lassen Sie es in Frieden spielen, Hausaufgaben machen, eine Sandburg bauen oder was immer es gerade tut. Widerstehen Sie dem Impuls, es zu loben, Fragen zu stellen oder ihm Hilfe anzubieten. Genießen Sie Ihre kleine Auszeit. Das Kind wird Sie früh genug wieder brauchen.
- **Akzeptieren Sie die Langeweile** Ihres Kindes, damit es lernen kann, dasselbe zu tun. Langeweile gehört zum Leben dazu, also lernt Ihr Kind am besten jetzt schon, damit umzugehen. Seine Langeweile ist kein Problem, das Sie zu lösen haben. Je mehr Energie Sie darauf verwenden, das Kind bei Laune zu halten, desto gestresster oder ärgerlicher werden Sie, und wir wissen ja, wo so etwas enden kann. Auf den gefürchteten Ausruf »Mir ist langweilig!« könnten Sie zum Beispiel Folgendes antworten:
  »Gut, dass ich das jetzt weiß, danke.«
  »Wenn du eine Aufgabe brauchst, kann du jederzeit dein Zimmer aufräumen / den Müll runterbringen / den Hund füttern [bitte Aufgabe Ihrer Wahl einfügen].«
  »Dir fällt bestimmt was ein, das du machen kannst.«
  »Ich bin deine Mama / dein Papa. Schön, dass du da bist!«
- **Lassen Sie das Kind Dinge selbst herausfinden.** Wenn Sie auf jede Bitte oder Forderung des Kindes eingehen, zehrt das an Ihren Kräften. Besonders anstrengend wird es, wenn Ihr Kind nach Unterstützung verlangt, sobald ihm etwas auch nur ein bisschen schwerzufallen beginnt. Widerstehen Sie dem Drang, ihm sofort beizuspringen. Murmeln Sie stattdessen etwas wie »Ja, mein Schatz, komme

gleich« und lassen Sie ihm ein paar Minuten zum Weiterprobieren. Sie werden staunen, wie oft es, wenn Sie ihm nur ein wenig Zeit lassen, die Dose selbst aufbekommt, die Schuhe selbst zubindet oder die Lieblingspuppe auch ohne Ihr Zutun findet.

- **Versuchen Sie nicht, jeden Streit zu schlichten.** Ob es wieder mal Zoff zwischen Geschwistern gibt oder ob Freunde sich in die Haare kriegen: Holen Sie erstmal tief Luft, bevor Sie eingreifen, denn Ihre Einmischung ist nicht bei allen Streitereien angezeigt, vor allem wenn Sie merken, dass Sie unter dem Einfluss von Triggern stehen. Es ist löblich, wenn Sie Ihren Kindern Strategien der Konfliktlösung vermitteln wollen, aber Sie müssen ihnen auch Raum dafür lassen, selbst darauf zu kommen.
- **Nehmen Sie den Unfug Ihres Kindes nicht persönlich.** Das ist oft nicht so leicht, denn es gibt nur wenige Dinge, die uns persönlich so stark berühren wie das Verhalten unseres Nachwuchses. Machen Sie sich klar, *dass es nicht um Sie geht,* wenn das Kleinkind Ihnen direkt in die Augen schaut, während es die Bohnen auf den Boden kippt oder wenn der Teenager Ihnen mit einer Wucht, auf die Sie nicht gefasst sind, sein »Ich hasse dich« entgegenschleudert. Das Verhalten des Kindes hat weniger mit Ihnen zu tun als mit dem, was in seinem noch nicht ganz ausgereiften Gehirn vor sich geht. Wenn Sie es schaffen, die Situation aus einer gewissen Distanz zu betrachten, hilft Ihnen das sehr, sich nicht aus dem Gleichgewicht bringen zu lassen. Mein Tipp: Einatmen, ausatmen, loslassen.
- **Lassen Sie sich nicht auf Machtkämpfe ein.** Sagen Sie Ja, wo es möglich ist, und Nein, wo es nötig ist, und lassen Sie sich dann auf keine Diskussion ein. Ignorieren Sie das Murren und Jammern. Lassen Sie sich nicht auf Verhandlungen ein, und schenken Sie Beschimpfungen oder Drohungen keine Beachtung. Halten Sie sich, wenn es sein muss,

die Ohren zu. Falls das Kind ruhig ein bedenkenswertes Argument vorbringt, können Sie Ihre Entscheidung noch abändern, wenn Sie wollen. In den anderen Fällen könnte Ihr Standardsatz lauten: »Du hast mich gefragt, und du hast meine Antwort gehört«, oder in Kurzform: »Du kennst die Antwort.« Je schneller Ihr Kind begreift, dass seine Klagen oder Vorwürfe zu nichts führen, desto rascher wird es davon ablassen.

- **Stellen Sie sich vor, es sei nicht Ihr Kind.** Kleine Kinder anderer Leute sind einfach hinreißend (zumindest meistens). Das liegt nicht unbedingt daran, dass sie süßer oder braver als unsere sind, sondern daran, dass es uns leichter fällt, sie mit ein wenig Distanz zu betrachten, weil wir nicht für sie verantwortlich sind. Für den ganzen Unsinn, den sie anstellen, können wir nichts, und ihr Verhalten lässt sich nicht auf die Erfolge oder Fehlschläge unserer Erziehung zurückführen. Ihre Finger passen nicht auf unsere Knöpfe. Wenn wir uns also vorstellen, wir hätten ein Kind anderer Eltern vor uns, werden unsere Knöpfe gleich viel unempfindlicher.
- **Sie sind nicht verpflichtet, Ihr Kind glücklich zu machen.** Das ist nicht Ihre Aufgabe. Ihre Aufgabe ist, ihm so weit wie möglich Sicherheit und Geborgenheit zu bieten und es bei seiner Entwicklung zu einem einigermaßen lebenstüchtigen Erwachsenen zu unterstützen. Ein wesentlicher Teil der Erziehung besteht darin, das Kind dabei anzuleiten, seine unterschiedlichen Emotionen, die unerfreulichen eingeschlossen, zu erfahren und mit ihnen umzugehen. Wenn Sie dem Kind zeigen, wie es seine Emotionen erleben kann, ohne sich in sie zu verstricken oder sie zurechtrücken zu wollen, hilft ihm das, ein wenig Distanz zu seinem inneren Chaos zu gewinnen. Stehen Sie ihm zur Seite und spenden Sie ihm Trost, wenn es ihn braucht. Denken Sie immer daran, dass unerfreuliche und quälende Gefühle nichts Schlechtes sind und dass sie vorübergehen.

- **Prägen Sie sich das Mantra ein:** Die Gefühle meines Kindes sind nicht meine Gefühle, aber ich kann ihm helfen, damit umzugehen.

Ich habe Sie hoffentlich davon überzeugen können, dass es unter Umständen von Vorteil ist, Ihrem Kind etwas weniger Zeit und Energie zu widmen, weil das nicht nur seiner Entwicklung, sondern auch Ihrer Gelassenheit förderlich sein kann. Wenn Sie sich Freiräume erschließen und eifrig Ihre Abkühlmethoden üben, dürfte die Wahrscheinlichkeit von Ausrastern mit der Zeit deutlich abnehmen. Trotzdem wird es hin und wieder passieren, und deshalb ist dieses Buch hier auch noch nicht zu Ende.

8 Nicht ausrasten: Wie geht das jetzt?

Nun kommen wir auf den Punkt. Die Zauberworte heißen bewusst wahrnehmen, innehalten, etwas ganz anderes tun.

Jetzt sind wir endlich so weit.

In den bisherigen Kapiteln haben wir uns angeschaut, wie so ein Ausraster aussieht, wie er entsteht und wie er sich verhindern lässt. Wir haben über das Gehirn und das Nervensystem gesprochen und darüber, wie Ihre Knöpfe größer, empfindlicher und einladender werden, sobald Sie auf Trigger ansprechen. Wir haben uns mit verschiedenen Ereignissen und Erfahrungen befasst, die für Sie zu Triggern werden können und Sie anfälliger dafür machen, dass Ihre Kinder Sie bis zur Weißglut reizen. Sie verfügen nun über eine Reihe von Abkühlmethoden, mit denen Sie Ihre Knöpfe so klein und unauffällig wie möglich machen können, und ich habe Sie hoffentlich auch davon überzeugen können, dass es Ihnen selbst und den Kindern guttut, wenn Sie sich ab und zu Zeit für sich selbst nehmen und sich um sich selbst kümmern.

Alles, was ich über Knöpfe und Trigger gesagt habe, soll Ihnen dabei helfen, Ausraster nach Möglichkeit abzubiegen. Trotzdem wird es Ihnen hin und wieder noch passieren, dass Sie kurz vorm Explodieren stehen oder dass es tatsächlich so weit kommt. Was soll ich sagen? Shit happens – und das Leben ist voller Trigger.

Wie soll es auch anders sein?

Trigger stürmen auf mich ein, wenn ich nachts um zwei von einem schreienden Kind, einer würgenden Katze oder beunruhigenden Traumbildern aufgeweckt werde, dann nicht mehr einschlafen kann und am nächsten Tag völlig gerädert bin, wenn eine Freundin eine schreckliche Diagnose bekommt, wenn ein Vertrag über ein Buch nicht zustande kommt oder wenn mir an der Ampel jemand hinten drauffährt. Und irgendwann setzen dann die alten Gewohnheitsmuster des Gehirns ein. Dann kommt es mir vor, als wäre das Ausrasten meine Muttersprache, in die ich zurückfalle, obwohl ich mir doch allergrößte Mühe gegeben habe, sie durch eine neue Sprache zu ersetzen. Es passiert, weil ich in Krisen manchmal nicht ein noch aus weiß und ich trotz aller Unterstützung durch andere und trotz des ganzen Selbstmitgefühls, das ich aufzubringen vermag, nicht verhindern kann, dass meine Knöpfe wie eine Lichterkette am Weihnachtsbaum erstrahlen. Und manchmal stoßen meine Töchter auch auf einen völlig neuen Knopf, von dem wir bislang alle nichts wussten, patschen mit ihren Pfoten darauf herum, und es geht wieder los. Ich stehe in der Küche, die Handflächen auf den Tisch gestützt, mache meine Atemübung und gebe mir die allergrößte Mühe, nicht aus der Haut zu fahren.

Wahrscheinlich geht es Ihnen ähnlich. Glücklicherweise haben Sie begonnen, einen Veränderungsprozess in Gang zu setzen. Sie sind jetzt so weit, dass Sie nicht mehr dem Muster ausgeliefert sind, das ich in Kapitel 1 »Warum rasten Sie aus?« (Seite 20) beschrieben habe: Starke Gefühle lösen automatische Reaktionen aus, die in toxischen Verhaltensweise münden. Wenn Sie das nächste Mal merken, dass

Sie kurz vorm Ausrasten sind, legen Sie einfach Ihr Handy weg, bringen die Kindern zur Nachbarin und verausgaben sich dreißig Minuten lang auf dem Crosstrainer.

Ach, wenn es nur so einfach wäre.

Sie und ich und alle Eltern auf diesem Planeten wissen, dass die Abkühlmethoden, die ich in diesem Buch beschrieben habe, zwar gar nicht kompliziert sind, ihre Umsetzung aber nicht immer einfach ist. Es kann unglaublich schwierig sein, die Energie aufzubringen und die Zeit und die Unterstützung zu finden, die Sie brauchen, um gut für sich sorgen zu können, und insbesondere dann, wenn Sie es nicht gewöhnt sind, auf sich selbst zu achten. Die Abkühlmethoden sind es in jedem Fall wert, dass Sie Ihre begrenzte Zeit und Energie dafür aufwenden, denn sie machen es a) weniger wahrscheinlich, dass Sie überhaupt auf Trigger anspringen, und b) wahrscheinlicher, dass Sie bewusst wahrnehmen, wie Sie auf Trigger reagieren. Das eröffnet Ihnen die Möglichkeit, innezuhalten, sich ein wenig zu entspannen und nicht auszurasten, sondern stattdessen etwas ganz anderes zu tun.

Und das, geschätzte Leserinnen und Leser, ist Ihre *Topstrategie*, wenn Sie merken, dass Sie nahe dran sind, mit den Kindern die Geduld zu verlieren: *bewusst wahrnehmen, innehalten und dann etwas ganz anderes tun.*

Diese Strategie ist weder raffiniert noch kompliziert – und das ist gut so, denn raffinierten oder komplizierten Kram brauchen Sie nicht. Sie brauchen etwas, das praktikabel ist und wirkt. Sie brauchen etwas, das Sie wirklich anwenden können, wenn Sie nicht mehr wissen, was Sie machen sollen. Etwas, das Sie auf jeden Fall hinbekommen.

Es gibt ungefähr ein Million Dinge, die Sie als Eltern tun können, anstatt auszurasten. Aber Sie müssen nicht lange herumüberlegen, was wohl die beste Option wäre, denn die gute Nachricht ist: *Alles*, was besser als Ausrasten ist, ist für den Moment ideal.

Etwas ganz anderes zu tun ist also der einfache Teil der Übung. Der schwierigere Teil besteht darin, mental in die richtige Ausgangsposition zu kommen, aus der heraus Sie dann etwas ganz anderes tun können. Ich werde Ihnen zeigen, wie sich das am einfachsten erreichen lässt. Es geht um diesen Dreierschritt: bewusst wahrnehmen, innehalten und etwas ganz anderes tun. Packen wir's an.

Bewusst wahrnehmen

Bewusstes Wahrnehmen ist Ihre Geheimwaffe. Mitten im Familientrubel, nach einem anstrengenden Tag, wenn nichts mehr geht, ist bewusstes Wahrnehmen das Mittel der Wahl. Denn wenn Sie gar nicht erst mitbekommen, dass Sie kurz vorm Ausrasten sind, können Sie sich auch nicht gegen das Ausrasten entscheiden. Wenn Sie nicht registrieren, dass Sie Ihre Kinder gleich anschreien werden, können Sie auch nicht beschließen, stumm zu bleiben.

> — Bewusst wahrnehmen heißt, dass wir erfassen, was gerade in uns vor sich geht, und dieses Bewusstwerden ist eine tolle Sache. —

Bewusstes Wahrnehmen: Das klingt auf den ersten Blick nach einem ganz selbstverständlichen Vorgang. Und es ist ja auch nicht schwer, im Strandurlaub das Farbenspiel des Sonnenuntergangs am Horizont zu bestaunen, während die Kinder fröhlich im Sand spielen. Es ist nicht schwer, den Worten eines interessanten Zeitschriftenartikels zu folgen. Und es ist nicht schwer, uns bewusst zu machen, was in uns und um uns herum vor sich geht – solange wir nur auf eine Aufgabe konzentriert sind, solange keine Trigger auf uns einwirken und solange unser präfrontaler Kortex (der das bewusste Wahrnehmen steuert) mit voller Energie arbeiten kann und die Regie innehat.

Es ist nicht schwer, ein schreiendes Kind oder ein vibrierendes Telefon zu registrieren, doch das ist dann eher unwillkürliches Reagieren als bewusstes Wahrnehmen. Wenn wir es genau nehmen wollen, können wir hier von rein reaktivem Wahrnehmen sprechen: Ein Reiz in der Außenwelt nimmt unsere Aufmerksamkeit in Beschlag und wird dabei oft auch zum Trigger für uns. Solche Prozesse von reaktivem Wahrnehmen und erzwungener Aufmerksamkeit laufen den lieben langen Tag in uns ab. Sie bleiben meistens unbemerkt und führen dann irgendwann zum Ausrasten. Wir müssen tun, was wir können, um ihre Macht zu brechen. Ein guter Ansatzpunkt dafür ist, sich im Singletasking zu üben.

Sobald wir auf einen Trigger anspringen, schaltet unser Gehirn in den Bereitschaftsmodus für Kämpfen, Fliehen, Totstellen oder Austicken. Das limbische System (unser inneres Kleinkind) läuft auf Hochtouren, der präfrontale Kortex (der erwachsene Teil unseres Gehirns) nur noch auf Sparflamme. Unser Nervensystem bereitet uns also auf schnelles Handeln vor, und zwar auch, wenn es nur eine emotionale oder psychische Bedrohung erfasst, die gar keine körperliche Aktivität erforderlich macht. Folglich sind wir aufgedreht, zappelig und aktionsbereit, doch wir wissen nicht, in welche Richtung es gehen soll. Anstatt ruhig und aufmerksam zu erfassen, was um uns herum vor sich geht, reagieren wir nur noch reflexhaft. Unsere Knöpfe blinken grell und warten nur darauf, gedrückt zu werden. Sobald Kind Nummer 1 beginnt, Kind Nummer 2 mit Sand zu bewerfen, hat unser aktionsbereites Nervensystem einen Reiz vor sich, auf den es anspringen kann. Der Damm bricht, und wir rasten aus.

Wie Sie rechtzeitig merken, dass Sie kurz vorm Ausrasten sind

Bewusstes Wahrnehmen hilft Ihnen, sich in angespannten Momenten über Ihre Situation klar zu werden. Idealerweise merken Sie, dass ein Ausraster droht, bevor es tatsächlich dazu kommt, doch Sie können sogar dann wieder in die Spur finden, wenn Sie schon am Explodieren sind. Die meisten Ausraster vollziehen sich in bestimmten Phasen. Der

Neurowissenschaftler und Buchautor Dan Siegel verwendet für diese Phasen die Begriffe *Auslöser, Übergang, Eintauchen* und *Erholung.*

PHASE 1: AUSLÖSER (TRIGGER). Was Sie letztlich triggert, kann zum Beispiel ein heißer Tag in einem gut besuchten Freizeitpark sein, an dem Sie zu viele unabsichtliche Berührungen in der Menge über sich ergehen lassen müssen, der Tag, an dem sich der Tod Ihres Vaters jährt, Nachrichten über eine Naturkatastrophe oder eine flapsige Bemerkung, die eine Mutter nach der Schule auf dem Spielplatz macht. Sie können extrem stark oder nur leicht getriggert sein. Der Zustand zieht sich über einige Minuten oder Stunden hin oder Sie sind im Grunde schon seit Jahren überreizt. Vielleicht ist Ihnen bewusst, dass Sie ein wandelnder leuchtender Knopf sind, der nur darauf wartet, gedrückt zu werden, vielleicht bekommen Sie davon auch gar nichts mit. Jedenfalls stehen Sie, welche Form der Zustand bei Ihnen im Einzelnen auch annehmen mag, unter dem Einfluss von Auslösern.

Ob Sie getriggert sind, können Sie an den für Sie typischen Indizien ablesen (um die es in Kapitel 3 »Zu den eigenen Triggern stehen« (Seite 72) ging). Das heißt, bestimmte Vorgänge in Ihrem Denken und Ihrem Körper geben Ihnen Hinweise darauf, dass Ihre Knöpfe gerade hell erstrahlen. So kommen Ihnen, wenn Sie ängstlich und angespannt sind, vielleicht immer dieselben Sätze in den Sinn, oder in der Schulter stellt sich, wenn Sie gestresst sind, immer ein pulsierender Schmerz ein. Auch ein bestimmter Tonfall, den Sie an sich bemerken, könnte ein Indiz sein. Ich antworte meinen Töchtern meistens in kurzen, abgehackten Sätzen. Wenn ich aber auf alles, was sie sagen, nur noch mit »Okay« reagiere, bleiben bis zu meinem nächsten Ausraster nur noch etwa drei Sekunden. Die Indizien sehen bei jedem Menschen anders aus. Machen Sie sich keine Sorgen, wenn Ihnen Ihre Indizien völlig bizarr vorkommen. Sie müssen nichts an ihnen verändern oder zurechtrücken. Lernen Sie sie einfach kennen und beachten Sie sie.

PHASE 2: ÜBERGANG. Irgendwann wird einer Ihrer Knöpfe ausgiebig gedrückt, höchstwahrscheinlich steckt Ihr Kind dahinter.

Damit treten Sie in die Übergangsphase ein, die vom Gerade-noch-an-sich-halten-Können hin zum Ausrasten führt. Ihr Nervensystem ist jetzt im Notfallmodus und hält nur noch nach einem Anlass dafür Ausschau, zum Kämpfen, Flüchten, Erstarren oder Ausrasten überzugehen. Vielleicht sind Sie nur ein wenig unruhig, vielleicht stehen Sie auch innerlich unter Hochspannung. Wie lange Sie in der Übergangsphase bleiben, hängt von mehreren Faktoren ab: Wie stark sind Sie getriggert? Wie fest und wie oft werden Ihre Knöpfe gedrückt? Wie reagieren Sie darauf? Vielleicht sind Sie nur noch Sekunden von einem Ausraster entfernt. Wenn Sie es aber schaffen, bewusst wahrzunehmen, wie Ihre Knöpfe gedrückt werden, und daran denken, durchzuatmen, aus dem Zimmer zu gehen oder Ihren Lieblingssong von Bruce Springsteen zu singen, dann erreichen Sie die Phase des Eintauchens vielleicht gar nicht erst, und das wäre sehr zu begrüßen.

PHASE 3: EINTAUCHEN. Das ist im Grunde nur ein anderes Wort für Ausrasten. Es passt gut, denn in etwas zu versinken ist so ziemlich das Gegenteil bewussten Wahrnehmens. Das Nervensystem geht komplett in den Explosionsmodus über, und Sie werden von starken Gefühlen überschwemmt und sind völlig von automatischen Reaktionen und toxischen Verhaltensweisen bestimmt. Sie wissen zwar sehr gut, dass Herumschreien, Türenschlagen oder Schuhewerfen alles nur schlimmer macht, aber sobald Sie einmal in Fahrt kommen, ist das Ganze nur noch schwer aufzuhalten. Das liegt daran, dass der erwachsene Teil Ihres Gehirns, der präfrontale Kortex, offline geht und der kleinkindhafte Teil, das limbische System, am Drücker ist. Kleinkinder treffen, wie wir alle wissen, nicht immer die klügsten Entscheidungen.

PHASE 4: ERHOLUNG. Früher oder später haben Sie sich verausgabt oder Ihr Partner gibt Ihnen vorsichtig zu verstehen, dass Sie vielleicht eine Pause brauchen (am liebsten würden Sie ihm dann den Kopf abreißen, beschränken sich aber darauf, aus dem Zimmer zu stürmen). Oder Sie sehen die Tränen Ihres verschreckten Kindes, und

Schuldgefühle und Scham bringen Sie zum Verstummen. Damit beginnt die Erholungsphase, in der Sie sich, wenn es optimal läuft, wieder einkriegen und die Verbindung zum Kind wieder herstellen. Es ist eine heikle Phase, denn Ihre Knöpfe sind immer noch hochempfindlich. Es kann also sein, dass Sie entweder die Kurve kriegen oder aber gleich nochmal in die Luft gehen. In Kapitel 9 »Wenn der Sturm sich legt« (Seite 204) werde ich näher darauf eingehen, was Sie tun können, damit nicht gleich der nächste Ausraster folgt.

Wie Sie besser im bewussten Wahrnehmen werden

Bewusstes Wahrnehmen ist der Schlüssel zum Unterbrechen der Abfolge von Phasen, die ich gerade beschrieben habe. Es bedeutet, *mit wachen Sinnen zu beobachten, was gerade geschieht.* Vielleicht haben Sie schon Momente erlebt, in denen Sie merkten, dass Sie kurz vorm Explodieren waren, dann aber die Kurve gekriegt und etwas ganz anderes getan haben. Leider können wir überhaupt nicht einschätzen, ob wir morgen nicht so leicht aus der Ruhe zu bringen sein werden oder ob uns der Geduldsfade reißen wird. Bei unseren Kindern, deren Gehirn noch nicht ganz ausgereift ist, würden wird das ja auch nicht anders erwarten, aber dass auch wir selbst derart unberechenbar sind, ist nicht leicht zu akzeptieren.

Durch das Üben Ihrer Abkühlmethoden steigern Sie die Chancen, dass Sie sich fangen, bevor es zur Explosion kommt. Wenn wir zum Beispiel nicht übermüdet und nicht ständig mit unserem Handy beschäftigt sind, können wir klarer und aufmerksamer erfassen, was wir gerade tun. Das sind dann gute Voraussetzungen dafür, die Fähigkeit auszubauen, die Wirkungen von Triggern auf Sie bewusst wahrzunehmen.

Bewusstes Wahrnehmen ist *immer* möglich. Es ist eine Fähigkeit, die sich steigern lässt. Sie beobachten, was gerade vor sich geht, anstatt sich ins Geschehen hineinziehen zu lassen. Nehmen Sie als Beispiel die Schultern. Ich bin viele Jahre lang mit ständig hochgezogenen Schultern herumgelaufen, auch dann, wenn ich gar nicht besonders angespannt war. Jetzt halte ich mich immer wieder dazu an, meine Schultern bewusst wahrzunehmen und sie sinken zu lassen. Mit diesem einfachen Akt baue ich Stress ab, und sei es auch nur ein wenig. Wenn viele solche kleinen Momente des bewussten Wahrnehmens zusammenkommen, kann Ihnen das den Alltag durchaus erleichtern.

Viel zu viele Menschen lassen sich ihr ganzes Leben lang immer nur von dem leiten, was gerade ihre Aufmerksamkeit auf sich zieht, und kommen nie auf die Idee, dass sie den Köder *nicht* zu schlucken brauchen. Jedes Mal, wenn wir uns bewusstmachen, dass wir uns in Gedanken verlieren oder von Emotionen überflutet werden, können wir einen Schritt zurücktreten und beobachten, was da geschieht, anstatt die Hauptrolle darin zu spielen.

— *Sie können sich nur dann dafür entscheiden, langsamer zu machen, wenn Sie erfassen, wie schnell Sie unterwegs sind.* —

Wie bei jeder Fertigkeit, so ist auch beim bewussten Wahrnehmen Übung der Schlüssel zum Fortschritt. Üben Sie das bewusste Wahrnehmen, als hinge Ihre psychische Gesundheit davon ab, denn genau so ist es auch tatsächlich. Je öfter Sie einen Schritt zurücktreten und die Dinge mit Abstand betrachten, desto kräftiger werden die »Muskeln« des bewussten Wahrnehmens. Das heißt, die Verschaltungen in Ihrem Gehirn, die das bewusste Wahrnehmen ermöglichen, werden jedes Mal, wenn Sie sie aktivieren, gefestigt und funktionieren somit reibungsloser. Am Ende wird das Gehirn von sich aus in den Standardmodus des bewussten Wahrnehmens schalten, noch bevor Sie das mitbekommen. Ein guter Ansatzpunkt für das Üben des bewussten Wahrnehmens sind Ihre Abkühlmethoden. So besteht bei einem Dankbarkeitsritual der erste Schritt darin, sich zum Beispiel klarzumachen, wie verärgert und undankbar Sie im Moment sind.

Neulich stand ich im Stau und befürchtete, dass ich zu spät zu einer Besprechung kommen würde. Ich bemerkte, dass ich zunehmend gereizt wurde, und versuchte, meine missmutigen Gedanken loszulassen, aber es gelang mir nicht. Sie kamen immer wieder zurück. Ich brauchte etwas Konkretes und unmittelbar Verfügbares, auf das ich die Aufmerksamkeit richten konnte. Ich suchte mir etwas Einfaches aus: die leuchtend roten Punkte der Bremslichter, die sich vor mir aufreihten. Als ich also die Aufmerksamkeit auf etwas außerhalb meines Denkens richtete und so, und sei es auch nur einen Augenblick lang, den Kopf freibekam, merkte ich plötzlich, dass ich schon direkt vor dem Gebäude war, wo die Besprechung stattfand. Ich war so damit beschäftigt gewesen, mich über den Verkehr aufzuregen, dass ich fast dran vorbeigefahren wäre.

Warten Sie nicht auf solche stressigen Momente, um mit dem Üben anzufangen. Mitten in einer Krise etwas Neues zu lernen ist für das Gehirn ungeheuer schwierig (wenn nicht unmöglich). Setzen Sie da an, wo es Ihnen leichtfällt und Sie es nicht mit starken Gefühlen, verwirrenden Gedanken oder überdrehten Kleinkindern zu tun haben. Üben Sie das bewusste Wahrnehmen, wenn Sie im Bett liegen, wenn Sie Ihren Kaffee schlürfen oder wenn Sie, nachdem Sie die Kinder zur Schule gebracht haben, zwei Minuten im Auto sitzenbleiben. Je häufiger Sie das bewusste Wahrnehmen üben, wenn es einfach geht, desto leichter wird es Ihnen fallen, wenn es schwer ist.

Was Sie wahrnehmen können, wenn Sie sich unsicher sind

Da bewusstes Wahrnehmen auf alles Mögliche gerichtet sein kann, wissen Sie vielleicht nicht, wo Sie anfangen sollen. Deshalb will ich die Optionen für Sie ein wenig eingrenzen. Wählen Sie etwas, das tatsächlich im gegenwärtigen Moment geschieht und von dem möglichst keine Triggerwirkung auf Sie ausgeht. Wenn Sie in der Übergangs- oder Eintauchphase eines Ausrastprozesses sind, fokussieren Sie sich am besten auf etwas, das Sie sehen, tasten, schmecken, hören oder riechen. Es wirkt beruhigend, sich von den eigenen Gedanken zu lösen und Verbindung zur materiellen Welt aufzunehmen. Wenn Sie verstehen möchten, wie Ihre Trigger auf Sie einwirken, ist das Beste, was Sie tun können, bewusst Ihre Gedanken, Gefühle, Körperempfindungen oder Verhaltensweisen wahrzunehmen. Und so könnten Sie das angehen:

- **Nehmen Sie Ihre Gedanken bewusst wahr.** Woran denken Sie gerade? Sind Sie wegen einer Deadline bei der Arbeit unter Druck? Macht Ihnen der hartnäckige Husten Ihres Kindes Sorgen? Geht Ihnen immer wieder eine unerfreuliche Szene mit einer Freundin durch den Kopf? Sie müssen keine Antworten finden oder irgendetwas geraderücken. Ziel ist, sich über die Gedanken klarzuwerden, die Sie beschäftigen, und dann zu entscheiden, ob Sie sie weiterverfolgen wollen oder nicht.
- **Nehmen Sie Ihre Gefühle bewusst wahr.** Wie geht es Ihnen? Sind Sie gestresst? Eingeschüchtert? Ängstlich? Stinkwütend? Halten Sie sich vor Augen, dass Gefühle nicht von Dauer sind, ganz gleich, wie intensiv oder unangenehm sie auch sein mögen. Sie setzen ein, halten eine Weile an und lösen sich dann auf, und Sie müssen nur abwarten, bis sie abgeklungen sind. Außerdem ist jedes Gefühl okay (das ist so, ich schwöre). Doch ist nicht jedes Verhalten okay. Wenn Sie Ihre Gefühle bewusst wahrnehmen, sind Sie auf dem besten Weg, sich nicht mehr so oft zu unbedachten Reaktionen hinreißen zu lassen.
- **Nehmen Sie Ihren Körper bewusst wahr.** Sind Ihre Schultern bis zu den Ohren hochgezogen? Ist Ihr Rücken ange-

spannt wie ein Gummiband kurz vorm Reißen? Brummt Ihnen der Schädel oder haben Sie irgendwelche anderen Schmerzen? Vielleicht können Sie etwas an Ihrer Körperhaltung verändern, die Schultern sinken lassen, ein paar schnelle Dehnübungen machen oder ein Schmerzmittel nehmen. Vielleicht können Sie auch nicht das Geringste unternehmen. Wenn Sie sich aber gar nicht erst anschauen, was in Ihrem Körper geschieht, können Sie nicht einmal benennen, was Ihnen zu schaffen macht. Sie sind dann einfach nur angespannt, haben Schmerzen, stehen ganz unter dem Einfluss von Triggern und sind kurz vorm Explodieren.

- **Nehmen Sie Ihr Tun bewusst wahr.** Es mag auf den ersten Blick ein etwas merkwürdiger Gedanke sein, dass wir etwas tun können, ohne es überhaupt mitzubekommen. Doch unser Gehirn geht, wann immer das möglich ist, auf Autopilot, um Ressourcen und Energie zu sparen. Stellen Sie sich vor, wir müssten beispielsweise jede Bewegung, die fürs Treppensteigen erforderlich ist, bewusst durchdenken. Wir würden ewig brauchen, bis wir oben sind, und wären dann völlig fertig. Deshalb kann es passieren, dass wir das Auto auf dem Parkplatz vorm Büro oder vor der Firma abstellen und keinerlei Erinnerung an die Fahrt dorthin haben. So etwas kann problematisch werden, wenn Sie mehr als eine Sache gleichzeitig machen und dabei immer mehr unter Stress geraten. Nehmen Sie sich also Zeit dafür, bewusst wahrzunehmen, was Sie tun.
- **Nehmen Sie Ihren Atem bewusst wahr.** Wenn Sie derart unter Druck stehen, dass Sie nicht mehr wissen, was Sie denn nun am besten bewusst wahrnehmen sollen, achten Sie einfach auf Ihren Atem. Das bewusste Wahrnehmen des Atmens ist eine wirkungsvolle Methode, Abstand zum Chaos zu gewinnen. Verlangsamen Sie Ihren Atemrhythmus, zählen Sie beim Ein- und Ausatmen mit oder holen

Sie dreimal tief Luft. Hauptsache ist, dass Sie den Atem bewusst wahrnehmen.

Noch eine Anmerkung: Es hat seinen Grund, dass viele sich mit harter Arbeit von dem ablenken, was um sie herum und in ihnen eigentlich vor sich geht. Manchmal ist die Realität ätzend, und der gegenwärtige Augenblick ist schwer zu ertragen. Unsere Gedanken kommen uns verdreht vor, unsere Gefühle sind uns unheimlich, unser Körper ist nicht das, was er mal war, und das Leben ist hart. Das alles macht einfach keinen Spaß.

Lassen Sie es sein, wie es ist. Widerstehen Sie dem Impuls, die Dinge geradebiegen zu wollen oder überstürzt etwas Neues zu beginnen. Versuchen Sie, an sich selbst nicht herumzukritisieren und sich nicht abzuwerten. Das wäre überflüssig und kontraproduktiv. Es lässt Sie nicht ruhiger, sondern noch angespannter werden. Was immer Sie bedrückt, es geht vorüber. Versuchen Sie's fürs erste mit ein wenig Selbstmitgefühl (mehr dazu in Kapitel 9 »Wenn der Sturm sich legt«, Seite 204), und tun Sie alles, was es Ihnen erleichtern kann, bewusst wahrzunehmen, wie Sie vorankommen.

Wenn Sie im Verlauf von 60 Sekunden 60-mal feststellen, dass Ihre Gedanken abschweifen, ist die Meditation nicht etwa missglückt. Sie haben 60-mal bewusst wahrgenommen, was geschieht, also 60-mal geübt. Das ist genau das, worum es Ihnen ging. Gut gemacht!

Es gibt keinen Trick, um die Sache mit dem bewussten Wahrnehmen abzukürzen. Entweder registrieren Sie, was in Ihnen und um Sie herum vor sich geht, oder Sie treiben durchs Chaos dahin. Es gibt aber einige Strategien, mit denen Sie Ihre Chancen steigern können, dass Sie es merken, wenn Sie sich in Ihren Gedanken verloren haben. Eine sehr gute Strategie für den Einstieg ist Entschleunigung. Bewusstes Wahrnehmen ist nicht unmöglich, wenn Sie in Eile sind, aber deutlich schwieriger. Hilfreich kann auch sein, den Lärmpegel zu senken. Hintergrundgeräusche – ob aus dem Radio, dem Fernseher oder einer anderen Quelle – lenken Sie ab. Wenn Sie außerdem nur eine Sache zur selben Zeit machen, erleichtert Ihnen das die bewusste Wahr-

Bewusstes Wahrnehmen für Fortgeschrittene: Meditation

Viele Menschen glauben, beim Meditieren gehe es darum, den Geist leerzuräumen oder die Aufmerksamkeit so lange wie möglich präzise zu fokussieren. Stimmt so aber nicht. Wir können uns Meditation als Übung in bewusster Wahrnehmung für Fortgeschrittene vorstellen. So wie Sie im Fitnessstudio Ihre Muskeln kräftigen, stärken Sie beim Meditieren den Teil Ihres Gehirns, der für bewusstes Wahrnehmen zuständig ist.

So geht's:

1. Suchen Sie sich einen ruhigen und angenehmen Ort, wo die Chancen gut stehen, dass Sie zwei oder zwanzig Minuten lang nicht gestört werden. Setzen Sie sich hin, stellen Sie das Telefon auf »Bitte nicht stören«, und stellen Sie einen Wecker auf die entsprechende Zeit ein.

2. Wählen Sie etwas aus, worauf Sie die Aufmerksamkeit richten wollen. Viele entscheiden sich dafür, ihren Atem zu beobachten, aber Sie können alles wählen, was für Sie funktioniert. Wiederholen Sie ein Gebet oder ein Mantra, betrachten Sie die Bäume vor Ihnen, hören Sie auf die Geräusche um Sie herum oder zählen Sie von hundert rückwärts.

3. Nehmen Sie bewusst wahr, wenn Ihre Gedanken abschweifen. Beachten Sie, dass ich hier »wenn« schreibe, nicht »ob«. Ihre Gedanken werden nämlich schon nach wenigen Sekunden zum ersten Mal abdriften. Vielleicht entfernen sie sich nicht weit, vielleicht tauchen sie auch in unerfreuliche Erinnerungen, verwirrende Vorstellungen, sehnsüchtige Fantasien oder belanglose Bilder ab. Lassen Sie sich in diese Aktivitäten Ihres Geistes nicht hineinziehen. Es besteht keine Notwendigkeit, Ihre Gedanken zu erkunden, in Frage zu stellen oder zu werten. Sorgen Sie sich nicht darum, wie weit Ihre Gedanken abgeschweift sind oder wie lang das anhielt. Nehmen Sie einfach nur das Abschweifen zur Kenntnis.

4. Gehen Sie zu dem zurück, worauf Sie zuvor die Aufmerksamkeit gerichtet hatten: zum Atem, zu dem Gebet, zum Zählen. Machen Sie da weiter, wo Sie gerade waren, oder fangen Sie wieder von vorn an.

5. Wiederholen Sie die vorherigen Schritte.

6. Wiederholen Sie sie so lange, bis der Wecker klingelt.

7. Machen Sie dasselbe am nächsten Tag. Und am Tag darauf.

nehmung dessen, was in Ihnen und um Sie herum geschieht. Sollten Sie besonders leicht ablenkbar sein, können Sie Ihr Denken fokussiert halten, indem Sie Ihr Erleben und Tun in einer Art Selbstgespräch in Worte fassen.

Schließlich können auch Gegenstände das bewusste Wahrnehmen unterstützen. Hilfreich ist alles, was die Aufmerksamkeit in den gegenwärtigen Augenblick zurückführt. Tragen Sie einen kleinen glatten Stein in der Hosentasche herum. Wenn Sie ihn anfassen, wird die Tastempfindung zu etwas, auf das Sie die Aufmerksamkeit richten können. Tragen Sie ein Perlenarmband (manchmal als *Mala* bezeichnet), das Sie ans Atmen erinnert. Schreiben Sie eine Liste Ihrer bevorzugten Abkühlmethoden oder der Dinge, die Sie bewusst wahrnehmen können, auf einen Zettel oder kleben Sie ihn an die Kühlschranktür. Hängen Sie Bilder, Fotos oder Gemälde mit religiösen oder spirituellen Motiven an Stellen in der Wohnung auf, wo Ihnen das bewusste Wahrnehmen oft besonders schwerfällt. (Eine Freundin klebte ein Foto ihrer Kinder in einem entspannten, glücklichen Moment auf die Innenseite einer Küchenschranktür, damit sie jedes Mal draufschauen konnte, wenn sie ihnen am liebsten den Hals umgedreht hätte.)

Im Verlauf des Ausrastprozesses können Sie zu jedem beliebigen Zeitpunkt bewusst wahrnehmen, was gerade geschieht. Sobald Sie das tun, sind Sie bereit dafür, innezuhalten. In der Trigger- und Übergangsphase fallen Ihnen bewusstes Wahrnehmen und Innehalten am leichtesten. Wenn Sie dann erfassen, wie riesig und äußerst verlockend Ihre Knöpfe gerade sind oder dass die Kinder bereits auf ihnen herumdrücken und Sie auf einen massiven Ausraster zusteuern, können Sie sich dafür entscheiden, etwas anderes zu tun, als in die Luft zu gehen. Es ist sogar möglich, sich mitten in einem Ausraster wieder zu fangen, doch bis Sie herausgefunden haben, wie das geht, kann es ein wenig dauern. Bleiben Sie dran. Je mehr Sie üben, desto besser bekommen Sie es hin.

Innehalten

Bewusstes Wahrnehmen ist eine Neuausrichtung Ihrer Aufmerksamkeit. Innehalten ist eine Neuausrichtung Ihres Verhaltens. Es ist der entscheidende erste Schritt hin zum Gelassenbleiben. Und es ist so simpel, wie es klingt: Legen Sie bei dem, was Sie gerade tun, eine kurze Pause ein.

Ich spreche hier aus gutem Grund nicht von Stoppen oder Aufhören, sondern von einer Pause. Stoppen klingt nach einem harten und endgültigen Schnitt, den wir setzen. Pausieren ist sanfter. Es ist eher wie eine Pinkelpause beim Filmgucken oder eine kurze Auszeit mitten in einer spannenden Spielpartie. Eine Pause ist etwas Vorübergehendes. Sie lassen das, was gerade geschieht, nicht einfach hinter sich. Sie werden mit dem Kind noch darüber sprechen müssen, warum es nicht angemessen ist, benutzte Taschentücher in der ganzen Wohnung liegenzulassen oder die Kopfhörerbuchse am Handy des Bruders mit Knete zu verstopfen. Das bleibt noch zu tun, wenn Sie sich wirklich wieder abgeregt haben.

Die Pause kann so kurz oder so lang sein, wie Sie möchten. Hochintensive, gefühlsgeladene oder komplexe Situationen erfordern allerdings eine etwas längere Pause. Je näher Sie an der Eintauch-Phase des Ausrastprozesses waren, desto länger müssen Sie gegebenenfalls innehalten. Zum Glück werden Sie, je öfter Sie das Pausieren üben, umso besser darin, und desto kürzer kann es ausfallen.

Ein weiterer höchst wichtiger Punkt ist: Während Sie innehalten, *wissen Sie nicht, was als Nächstes geschehen wird.* Für die Kontrollfreaks unter uns kann das eine echte Herausforderung sein, aber es ist gut so. Denn die Pause ist nicht dazu da, dass wir verbissen nach einer Lösung suchen oder gar überlegen, wie wir's dem Kind heimzahlen können. Falls Sie das tun, haben Sie den Hochgeschwindigkeitszug, auf dem Sie unterwegs sind, nicht wirklich abgebremst, sondern Sie rasen nur auf einem anderen Gleis vorwärts. Ihre Knöpfe sind so empfindlich wie zuvor. Es mag Ihnen so vorkommen, als seien Sie ruhiger, doch in Wirklichkeit steuern Sie direkt auf Ihren nächsten Ausraster zu.

Beim Innehalten geht es nicht darum, einen Plan zu entwerfen für das, was Sie jetzt tun sollen, sondern darum, Ihr parasympathisches Nervensystem, das Ihre Knöpfe abkühlt, zu aktivieren und für dieses Abkühlen ein wenig Zeit zu gewinnen. Gehen Sie zur anderen Seite des Raums, holen Sie tief Luft, legen Sie eine Hand flach vor sich auf den Tisch und fahren Sie die Konturen dieser Hand mit den Fingern der anderen nach. Tun Sie, was auch immer nötig ist, um in der Pause zu verharren, denn dort finden Sie die Antwort auf die Frage, die sich Eltern bis in alle Ewigkeit immer wieder stellen werden: *Was um alles in der Welt soll ich jetzt tun?*

Die Antwort ist einfach: etwas ganz anderes.

Etwas ganz anderes tun

Sobald Sie sich bewusstgemacht haben, dass Sie im Expresszug auf einen Ausraster zudonnern, und dann die Pausentaste drücken, müssen Sie nur noch etwas ganz anderes tun als auszurasten. Dieses Umschalten auf etwas anderes a) wirkt beruhigend, b) mildert den Zeitdruck und c) lenkt die Spannungsenergie, die sich aufgebaut hat, in eine andere Richtung um. Sie können das direkt angehen, indem Sie einige tiefe Atemzüge machen, beten oder still werden. Oder Sie können es indirekt erreichen, indem Sie die ganze getriggerte Energie in eine andere Handlung als einen Ausraster umleiten. Es gibt hier kein Richtig und Falsch. Die Kunst besteht darin, sich etwas auszusuchen, das für Sie und Ihre Familie funktioniert. Mit »funktionieren« meine ich: Es hilft Ihnen, nicht zu explodieren.

Ich nenne ein paar Punkte, an denen Sie sich bei der Suche nach etwas, das funktioniert, orientieren können:

- **Sie bekommen Übung in dem, was Sie gerade tun**, ganz gleich, ob es etwas ist, in dem Sie besser werden wollen, oder nicht. Wenn Sie beispielsweise die Kinder nicht mehr so oft anschreien wollen, ist es keine gute Idee, in ein Kissen hineinzubrüllen. Das ist zwar besser, als die Kinder anzuschreien, aber es empfiehlt sich nicht, sich in irgendeiner Art von Schreien zu üben, denn damit steigt das Risiko, dass Sie das nächste Mal, wenn Sie die Geduld verlieren, eben wieder ins Schreien verfallen.

- **Wählen Sie nichts, was triggern könnte.** Vielleicht verspüren Sie den Impuls, nach einer Weinflasche oder Ihrem Handy zu greifen. Beides wird aber vermutlich nicht beruhigend, sondern anregend wirken, sodass Sie damit nur die Triggerphase verlängern. Wählen Sie stattdessen etwas, mit dem Sie tatsächlich Druck abbauen können.
- **Machen Sie das Beste aus dem, was Sie haben.** Es geht nicht um Perfektion, sondern einfach nur darum, nicht auszurasten.

Ja, gut – aber was genau soll ich jetzt also tun?

Sobald Ihnen bewusst wird, dass Sie drauf und dran sind, die Nerven zu verlieren, halten Sie so lange inne, bis Ihnen etwas ganz anderes eingefallen ist, was Sie tun können. Solange das etwas ist, in dem Sie sich gern üben und das Sie nicht noch stärker triggert, sind Sie auf der sicheren Seite. Mitten in einem Krisenmoment auf neue Ideen zu kommen kann aber schwierig sein. Deshalb mache ich Ihnen im Folgenden einige Vorschläge, zu denen Sie noch eigene Ideen hinzufügen können.

ATMEN. Ich weiß, ich reite auf dieser Sache mit dem Atmen ein wenig herum, aber sie funktioniert auch wirklich. Außerdem können Sie nicht ruhig atmen und gleichzeitig schreien, und das ist gut.

GEHEN SIE WEG. Solange das Kind an einem sicheren Ort ist, können Sie kurz von ihm weggehen. Wenn es einen spektakulären

Wutanfall hinlegt, gehen Sie besser auf Abstand als ihm auf die Pelle zu rücken. Ich habe Ihnen von jenem Abend erzählt, an dem ich meine Mädchen vor dem Fernseher parkte, weil das außer Anschreien das Einzige war, was mir einfiel. Es hat funktioniert. Machen Sie also das Beste aus dem, was Sie haben, und verschaffen Sie sich möglichst ein wenig Freiraum, wenn das notwendig ist.

SCHWEIGEN SIE. Falls Sie sich ziemlich sicher sind, dass aus Ihrem Mund nichts Gutes rauskommen wird, machen Sie ihn besser erst gar nicht auf. Wenn Sie sich wirklich nicht beherrschen können, halten Sie sich den Mund zu. Dann wird Ihre Wut zumindest akustisch etwas abgedämpft, und was Sie sagen, klingt nicht ganz so toxisch.

ORDNEN SIE IHRE GEDANKEN. Wenn Sie feststellen, dass Ihnen lauter gereizte und verärgerte Gedanken über Ihre Kinder, Ihren Partner oder wen auch immer durch den Kopf gehen, sollten Sie alles dafür tun, Abstand von den Gedanken zu gewinnen. Das wird Ihnen helfen, ruhiger zu werden. In Kapitel 6 (Seite 145) habe ich einige entsprechende Strategien vorgestellt.

BEWEGEN SIE SICH, machen Sie Dehnübungen. Ihr Nervensystem ist im Alarmzustand und aktionsbereit, also warum nicht körperlich aktiv werden? Machen Sie ein paar Liegestütze. Hüpfen Sie auf einem Bein. Üben Sie den Herabschauenden Hund. Steigen Sie 27-mal die Treppe rauf und runter. Jetzt, da meine Mädchen schon größer sind, renne ich manchmal ein paar Runden ums Haus und komme dann wieder rein. (Ich sage ihnen dann, dass ich frische Luft brauche, um mich zu beruhigen, dass ich gleich zurück bin und dass sie mir besser nicht folgen, wenn sie wissen, was gut für sie ist.)

LEGEN SIE IHRE HÄNDE FLACH AUF DEN TISCH oder spüren Sie Ihre Füße auf dem Boden. Die Haut in Kontakt mit einer harten Oberfläche zu bringen hilft Ihnen, sich zu erden und ruhiger zu werden.

ERKLÄREN SIE, was mit Ihnen los ist, aber übertreiben Sie's nicht. Den Kindern zu sagen, was geschehen könnte, ist ein sehr gutes Mittel, Spannung abzubauen. Versuchen Sie es mit etwas wie: »Ich bin ziemlich gestresst und kurz davor, euch auszuschimpfen. Ich muss mich beruhigen. Ihr könnt zusammen mit mir ruhig ein- und ausatmen, aber wenn ihr anfangt zu nörgeln oder zu jammern, reiße ich euch wahrscheinlich den Kopf ab.« (Sie können meine Formulierung gern übernehmen, sollten Ihren Kindern dann aber möglicherweise erklären, dass Sie ihnen nicht wirklich den Kopf abreißen werden. Ich habe das einmal weggelassen, und sie waren dann völlig verstört.) Sie untergraben damit nicht Ihre Autorität, sondern führen den Kindern eine Strategie vor, die sie irgendwann für sich selbst nutzen können.

WIEDERHOLEN SIE IHR MANTRA. Manche erhalten ein Mantra von einem Guru oder einer spirituellen Lehrerin. Sie können sich aber auch selbst eins aussuchen, das Ihnen gefällt. Es kommt nicht darauf an, was das für ein Wort oder Satz ist, ob es überhaupt etwas bedeutet oder woher Sie es haben, solange es Ihnen nur hilft, sich zu beruhigen, und Sie nicht weiter triggert. Das Mantra könnte zum Beispiel »Lass los« sein oder auch »Hakuna Matata«, der Song aus *König der Löwen*, falls Sie nicht einen Hass auf alles haben, was von Disney kommt. (Mein aktuelles Mantra ist »Shama lama ding dong«, aus einem Song von Otis Day and the Knights in dem Film *Ich glaub, mich tritt ein Pferd.)*

LEGEN SIE MUSIK AUF, und los geht's mit dem Popowackeln. Singen Sie, falls es sein muss, aus vollem Hals.

SEIEN SIE ALBERN. Humor kommt in der Kindererziehung leider viel zu wenig zum Einsatz, denn manche Eltern befürchten, damit die eigene Autorität zu beschädigen. Diese Gefahr besteht aber gar nicht. Vielmehr bringen Sie den Kindern damit eine wirksame Strategie im Umgang mit schwierigen Situationen nahe. Vielleicht bringen Sie sie sogar zum Lachen, was Ihnen dann hilft, die Verbindung zu ihnen schneller wiederherzustellen. Also nur zu. Erzählen Sie einen Witz. Schneiden Sie eine Grimasse. Werfen Sie sich in Pose. Trällern Sie eine schreckliche Arie. Krümmen Sie sich wie ein Wurm. Ich mache oft den Mund auf, als wolle ich losschreien, und quietsche dann herum oder singe irgendwas, plappere Unsinn oder werfe die Arme hoch, als wäre mir alles egal. Wenn ich wirklich das Bedürfnis verspüre, zu schreien, eignet sich ein »Ay, caramba!« dafür recht gut. Allerdings erinnert mich das dann daran, dass meine Töchter noch nie *Die Simpsons* gesehen haben, was ich als ein massives elterliches Versagen werten muss. Noch eine Anmerkung zu Humor als einer Strategie, etwas ganz anderes zu tun: Seien Sie vorsichtig mit Sarkasmus. Es wäre ein ungünstiger Zeitpunkt dafür, Ihre Kinder zu necken, über sie zu spotten, zu sticheln oder sich in irgendeiner Weise über sie lustig zu machen. So etwas kommt in einer angespannten Situation oft falsch rüber und verschärft sie noch.

GEHEN SIE LIEBEVOLL MIT SICH UM. Betrachten Sie sich selbst mit ein wenig Nachsicht und Mitgefühl. Rufen Sie sich in Erinnerung, dass Kindererziehung eine anstrengende Aufgabe ist und dass das so in Ordnung ist. Halten Sie sich vor Augen, dass auch andere Eltern gegenüber ihren Kindern ausrasten und dass Sie nicht perfekt sein müssen.

MACHEN SIE EINE LISTE Ihrer »Etwas ganz anderes tun«-Strategien. Kleben Sie die Liste an den Kühlschrank, den Badezimmerspiegel, ans Armaturenbrett oder, in Spiegelschrift, auf die eigene Stirn. Das hilft Ihnen, wenn Sie zwar merken, dass Sie kurz vorm Ausrasten sind, aber zu aufgewühlt oder durcheinander sind, um sich an die ganz anderen Dinge zu erinnern, die Sie stattdessen tun können.

Bewusst wahrnehmen, innehalten und etwas ganz anderes tun. Das ist alles, was Sie brauchen, um nicht auszurasten. Es ist ein simples Rezept, aber nicht einfach umzusetzen. Durch Übung wird es Ihnen mit der Zeit zum Glück viel leichter fallen. Ums Üben kommen Sie nicht herum. Geben Sie nicht auf, wenn Sie das Gefühl haben, dass es die ersten zwei oder zwölf Male nicht klappen will. Es ist wie Laufenlernen oder eine Fremdsprache lernen: Immer wieder hinfallen oder herumstottern gehören zum Lernprozess und sind kein Grund zum Aufgeben.

Trotzdem werden Sie ab und zu immer noch ausrasten. Häufigkeit und Intensität werden abnehmen, aber es wird wieder vorkommen. Diese Dynamik ist etwas ganz Normales. Erziehungsexperten haben dafür eine Kurzformel geprägt: *Krise, Bearbeitung, Wiederholung.* Wie Sie mit der Zeit unmittelbar nach einem Ausraster umgehen, wirkt sich in starkem Maße auf die Wahrscheinlichkeit aus, dass die Szene sich bald wiederholen wird. Es kann sein, dass Sie nach einem Ausraster noch ganz unter dem Einfluss von Triggern stehen und Ihre Knöpfe weiterhin hochempfindlich sind. Oder Sie sind am Ende wesentlich gelassener als vorher, sodass die aktuelle Wiederholungsgefahr viel geringer ist. Diese Gelassenheit will ich im folgenden Kapitel (Seite 204) in den Blick nehmen.

9 Wenn der Sturm sich legt

Sie erfahren hier, was dann zählt: freundlich sein, neugierig sein, die Dinge wieder ins Lot bringen.

Sie sind also doch wieder ausgerastet. Was nun? Bei den meisten Eltern ist eine der drei folgenden Reaktionen zu beobachten, wenn die Explosion vorüber ist: Manche versinken in Scham und quälen sich mit Selbstvorwürfen und Schuldgefühlen. Vermutlich kennen Sie das Muster: »Ich bin eine schreckliche Mutter / ein schrecklicher Vater und drauf und dran, an der wichtigsten Aufgabe in meinem Leben zu scheitern. Ich mache das ganz schlecht, und aus meinen Kindern können nie zufriedene, lebenstüchtige Erwachsene werden.«

Andere Eltern überschlagen sich geradezu in dem Bemühen, die Beziehung zu den Kindern weder zurechtzurücken. Sie bitten sie zum Beispiel wortreich um Entschuldigung, gestehen ihnen fünfzehn Minuten mehr Bildschirmzeit oder bieten ihnen einen zweiten Nachtisch an, ohne je darüber zu sprechen, was passiert ist und warum es passiert ist.

Die dritte Gruppe von Eltern verlegt sich auf Ausweichstrategien. Sie versuchen ihr Verhalten zu rechtfertigen, zu begründen, zu erklären oder herunterzuspielen, so als sei das Ausrasten doch eigentlich gar nicht so unvernünftig gewesen: Mein Herumschreien war ja gar nicht so schlimm, aber das Kind hat sich total quergestellt, und außerdem ist der Flug meines Partners gestrichen worden, und ich hatte mit meiner besten Freundin ein total seltsames Gespräch, aus dem ich immer noch nicht schlau werde, und das Knie tut mir wieder weh, und das Kind hat sich wirklich ganz besonders schrecklich aufgeführt und bla bla bla bla. Außerdem muss die Spülmaschine ausgeräumt werden, und ich muss schauen, dass zum Abendessen etwas auf dem Tisch steht. Und im Moment spinnt ja niemand rum, also können wir jetzt auch einfach weitermachen, oder etwa nicht?

Für sich genommen sind die genannten Punkte nicht unbedingt falsch. Kinder führen sich manchmal schrecklich auf, das stimmt. Wir Eltern haben oft gute Gründe, gestresst und überfordert zu sein. Und die verdammte Spülmaschine muss irgendwann tatsächlich ausgeräumt werden, und es gibt Schlimmeres, als das Kind mit einer Süßigkeit zu erfreuen, stimmt's? An all dem mag was dran sein, aber es geht an der Sache vorbei.

— Wir Eltern haben oft gute Gründe, gestresst und überfordert zu sein. —

Der springende Punkt ist, dass die drei vorgestellten Reaktionsmuster nicht gerade die geschicktesten Strategien sind, um einen Ausraster zu verarbeiten, und zwar aus mehreren Gründen.

Wer in Schuldgefühlen versinkt und sich die Hölle mit Selbstvorwürfen heißt macht, fühlt sich schrecklich und zieht sich damit noch weiter herunter. Scham ist eine emotionale Sackgasse: Wir sitzen in der Falle und wissen nicht, wie es weitergehen soll. Das ist wiederum ein starker Trigger, der die Gefahr birgt, dass Sie wieder in dieselben unseligen Verhaltensweisen verfallen, die Sie sich zum Vorwurf machen. Auch aus den genannten Ausweichstrategien ergeben sich keine Einsichten in das, was geschehen ist oder was Sie beim nächsten Mal anders machen können, sondern sie zehren nur an Ihren Kräften. Und das ist, Sie ahnen es, ein weiterer starker Trigger.

Ihre Ausraster unter den Teppich zu kehren mag Ihnen helfen, sich fürs Erste zu beruhigen, doch es ermöglicht keine Veränderung, keine Weiterentwicklung, kein Heilen von Wunden. Noch schlimmer wird die Situation, wenn durch alles, womit Sie sich abzulenken versuchen (Smartphone, Schokolade, Wein und so weiter), noch weitere potenzielle Triggereffekte hinzukommen.

Und leider wird es Ihnen dadurch, dass Sie das Kind jetzt verwöhnen, nicht leichter fallen, einen Ausraster abzuwenden, wenn es Ihre Knöpfe drückt. Kurzfristig fühlen Sie sich vielleicht beide besser, doch meine Lebenserfahrung sagt mir, dass sich am Boden eines Eisbechers mit Schokosoße keine sinnvollen Strategien oder Lösungen verbergen.

Wenn der Sturm sich nun also legt

Vielleicht erwarten Sie jetzt, dass ich Ihnen eine Reihe von Vorschlägen dafür mache, wie Sie, wenn Ihnen völlig die Nerven durchgegangen sind, die Verbindung zu Ihrem Kind wieder stärken können. Falsch gedacht. So wie sich die Vorbeugemaßnahmen gegen Ausraster nicht um das Kind drehen, so kann auch die Bewältigung von Ausrastern nicht bei ihm beginnen. Es geht vielmehr um Sie und Ihre Trigger und Knöpfe, und da müssen wir ansetzen.

Der erste Schritt ist, ruhig zu werden. Er ist nicht verhandelbar. Ihr Körper ist mit Stresshormonen geflutet worden, und es braucht eine gewisse Zeit, bis Ihr parasympathisches Nervensystem anspringt, Energie von Ihren Knöpfen abzieht und den erwachsenen Teil Ihres Gehirns zurück ins Spiel bringt. Wenn Sie, solange Sie noch ganz unter der Wirkung von Triggern stehen, schon die Verbindung zu Ihrem Kind wiederherzustellen versuchen, ist die Gefahr groß, dass es Ihre nach wie vor hochempfindlichen Knöpfe drückt und Sie am Ende nicht mit ihm kuscheln, sondern es anfauchen. Ziehen Sie also Ihre eigene Sauerstoffmaske über und kümmern Sie sich zuallererst um sich selbst.

Es gibt zahllose Möglichkeiten, ruhiger zu werden. Atmen, sich strecken, nach draußen gehen und Klarheit in Ihr Denken bringen hilft Ihnen, den dahinrasenden Zug abzubremsen. Auch die Punkte auf Ihrer Liste »Ganz andere Dinge, die ich tun kann, anstatt auszurasten« sind von Nutzen. Experimentieren Sie mit einigen davon und finden Sie heraus, was für Sie funktioniert. Ich empfehle Ihnen außerdem zwei simple Strategien, die ganz bestimmt hinhauen werden: Selbstmitgefühl und Neugier. Sie sind nicht nur angenehmer, als sich selbst herunterzuputzen, sondern auch wirkungsvoller.

Selbstmitgefühl: Freundlichkeit kann sehr viel ausrichten

In Kapitel 5 »Darum kommen Sie nicht herum« (Seite 119) haben wir uns mit dem Thema Selbstmitgefühl befasst, und ich hoffe, Sie stehen seither täglich vor dem Spiegel und sagen sich, wie Stuart Smalley, extrem positive, aufbauende und selbstbejahende schöne Sätze. Kleiner Witz.

Nun im Ernst: Ich hoffe, Sie haben ein wenig geübt, wann immer möglich viel freundlicher mit sich selbst umzugehen. Falls ja, haben Sie vielleicht bemerkt, wie oft Sie sich selbst in Gedanken runtermachen. Solche Momente bewusst wahrzunehmen ist der erste Schritt. Sobald Ihnen klar wird, wie übel Sie mit sich selbst umspringen, können Sie sich dafür entscheiden, es anders zu machen und sich immer wieder zu sagen:

- Kindererziehung ist für alle Menschen eine schwere Aufgabe.
- Es ist okay, Fehler zu machen.
- Mit sich selbst in freundlichem Ton zu sprechen und nett zu sich zu sein ist das wirksamste Mittel, Ausrastern vorzubeugen.

Falls Sie es seit Jahren gewöhnt sind, genau das Gegenteil zu tun, wird Mitgefühl mit sich selbst eine größere gedankliche Umstellung für Sie bedeuten. Selbstmitgefühl wird Ihnen zunächst nicht leichtfallen, und nach einem Ausraster ist es besonders schwer aufzubringen. Geben Sie also Ihr Bestes und vergessen Sie nicht: *Es gibt keinen Grund, sich für Ausraster gegenüber den Kindern selbst zu bestrafen.* Dadurch wird nichts besser. Die Selbstbestrafung wird Sie mit ziemlicher Sicherheit sogar noch stärker triggern, sodass die Wahrscheinlichkeit steigt, dass Sie wieder explodieren. Mitgefühl mit sich selbst zu entwickeln bedeutet nicht, das jeweilige Problem zu ignorieren oder sich selbst alles durchgehen zu lassen, sondern bewusst wahrzunehmen, dass Sie schwer zu kämpfen haben, sich in Erinnerung zu rufen, dass Sie nicht allein sind, und sich selbst freundlich zu behandeln. Es bedeutet, den Kopf freizubekommen, damit Sie klarer denken und bessere Entscheidungen treffen können. Lassen Sie uns also besser diesen Weg einschlagen.

Neugier: Nicht nur etwas für Kinder

Es gibt noch einen anderen Trick, der Ihnen hilft, zu mehr Gelassenheit zu finden, und er ist wirklich clever: Entwickeln Sie Neugier auf sich selbst, auf Ihre Trigger und, ja, auf Ihre Ausraster. Auf diese Weise bringen Sie den erwachsenen Teil Ihres Gehirns ins Spiel, begegnen sich selbst mit Mitgefühl und gewinnen Klarheit darüber, was schiefgelaufen ist und was Sie beim nächsten Mal anders machen können. Das ist so ziemlich das Gegenteil davon, sich mit Selbstvorwürfen zu quälen, die Probleme wegzuerklären oder sich einfach in sich selbst zurückzuziehen. Denken Sie an das letzte Mal, als jemand echtes Interesse an Ihrem Leben gezeigt hat und neugierig war, was Sie schon alles durchgemacht haben, ohne dass er vorschnell über Sie urteilte. Das hat sich gut angefühlt, nicht wahr? Ich vermute, Sie waren hinterher gelassener und zuversichtlicher und fühlten sich besser dafür gerüstet, Neues zu wagen. Glücklicherweise können wir dieselbe interessierte Haltung auch uns selbst gegenüber einnehmen.

Fragen vor, während oder nach einem Ausraster

Wenn Sie sich so weit beruhigt haben, dass Sie das Gefühl haben, wieder einigermaßen klar zu denken, könnten sich die folgenden neugierigen Fragen an sich selbst als hilfreich erweisen:

- Was denke ich gerade? Was fühle ich gerade?
- Was geht in meinem Körper vor sich? Bin ich erschöpft? Tut mir etwas weh? Brauche ich etwas zu essen, zu trinken, einen Koffeinschub?
- Auf welche Trigger reagiere ich gerade? Was geht außerdem in meinem Leben vor sich?
- Ist die Tageszeit oder die Zeit des Jahres für die Situation von Bedeutung, in der ich mich befinde? Gibt es bevorstehende wichtige Ereignisse, die mich möglicherweise unter Druck setzen?
- Wie kann ich erreichen, dass ich ruhiger werde? Was brauche ich im Moment? Was kann ich beiseitelegen oder aufschieben, und sei es nur für ein paar Minuten?
- Was brauchen meine Kinder gerade? Warum drücken sie auf meinen Knöpfen herum? Sind sie müde oder hungrig, werden sie gerade krank? Haben sie derzeit wichtige Übergangsphasen, Veränderungen oder Entwicklungsschritte zu bewältigen?
- An wen kann ich mich per Telefon oder Textnachricht wenden, um Hilfe zu bekommen oder um eine kleine Auszeit nehmen zu können?

Neugier ist eine Haltung, die viel bewirken kann, nicht nur weil sie per se freundlich ist, sondern auch, weil es uns mit ihr am besten gelingen kann, Informationen über das zu gewinnen, was bei einem Ausraster eigentlich passiert ist. Möglicherweise reaktiviert Ihr Gehirn alte und wenig hilfreiche Denkmuster, denen zufolge Sie einfach unfähig sind und Ihr Kind ein nichtsnutziger Rabauke ist. Doch Sie wissen es jetzt besser. Sie werden diesen Köder nicht schlucken! Wenn Sie sich stattdessen ein wenig Zeit nehmen, um neugierig zu betrachten und zu erkunden, was Sie gerade fühlen, denken und erleben, dann fällt Ihnen zum Beispiel wieder ein, dass Sie ja in den letzten drei Tagen viel zu wenig Schlaf bekommen haben oder dass Ihre Eltern Ihnen mit unzähligen Textnachrichten zu ihrem jährlichen Adventskaffeekränzchen auf die Nerven gegangen sind. Sobald Ihnen das klar wird, können Sie den Entschluss fassen, das Handy eine Weile stummzustellen und sich hinzulegen. Das ist wesentlich sinnvoller, als sich in Selbstmitleid zu suhlen.

Neugier ist aber auch ein tolles Mittel, sich aus einem Tief herauszuarbeiten. Jedes Mal, wenn Sie in einer mürrischen, gedrückten oder ärgerlichen Stimmung feststecken, Ihre Knöpfe weithin sichtbar funkeln und Sie kurz vorm Explodieren sind, sollten Sie neugierig werden auf, nun ja, so ziemlich alles. Falls Sie zu angespannt sind, um überhaupt einigermaßen klar erkennen zu können, was Sie gerade fühlen oder tun, sollten Sie alles daransetzen, den neugierigen Part Ihres Gehirns zu mobilisieren. Lösen Sie Rätselaufgaben, legen Sie ein Puzzle oder fegen Sie den Boden. (Ja, den Boden fegen ist eine Übung in Neugier, vor allem wenn Sie mit Kindern zusammenleben. Sie müssen schon extrem sorgfältig auf den Boden schauen, wenn Sie ihn anschließend nicht noch dreimal fegen wollen.) Selbst wenn Sie dabei keine gehaltvollen Informationen aufnehmen, kühlen Sie doch Ihre Knöpfe ab. Neugier ist, ebenso wie Mitgefühl, eine Funktion des präfrontalen Kortex. Wenn Sie auf etwas neugierig werden, fahren Sie genau den Teil Ihres Gehirns hoch, der Ihnen hilft, nicht wieder auszurasten.

— *Neugier ist ein tolles Mittel, sich aus einem Tief herauszuarbeiten.* —

Erkunden Sie, sobald Sie sich hinreichend beruhigt haben, mit Neugier an Ihre Körperempfindungen, Ihre Gefühle und Ihre Gedanken. Waren Ihre Schultern vor dem Ausrasten angespannt? Hatten Sie Fluchtfantasien, vielleicht von einem Ausflug an den Strand, ganz allein? Oder wurden Sie sehr nervös und reizbar und redeten dem Kind ständig in alles hinein, was es tat? Versuchen Sie, nicht zu werten, was Sie herausfinden, und sich nicht über sich selbst zu ärgern. Nehmen Sie einfach nur alles bewusst wahr, und bleiben Sie neugierig. Wenn Sie Einblicke in das gewinnen, was bei Ihnen jeweils abläuft, wenn Sie explodieren, werden Sie besser verstehen, worauf Sie in Zukunft achten müssen – so etwa auf die Warnzeichen, die Ihnen vor einem drohenden Ausraster signalisieren, dass es an der Zeit ist, Ihre Knöpfe abzukühlen.

Je häufiger Sie sich in Neugier üben, desto leichter stellt sich diese Haltung ein. Vergessen Sie nicht, dass es darauf ankommt, freundlich zu sich selbst zu sein. Es geht also nicht um die Klärung von Fragen wie »Was zum Teufel stimmt denn mit mir nicht?« oder »Wie kann es sein, dass ich das schon wieder verbockt habe?« Zweck der Übung ist nicht, sich selbst wie einen Verdächtigen in die Mangel zu nehmen, um herauszubekommen, was schiefgelaufen ist. Wenn Sie das Gefühl bekommen, dass ein Teil von Ihnen auf der Anklagebank sitzt und der andere ihm gnadenlos die Hölle heiß macht, gehen Sie noch einmal den Abschnitt zu Selbstmitgefühl durch.

Neugier ist ein entscheidender erster Schritt, und damit er Früchte tragen kann, müssen Sie sich selbst ernst nehmen. Blenden Sie die eigenen Bedürfnisse nicht aus. Wenn Sie das letzte Mal vor zwölf Stunden pinkeln waren, es aber immer weiter aufschieben und sich fast schon in die Hosen machen, ist es verständlicherweise schwierig, nicht die Geduld mit den Kindern zu verlieren. Wenn Sie merken, dass

Sie sich durch die Tage quälen und sich dabei einsam, gestresst und überfordert fühlen, sollten Sie sich Hilfe suchen und mit jemandem reden. Und wenn sich eine Ahnung in Ihnen regt, dass Ihr Ausraster etwas mit Erfahrungen in der Vergangenheit zu tun haben könnte, sollten Sie das nicht ausblenden oder so tun, als sei dieses Empfinden Unsinn. Denn was immer es auch ist: Es wird Sie unbarmherzig weiter plagen, bis Sie sich damit auseinandersetzen.

Diese Erkundungsarbeit kann sich unter Umständen unerhört schwierig gestalten. Allein schon herauszufinden, welche Fragen Sie stellen müssen, kann Ihnen viel abverlangen. Es ist okay, wenn Sie das nicht wissen, und Sie müssen auch nicht allein darauf kommen. Ratschläge zur Kindererziehung zu lesen und ein Tagebuch zu führen kann Ihnen helfen, Ihre Erfahrungen zu reflektieren. Vergessen Sie nicht, dass es Fachleute gibt, an die Sie sich wenden können. Es gehört zum Beruf einer Beraterin, eines Coachs, einer Therapeutin oder eines Geistlichen, neugierig zu sein, und wenn Sie den richtigen oder die richtige finden, werden Sie sich nicht kritisch beäugt oder gar wie in einem Verhör vorkommen, sondern gut aufgehoben fühlen.

Wie Sie die Beziehung zum Kind wieder stärken können

Ich hatte Ihnen versprochen, darauf zu sprechen zu kommen, wie Sie nach einem Ausraster die Beziehung zum Kind wieder einrenken können. Dieses Buch dreht sich zwar um Sie und nicht um die Kinder, doch jetzt möchte ich doch über die Kinder reden.

Wie Sie nach einem massiven Ausraster wieder Kontakt zu den Kindern aufnehmen, ist von entscheidender Bedeutung. Ein Ausraster ist für alle Beteiligten verstörend und verwirrend, und die Kinder sind hinterher ebenso getriggert wie Sie. Weil ihr Nervensystem noch in Entwicklung begriffen ist, können Dauerstress und häufige Krisen in der Beziehung zu Ihnen schädliche Langzeitwirkungen haben. Damit die Kinder sich sicher und geborgen fühlen können, ist es wichtig, die Beziehung zu ihnen von neuem zu stärken. Dies wird nicht nur Ihnen helfen, ruhiger zu werden, sondern auch den Kindern. Ein Kind, auf das Trigger einwirken, neigt eher dazu, nach Ihren Knöpfen Ausschau zu halten. Das ist natürlich nicht in Ihrem Sinne, vor allem wenn Sie alles daran setzen, weitere Ausraster zu verhindern. Wenn Sie mit Ihrem Kind über das sprechen, was geschehen ist, können Sie verhindern, dass es alle möglichen falschen Vorstellungen entwickelt, etwa dass das alles seine Schuld war oder dass es böse ist.

Es gibt eine Million Möglichkeiten, die Verbindung zum Kind wiederherzustellen. Ein guter Anfang ist, das Kind um Verzeihung zu bitten. Sie können sich übrigens absolut sicher sein, dass Sie damit weder Ihre Autorität untergraben noch die Machtverhältnisse in der Familie durcheinanderbringen. Ihre Bitte wird die Beziehung zum Kind stärken und seinen Respekt vor Ihnen festigen. Außerdem führen Sie ihm damit eine Verhaltensweise vor, die Sie ihm gerne beibringen möchten, und das ist nur zu begrüßen.

Wenn Sie das Kind bitten, Ihnen zu verzeihen, sagen Sie damit nicht, dass es die ganze Zeit ein Engel war oder Ihre Knöpfe gar nicht gedrückt hat, und schließen auch nicht aus, dass Sie mit ihm noch darüber reden wollen, was Ihnen missfallen hat, und ihm vielleicht sogar neue Regeln vorgeben werden. Für den Moment müssen Sie diese Aspekte aber ignorieren. Solange sein Gehirn noch mit Stresshormonen geflutet ist, kann das Kind nicht aufnehmen, was Sie ihm zu vermitteln versuchen. Schieben Sie die ernste Unterhaltung auf, bis sich alle wieder gefangen haben. Es gibt dafür einen einfachen Merksatz: *Vor dem Einschlagen einer neuen Richtung die Verbindung wiederherstellen.* Kommen Sie also runter, bitten Sie Ihr Kind um Entschuldigung und stehen Sie zu dem Mist, den Sie gebaut haben.

Es sollte aber besser nicht wie folgt klingen:

»Tut mir leid, wenn ich laut geworden bin, aber ich habe dir ja schon eine Million Mal gesagt, du sollst den verdammten Ball nicht durch die Wohnung kicken, und du hast einfach nicht zugehört.«

»Tut mir leid, dass ich wütend geworden bin, aber du gehst mir wirklich auf die Nerven, und was willst du eigentlich von mir?«

Ein »Tut mir leid« macht aus einem Satz noch keine echte Entschuldigung. Solche Pseudo-Entschuldigungen sind nur verkappte Fortsetzungen eines Ausrasters. Das ist Ihnen ebenso klar wie mir, und auch Ihr Kind weiß es, auch wenn es das nicht in Worte fassen könnte. Wenn Sie solche Sätze von sich geben, ist es wahrscheinlich höchste Zeit, bewusst wahrzunehmen, innezuhalten und etwas ganz anderes zu tun. Sobald Sie sich wirklich beruhigt haben, sind Sie so weit, dass Sie eine echte Bitte um Entschuldigung äußern können. Sie besteht meistens aus drei Elementen:

1. Übernehmen Sie Verantwortung für Ihr Verhalten und für Ihre Rolle in der Situation, wie auch immer sie aussah.

2. Sagen Sie, dass es Ihnen leidtut. Einfach so.

3. Schlagen Sie vor, wie es jetzt weitergehen soll. Erklären Sie, was Sie anders machen werden und inwiefern das hilfreich sein dürfte.

So könnte sich das dann anhören: »Tut mir leid, dass ich dich angeschrien habe. Ich war sauer, weil du deine Schuhe nicht angezogen hast. Das Schreien war aber nicht gut, und ich bitte dich um Entschuldigung dafür. Vielleicht können wir versuchen, ein Team zu sein und uns gegenseitig zu helfen: Du gibst dir Mühe, gut zuzuhören, und ich gebe mir Mühe, nicht wieder zu schreien. Wie hört sich das an?«

Noch ein paar weitere Hinweise:

- **Sie können Ihre Gefühle immer aussprechen**, müssen sich aber nie für sie entschuldigen. Sagen Sie nicht, es tue Ihnen leid, dass Sie zum Beispiel missmutig, frustriert oder fix und fertig sind. An einer Emotion gibt es niemals etwas auszusetzen, selbst wenn sie abstoßend oder unerträglich ist. Wofür Sie aber möglicherweise um Verzeihung bitten müssen, ist Ihr Verhalten. Diese Unterscheidung zwischen

Fühlen und *Handeln* ist sowohl für Sie selbst als auch für das Kind bedeutsam. Problematische Empfindungen zulassen zu können, sich im Handeln aber nicht an ihnen zu orientieren ist eine wichtige Fähigkeit (und, da Sie dieses Buch lesen, vermutlich eine, in der Sie mehr Übung gebrauchen könnten).

- **Versprechen Sie nichts, was Sie nicht halten können.** Behaupten Sie nicht, dass Sie nie mehr ausrasten werden, denn das ist einigermaßen unwahrscheinlich. (Ja, leider. Ich habe dieses verdammte Buch geschrieben, und trotzdem raste ich manchmal immer noch aus.) Sie sollten aber einen Plan entwerfen, wie es weitergehen soll. Wenn alle Beteiligten eine Vorstellung davon haben, wie die nächsten Schritte aussehen werden, sind sie gelassener und fühlen sich sicherer. Es geht hier freilich nicht um den großen Lebensplan, sondern nur darum, wie wir zusammen die Zeit überstehen, bis das Kind im Bett ist.
- **Widerstehen Sie dem Drang,** zu viel zu reden oder zu viel zu erklären. Sagen Sie möglichst prägnant und klar, was zu sagen ist. Zu viele Worte oder Erklärungen sorgen für Unklarheit und verunsichern Ihr Kind. Sie können nicht ganz nachvollziehen, was ich meine? Denken sie an Fräulein Othmar, die Lehrerin aus den Peanuts-Comics. Sie gibt nur *Wah-wah*-Laute von sich. Mehr kommt bei Ihrem Kind, wenn es noch innerlich aufgewühlt ist, auch nicht an, wenn Sie mit ihm reden. Wenn der Sturm vorüber ist und alle wieder locker und entspannt sind, werden Sie Zeit finden, mit ihm, falls das wichtig ist, über seine Rolle bei dem Ganzen zu sprechen.
- **Wenn es Ihnen schwerfällt, um Verzeihung zu bitten,** ist das okay. Das geht vielen so. Durch Übung wird es leichter, und vermutlich werden Sie noch viele Gelegenheiten zum Üben bekommen. Wenn Sie sich extrem schwertun, können Sie versuchen, dabei *keinen* Blickkontakt aufzuneh-

men. Setzen Sie sich neben Ihr Kind auf die Couch. Stehen Sie in seiner Nähe am Esszimmertisch. Sprechen Sie im Auto mit ihm. Wenn Sie nahe bei ihm sind, ohne es anzustarren oder ihm auf die Pelle zu rücken, dämpft das die Intensität des Augenblicks ein wenig ab, was oft hilfreich ist.

- **Erwarten Sie eine bestimmte Reaktion von Ihrem Kind** wie etwa eine Entschuldigung oder eine Umarmung? Dann machen Sie sich das bewusst und ob Sie, wenn die Reaktionen ausbleiben, unruhig werden. Falls das so ist, stehen Sie wahrscheinlich immer noch unter dem starken Einfluss von Triggern und sind nahe dran, gleich wieder zu explodieren. Geben Sie dem Drang nicht nach, dem Kind vorzuhalten, dass es sich jetzt doch bitte ebenfalls entschuldigen soll, dass es Verantwortung für sein Handeln übernehmen muss und bla bla bla. Eigentlich ist das nur eine andere Form von Ungeduld. Das bringt Sie nicht weiter. Gehen Sie aus dem Zimmer, atmen Sie ein paar Mal tief durch, holen Sie sich ein Glas kaltes Wasser, drehen Sie Musik an und lassen Sie sich ein wenig Zeit, bis Sie ruhiger geworden und bereit für einen neuen Anlauf sind.

Das Wiederanknüpfen in der Beziehung zu Ihrem Kind kann mit der Bitte um Verzeihung beginnen, doch damit ist es vermutlich nicht getan. Inwieweit Sie Ihre Beziehung wieder stärken müssen, hängt davon ab, wie heftig Ihr Ausraster war, wie lang er sich hingezogen hat und wie die Dinge zwischen Ihnen beiden in letzter Zeit gelaufen sind. Haben Sie schöne Stunden zusammen verbracht oder hatten Sie beispielsweise wegen beruflicher, familiärer oder finanzieller Probleme wenig Zeit für das Kind, waren abgelenkt oder gestresst? Je entfernter Sie sich von ihm fühlen, desto mehr müssen Sie daran arbeiten, Ihre Emotionen besser zu regulieren, damit Sie so präsent und geduldig wie möglich sein können.

— *Das Wiederanknüpfen in der Beziehung zu Ihrem Kind kann mit der Bitte um Verzeihung beginnen, doch damit ist es vermutlich nicht getan.* —

Nach einem Krisenmoment können Sie die Verbindung zu Ihrem Kind auf viele Arten wieder stärken. Auf keinen Fall sollten Sie es dabei zwingen, Zeit mit Ihnen zu verbringen. Es geht vielmehr darum, sich auf das Kind *einzustimmen.* Tun Sie Ihr Bestes, um sich in das einzufühlen, was in ihm vor sich geht, und sich an dem zu orientieren, was Sie dabei mitbekommen. Was wissen Sie darüber, wie Ihr Kind auf Stressphasen reagiert und wie es sie zu bewältigen versucht? Was hat dabei in der Vergangenheit funktioniert, was nicht? Haben Sie eine Vorstellung davon, wie es ihm gerade geht, was es braucht und was Ihre Rolle sein sollte? Manche Kinder möchten am liebsten kuscheln, andere würden sich lieber mit einem Spiel oder einem Buch beschäftigen. Vielleicht kann Ihr Kind seine Anspannung auch am besten abbauen, wenn Sie sich mit ihm in die Küche setzen und eine Kleinigkeit essen oder wenn Sie Musik anmachen und mit ihm tanzen.

Andere Kinder wollen ganz für sich sein und malen, lesen oder draußen spielen, vielleicht weil sie einfach eine Pause brauchen, um sich wieder zurechtzufinden und sich zu entspannen, oder weil sie nach wie vor wütend oder durcheinander sind. Respektieren Sie dieses Bedürfnis und lassen Sie Ihrem Kind den nötigen Freiraum. Denken Sie daran, dass es jetzt *nicht um Sie geht.* Es geht darum, die Bedürfnisse des Kindes zu erfassen und auf sie einzugehen.

Andererseits müssen Sie sich aber auch darüber klar werden, was Sie selbst brauchen, und überlegen, wann (nicht ob!) Sie sich um sich selbst kümmern werden. Das ist manchmal ein heikler Balanceakt, doch mit ein wenig Übung wird es Ihnen leichter fallen. Wenn Sie zum Beispiel das Kind um Verzeihung gebeten haben, aber immer noch den starken Einfluss von Triggern spüren, sollten Sie alles tun, was nötig ist, um ein wenig Zeit und Freiraum für sich zu haben. Wenn das aber nicht möglich ist (Sie haben nun mal Kinder zu versorgen ...), gehen Sie am besten alles gaaaaanz langsam an, achten sehr darauf, dass Sie immer nur eine Sache gleichzeitig tun, und machen viele tiefe Atemzüge. Sie werden auch diese Phase überstehen.

Falls es Ihnen möglich ist, sich ein wenig zurückzuziehen, und Ihr Kind alt genug ist, das zu verstehen, sollten Sie es ihm zum Beispiel wie folgt erklären: »Ich bin immer noch müde und ein wenig durcheinander, und ich will nicht, dass ich nochmal anfange zu schreien. Ich brauche ein bisschen Zeit für mich. Kann ich dir ein Buch oder Spielsachen holen, und du beschäftigst dich dann damit, solange ich mich ausruhe?« Sie gehen nicht unfreundlich mit dem Kind um, und Sie drücken sich auch nicht um Ihre Elternpflichten, sondern sorgen für sich selbst, damit Sie Ihren Pflichten besser nachkommen können. Außerdem zeigen Sie dem Kind, wie es das nächste Mal, wenn es auf Trigger anspricht, selbst mit der Situation umgehen kann.

Um die Beziehung zu Ihrem Kind zu schützen und zu pflegen, sollten Sie alles Erforderliche dafür tun, um die Wahrscheinlichkeit weiterer Ausraster zu verringern. Die erwähnte Formel »Krise, Bearbeitung, Wiederholung« beschreibt die Zyklen einer Eltern-Kind-Beziehung zwar treffend, aber wenn es zu allzu vielen toxisch wirkenden Krisen kommt, schwächt das die Verbindung und das Vertrauen zwischen Ihnen beiden, ganz gleich, wie sehr Sie sich darum bemühen, den Schaden wieder gutzumachen. Nehmen Sie sich nach jedem Ausraster ein wenig Zeit, um sich anzuschauen, was da passiert ist. Diese Selbstreflexion ist der entscheidende Schritt, der den Wandel ermöglicht. Auf welche Trigger haben Sie reagiert? Wie läuft es derzeit mit Ihren Abkühlstrategien? Was sollten Sie in den nächsten ein oder zwei Tagen verändern, um besser mit den Triggern klarzukommen oder ihre Wirkung abzumildern und gut für sich zu sorgen? Welche längerfristigen Ziele wollen Sie sich setzen? Seien Sie ehrlich mit sich selbst. Um wirksam handeln zu können, müssen Sie erst einmal akzeptieren, dass Ihre Schwierigkeiten real sind.

Sich selbst zu beschimpfen oder zu verurteilen ist kontraproduktiv. Wenn Sie sich selbst mit Neugier und Mitgefühl betrachten, hilft Ihnen das, die Klarheit und Einsicht zu gewinnen, die Sie brauchen, um vorwärtszugehen. Denken Sie noch einmal daran: Vielleicht mussten Sie die schwierige Aufgabe der Kindererziehung eine Weile lang bewältigen, ohne über geeignete Informationen und Ressourcen und die nötige Unterstützung zu verfügen. Doch das wird sich zum Glück jetzt ändern.

Glückwunsch! Sie haben es bis zum Ende geschafft!

Bitte sehen Sie das als einen weiteren Beleg dafür, dass Sie Ihre Sache als Eltern gut machen, auch wenn der letzte Ausraster vielleicht nicht lange zurückliegt. Ich habe Ihnen viele Informationen präsentiert, angefangen bei den neurowissenschaftlichen Hintergründen des Ausrastens bis hin zu meiner zwar nicht patentierten, aber hochwirksamen Strategie »Bewusst wahrnehmen, innehalten und dann etwas ganz anderes machen«. Ich konnte Sie hoffentlich dazu anregen, einige Veränderungen in Angriff zu nehmen, etwa was Singletasking, Bildschirmzeit oder Unterstützung durch andere angeht. Es macht aber auch nichts, wenn Sie jetzt nicht so recht wissen, wo Sie beginnen sollen. Veränderungen in Gang zu setzen ist schwer, zum Beispiel dann, wenn Sie seit Monaten zu wenig Schlaf bekommen. Weil mir das klar ist, habe ich im Folgenden die Kernpunkte des Buchs zusammengefasst und mache Ihnen Vorschläge, wo Sie am besten ansetzen können. Sie müssen nur umblättern.

Vergessen Sie jedenfalls nicht, dass Kindererziehung für alle Menschen eine schwierige Aufgabe ist und dass Sie im Kampf gegen das Ausrasten definitiv nicht allein sind. Versuchen Sie sich selbst mit der freundlichen Geduld zu behandeln, die Sie auch Ihren Kindern entgegenbringen möchten. Das ist schon mal ein guter Anfang!

Zugabe: Den Überblick behalten

Juhu! Sie haben's geschafft! Sie haben das Buch bis zum Ende gelesen! Oder Sie haben bis zum Ende vorgeblättert, in der Hoffnung, dass Sie jetzt die Kurzversion präsentiert bekommen! In beiden Fällen: Gut gemacht!

Die Schlüsselpunkte und ihre Umsetzung

Wir haben uns mit vielen verschiedenen Themen beschäftigt, und ich habe Ihnen hier einen kleinen Überblick zusammengestellt, auf den Sie zurückgreifen können, ohne dass Sie noch einmal das gesamte Buch durchgehen müssen.

Die wichtigsten Punkte

1 Wenn es um die Kindererziehung geht, schließen sich Mist bauen und wunderbar sein keineswegs aus.

2 Kindererziehung ist eine unglaublich fordernde Aufgabe. Das gilt für alle Menschen. Wenn Sie nicht die geeigneten Informationen, Ressourcen, Unterstützungs- und Erholungsmöglichkeiten zur Verfügung haben, rasten Sie früher oder später aus. Das liegt nicht daran, dass Sie unfähig sind. Es liegt daran, dass Sie ein Mensch sind.

3 In dem, was Sie gerade tun, bekommen Sie Übung, ganz gleich, ob es etwas ist, in dem Sie besser werden wollen, oder nicht.

4 Das Ziel ist nicht, perfekt zu werden, sondern Fortschritte zu machen. Perfektion kann ganz schön ätzend sein.

5 Wir alle haben unsere Trigger. Alles, was die Wahrscheinlichkeit eines Ausrasters gegenüber Ihren Kindern erhöht, ist ein Trigger. Wenn Sie auf Trigger reagieren, werden Ihre Knöpfe größer, auffälliger und empfindlicher.

6 Strenggenommen können auch Ihre Kinder Trigger für Sie sein, doch in diesem Buch geht es, um die Dinge nicht unnötig kompliziert zu machen, nur darum, dass die Kinder liebend gern auf Ihren Knöpfen herumdrücken.

7 Sich darüber klar zu werden, was Ihre Trigger sind, ist der erste Schritt, um die Wirkung der Trigger so klein wie möglich zu halten. Das bewusste Wahrnehmen hilft Ihnen zu akzeptieren, dass Ihre Trigger real sind und dass sie Ihre Knöpfe tatsächlich heißlaufen lassen können. Bewusstes Wahrnehmen und Akzeptieren der Trigger ermöglicht wirksames Handeln.

8 Die vier nicht verhandelbaren Abkühlmethoden sind: Singletasking statt Multitasking, ausreichend Schlaf, sich Unterstützung holen, Mitgefühl mit sich selbst haben.

9 Auch die folgenden Abkühlmethoden helfen Ihnen, im Angesicht des Chaos gelassen zu bleiben: Das Leben einfacher machen, Dehnübungen, die Stille suchen, langsamer machen, Danke sagen, atmen.

10 Sie müssen sich nicht nur um Ihre Knöpfe kümmern, sondern auch ab und zu körperlichen und psychischen Abstand zu den Kindern suchen, um Freiräume für sich zu gewinnen. Das bedeutet nicht, dass Sie eine schlechte Mutter oder ein schlechter Vater sind – ganz im Gegenteil. Wenn Sie eine kleine Pause machen konnten, sind Sie hinterher präsenter und geduldiger und rasten nicht bald wieder aus.

11 Wenn Sie das nächste Mal kurz vorm Ausrasten stehen oder sogar schon am Explodieren sind, ist nur das Folgende notwendig: bewusst wahrnehmen, innehalten und etwas ganz anderes tun. Greifen Sie nach Ihrer Sauerstoffmaske und atmen Sie ruhig und tief.

12 Sie haben immer die Chance, wieder in die Spur kommen, selbst wenn Sie gerade ausgerastet sind. Selbstmitgefühl und Neugier sind wirkungsvolle Strategien, um sich nach einer Explosion zu beruhigen und die Beziehung zu den Kindern wieder einzurenken und zu stärken.

13 Elternsein ist eine viel zu ernste Sache, als dass Sie sich das Lachen verkneifen sollten. Nehmen Sie's, wann immer möglich, mit Humor.

Die Punkte umsetzen

Das wäre kein schlechter Zeitpunkt, sich Papier und einen Stift bereitzulegen, damit Sie beim Lesen der folgenden Abschnitte alle Ideen und Überlegungen festhalten können, die Ihnen zusagen oder in den Sinn kommen. Das wird Ihnen helfen, ein wenig Überblick zu gewinnen. Wenn es dann mal wieder drunter und drüber geht, wird es Ihnen wohl leichter fallen, sich an Ihre Trigger und an Ihre Abkühlmethoden zu erinnern und auch an die ganz anderen Dinge, die Sie tun können.

Die hier aufgelisteten Empfehlungen folgen in etwa der Gliederung des Buchs, aber Sie müssen Sie nicht in dieser Reihenfolge umsetzen. Tun Sie das, was Sie können, wann Sie es können.

ACHTEN SIE AUF ALLE HINDERLICHEN VORSTELLUNGEN von »unfähigen Eltern« und »störrischen Kindern«, die Sie im Kopf haben, und versuchen Sie, sich von Ihnen zu lösen. Vielleicht müssen Sie in einer Stunde sechzig Mal auf Abstand zu diesen Vorstellungen gehen, aber das ist besser, als von ihnen heruntergezogen zu werden.

STELLEN SIE EINE LISTE IHRER TRIGGER AUF. Gehen Sie Kapitel 3 »Zu den eigenen Triggern stehen« (Seite 72) noch einmal durch (und falls nötig auch die lange Liste von Triggern, Seite 226) und überlegen Sie, was in Ihnen in schwierigen oder auch sehr schwierigen Momenten mit den Kindern vor sich geht. Machen Sie sich bewusst, was da jedes Mal passiert, wenn Sie ausrasten. Behalten Sie dabei im Blick, dass Ihre Knöpfe auch durch Trigger, die in anderen Lebensbereichen als der Kindererziehung auf Sie einwirken, aufleuchten können und damit für die Kinder einladender werden.

LERNEN SIE, DIE INDIZIEN WAHRZUNEHMEN, dass Sie gerade auf einen Trigger ansprechen. Woran erkennen Sie, dass Ihre Knöpfe verlockend blinken und nur darauf warten, gedrückt zu werden? Werden Ihre Wangen heiß? Geht der Atem schwerer? Spannen sich die Schultern an und gehen nach oben Richtung Ohren? Werden Sie missmutig und reizbar? Stellen sich Fluchtfantasien ein? Sich über Ihre typischen Indizien für Trigger klarzuwerden ist ein erster wichtiger Schritt, um ruhiger zu werden.

WECHSELN SIE MÖGLICHST OFT INS SINGLETASKING. Sich jeweils nur einer Sache zu widmen verringert die Stressbelastung und senkt die Wahrscheinlichkeit, dass Sie Ihre Schlüssel und die Nerven verlieren. Wählen Sie ein oder zwei Dinge aus, die Sie jeden Tag und in der Regel auch gern tun (zum Beispiel duschen, Kaffee trinken, den Kindern vorlesen, Sport treiben), und versuchen Sie, bei diesen Aktivitäten so präsent wie möglich zu bleiben. Setzen Sie sich – wann immer das möglich ist und vor allem, wenn Sie mit den Kindern zusammen sind – zum Ziel, dass Geist und Körper mit derselben Sache beschäftigt sind.

MACHEN SIE SICH EINEN PLAN, welche Maßnahmen und Strategien Sie einsetzen werden, um gegen das Ausrasten anzugehen. Mehr schlafen? Für einen Abend pro Woche einen Babysitter engagieren? Sich in dankbaren Gedanken üben? Welche Übungen und Strategien sind für Sie im Umgang mit Ihren Triggern am hilfreichsten? Welche erscheinen Ihnen momentan am praktikabelsten? Denken Sie daran, dass Veränderung Zeit braucht und selten leicht von der Hand geht. Seien Sie sehr nachsichtig mit sich selbst, wenn Sie mal aus der Kurve fliegen. Dann fällt es Ihnen viel leichter, wieder in die Spur zu finden.

PLANEN SIE ZEITEN EIN, in denen Sie nicht mit den Kindern zusammen sind. Sprechen Sie mit den Menschen, die zu Ihrem Unterstützungssystem zählen, und mit Ihrem Partner, falls es in Ihrem Leben einen gibt, und suchen Sie nach Lösungen, die für Sie funktionieren. Machen Sie sich klar: Das tut Ihnen gut, es gut Ihren Kindern gut, und es tut auch Ihrer Paarbeziehung sehr gut.

SPRECHEN SIE MIR NACH: Bewusst wahrnehmen, innehalten und etwas ganz anderes tun ... Bewusst wahrnehmen, innehalten und etwas ganz anderes tun ... Aufmerksam zu registrieren, dass Sie kurz vorm Ausrasten stehen, dass Sie schon am Explodieren sind oder dass es schon passiert ist und Sie sich beruhigen sollten, damit Sie wieder Verbindung zu den Kindern aufnehmen können: Das ist Ihr Zauberstab. Damit lassen Sie magische Momente entstehen, in denen Sie innehalten und durchatmen und sich so weit beruhigen, dass Sie etwas ganz anderes tun können.

ERSTELLEN SIE EINE LISTE ANDERER DINGE, die Sie tun können. Sehen Sie sich Kapitel 8 »Nicht ausrasten: Wie geht das jetzt?« (Seite 181) noch einmal an und notieren Sie sich die Dinge, von denen Sie denken, dass sie für Sie funktionieren. Kleben Sie diese Liste an den Kühlschrank, an den Spiegel und an die Stirn Ihrer Kinder. Lesen Sie sie immer wieder durch.

SIE WERDEN WIEDER AUSRASTEN, machen Sie sich das klar – und dass es Strategien für danach gibt, mit denen Sie die Wahrscheinlichkeit mindern können, dass es bald wieder passiert. Entscheidend ist, dass Sie Mitgefühl mit sich selbst haben. Schreiben Sie sich Sätze auf, die Sie zu einer guten Freundin sagen könnten, die es gerade schwer hat, und sagen Sie diese Sätze dann zu sich selbst. Rufen Sie sich in Erinnerung, dass Kindererziehung für alle Menschen eine schwere Aufgabe ist und dass wir alle manchmal die Geduld verlieren.

WAS GESCHIEHT MIT IHNEN UND IHREM KIND? Das können sich neugierig fragen. Was geht da in Ihnen vor sich? Was denken Sie? Was fühlen Sie? Was wünschen Sie sich in der Situation? Was braucht das Kind von Ihnen? Wann haben Sie eigentlich das letzte Mal etwas gegessen, nachts durchgeschlafen, Spaß gehabt? Was können Sie jetzt tun, um gut für sich und für das Kind zu sorgen (in dieser Reihenfolge)?

NEHMEN SIE WIEDER VERBINDUNG ZUM KIND AUF. Beruhigen Sie sich, bis Sie so weit sind, dass Sie um Verzeihung bitten können, und tun Sie es. Denken Sie daran: Auf eine Krise folgt immer wieder die Phase der Aufarbeitung oder Wiedergutmachung. Sich zunächst um die Beziehung zu kümmern ist die Voraussetzung dafür, dass Sie eine neue Richtung einschlagen können.

UND WENN ALLE STRICKE REISSEN, sagen Sie sich einfach: Um gute Eltern zu sein, müssen wir keine perfekten Eltern sein, und auch die besten von uns rasten manchmal aus. Halten Sie an dieser Gewissheit fest, und atmen Sie ruhig ein und aus.

Eine absurd lange Liste möglicher Trigger

Für den Fall, dass Sie sich schwer damit tun, die für Sie typischen Trigger zu ermitteln, habe ich Ihnen eine üppig lange Liste zusammengestellt. Sie werden sie hoffentlich als hilfreich und nicht als belastend empfinden. Falls Sie irgendwann feststellen sollten, dass die Liste Sie aus dem Gleichgewicht bringt, *lesen Sie bitte nicht weiter.* Legen Sie das Buch beiseite, kraulen Sie Ihre Katze oder gehen Sie an die frische Luft. Lesen Sie erst weiter, wenn Sie in besserer Verfassung sind, um zu überlegen, was Ihre Knöpfe zum Leuchten bringt. Das ist der erste Schritt, um Klarheit darüber zu gewinnen, wie Sie zu mehr Gelassenheit finden können, sowohl in schwierigen Momenten als auch in Ihrem gesamten Alltag.

Persönliche Grundbedürfnisse:

- Hunger und/oder die Reizbarkeit, die der Hunger auslösen kann,
- zu wenig regelmäßige Bewegung,

- nicht genügend Auszeiten, Muße, Zeit für sich,
- Schlafmangel, Dauermüdigkeit, Erschöpfung,
- zu viel Fertigpizza und Süßkram, nicht genügend Brokkoli und Rosenkohl.

Sinnesreize und Situationen, auf die Sie sensibel reagieren:

- Unordnung in der Wohnung oder in Ihrem Arbeitsbereich,
- Chaos, vor allem in Phasen des Übergangs,
- laute oder unvermittelt einsetzende Geräusche (die nicht unbedingt von den Kindern kommen müssen),
- grelle oder blinkende Lichter,
- starke oder unangenehme Gerüche (auch sie müssen nicht zwangsläufig von den Kindern stammen),
- starke oder unangenehme Geschmacksempfindungen,
- zu viele oder zu häufige Berührungen (die von den Kindern oder von anderen ausgehen können),
- kratzige, einengende oder sonstwie unbequeme Kleidung,
- schnelle oder unkontrollierte Bewegungen,
- unter vielen Menschen sein,
- sich in engen Räumen aufhalten müssen,
- Hitze oder Kälte,
- unangenehme oder heftige Emotionen wie Wut, Traurigkeit, Anspannung, Frustration, Langeweile, Bedauern, Angst, Kummer, Verwirrung, Gewissensbisse, Scham, Groll, Freude, Aufregung, gespannte Erwartung, Zuneigung.

Stress und Überforderung:

- Aufmerksamkeitsprobleme, die beispielsweise mit Ablenkbarkeit oder Desorganisiertheit zu tun haben,

- ständig gestresst oder in Sorge sein, Burnout,
- ständig hektisch und in Eile sein,
- nicht enden wollende Listen von Erledigungen, Aufgaben und Pflichten,
- Dinge vergessen, verlieren, fallenlassen, kaputtmachen,
- wenig Unterstützung im Privatleben, in der Elternrolle, im Beruf,
- Multitasking, vor allem wenn eine der Aufgaben die Kinder betrifft,
- sich zu viel aufhalsen, ständig am Rödeln sein,
- wie gebannt aufs Smartphone starren und über den Monitor wischen.

Stress durch soziale Medien:

- Mit schlimmen Nachrichten konfrontiert werden,
- an leidvolle Erfahrungen erinnert werden,
- herausfinden, dass Sie bei einem Fest, einer Veranstaltung oder einem anderen Gruppenereignis nicht einbezogen wurden oder den Termin verpasst haben,
- angesichts der Posts oder der Ratschläge anderer an Ihren Entscheidungen als Mutter oder Vater oder an Ihrem Erziehungsstil zweifeln,
- zu ungelegener Zeit an Ihre wunden Punkte erinnert werden (zum Beispiel denken Sie, wenn Sie ein Foto vom Luxusurlaub einer Familie sehen, an Ihre derzeitigen Geldsorgen),
- ständig mit erschreckenden, verwirrenden oder empörenden Lokalnachrichten und politischen Meldungen konfrontiert sein,
- sich im Internet in Auseinandersetzungen verwickeln lassen, in denen aneinander vorbeigeredet wird und in denen es unfreundlich und ruppig zugeht,
- übers Internet gemobbt oder belästigt werden,

Familiäre Konflikte, Beziehungsprobleme:

- Belastungen durch spannungsreiche, von Gewalt bestimmte oder ungeklärte Beziehungen in Ihrem unmittelbaren familiären Umfeld oder mit anderen Angehörigen,
- Ehe- oder Beziehungsstress, der von häufigem Streit bis hin zu körperlichen Auseinandersetzungen und häuslicher Gewalt reichen kann,
- schwierige Angehörige, die zu Besuch sind oder mit denen Sie anderswo Zeit verbringen müssen,
- Scheidung, mit Stiefkindern oder in einer Patchworkfamilie leben,
- sich als Mitglied der »Sandwich-Generation« sowohl um Ihre Eltern oder andere ältere Angehörige als auch um Ihre Kinder kümmern müssen.

Erziehungsprobleme

Wie in Kapitel 3 »Zu den eigenen Triggern stehen« (Seite 72) erwähnt, können auch Ihre Kinder Trigger für Sie sein, doch in diesem Buch soll es nicht darum gehen, dass Kinder potenzielle Trigger sind, sondern darum, dass sie Ihre Knöpfe drücken. Manche Aspekte der Elternrolle können für Sie ganz besonders fordernd sein. Das ist normal. Sie haben nun einmal Ihre empfindlichen Punkte, und mit diesen müssen Sie klarkommen:

- Kinder mit massiven und/oder dauerhaften körperlichen oder emotionalen Problemen, mit Verhaltens-, Entwicklungs- oder Aufmerksamkeitsstörungen,
- das Alter oder die aktuelle Entwicklungsphase Ihres Kindes, vor allem wenn Sie in diesem Alter oder dieser Phase selbst besonders zu leiden hatten,

- ständige Streitereien der Kinder, Geschwisterrivalität,
- neue Erfahrungen, auf die Sie nicht gefasst waren und bei denen Sie nicht wissen, wie Sie damit umgehen sollen,
- Sorge, ob sich Entwicklung und Verhalten Ihres Kindes im Normalbereich bewegen,
- enttäuschte Erwartungen an Verhalten und Entwicklung Ihres Kindes,
- von anderen Eltern oder Angehörigen unter Druck gesetzt oder kritisiert werden, ob nun ganz konkret oder eher in Ihrer Vorstellung,
- unsicher sein, ob die eigenen Erziehungsmethoden richtig sind; mangelndes Zutrauen in die eigenen Fähigkeiten als Eltern,
- Aktivitäten oder Ereignisse, an denen teilzunehmen Sie sich gedrängt fühlen, obwohl Ihnen das nicht recht ist,
- Feiertage oder Urlaube (ich stelle mir gerne vor, dass es ein »schöner Ausflug mit den Kindern« ist),
- immer wieder Berufsleben und Elternrolle gegeneinander austarieren müssen,
- die Belastung, unter der Sie stehen, wenn Sie die ganze Zeit zu Hause sind,
- Hitzefrei, Schneefrei, Krankheiten der Kinder und andere Situationen, in denen Sie unerwarteterweise den ganzen Tag bei den Kindern bleiben oder verzweifelt nach Betreuungsmöglichkeiten suchen,
- alleinerziehend sein, ob aus freier Entscheidung, weil der Partner zum Beispiel Soldat und selten da ist, weil Sie geschieden sind, weil Sie verwitwet sind oder aus einem anderen Grund,
- gegenüber den Kindern häufig ausrasten (ja, genau – das kann sowohl die Folge von Triggern als auch selbst ein neuer Trigger sein).

Wichtige Ereignisse

Wichtige Ereignisse in unserem Leben können schmerzlich, sehr erfreulich oder auch überfordernd sein. Hilfreich ist es oft, sich klarzumachen, dass selbst die freudigsten Ereignisse zu Triggern für Sie werden können, etwa weil sie belastende Erinnerungen oder auch Befürchtungen wachrufen, was da in nächster Zeit auf Sie zukommen wird:

- Schwangerschaft,
- Geburt oder Adoption eines Kindes,
- Entwicklungsphasen des Kindes (wie etwa Laufenlernen, Pubertät),
- Schuleintritt, Wechsel in die nächste Klassenstufe,
- Taufe,
- Bar Mitzwa, Erstkommunion, Konfirmation, Beschneidungsfest,
- Ihr Kind macht den Führerschein (so schnell werden sie flügge!),
- Schulabschlussfeier,
- Beginn von Ausbildung oder Studium,
- Antritt der ersten Arbeitsstelle, Stellenwechsel,
- Auszug,
- Heirat von Angehörigen,
- in Rente oder Pension gehen,
- Tod von Angehörigen.

Zeitliche Abläufe und Rhythmen:

- Tageszeiten (Themen wie »Frühaufsteher oder Nachteule«, »abendliche Melancholie«),
- Jahrestage (Hochzeitstag, Todestage, andere mit Erinnerungen befrachtete Tage),
- Geburtstage,

- Feiertage (zum Beispiel Silvester, Weihnachten, Ostern, Muttertag),
- Übergänge zwischen Jahreszeiten und damit zusammenhängende Schwierigkeiten wie etwa Winterdepression,
- wetterabhängige Stressfaktoren.

Mangelsituationen:

- Kontoüberziehung,
- Schulden,
- Einkommen reicht nicht für Lebensunterhalt,
- in der eigenen Mobilität eingeengt sein, etwa weil der öffentliche Nahverkehr unzureichend ausgebaut oder unzuverlässig ist,
- unsichere Wohngegend, unzulängliche Wohnverhältnisse,
- ausreichende medizinische Versorgung Ihrer Familie ist nicht verfügbar oder für Sie nicht bezahlbar,
- Kinderbetreuungsangebote sind mangelhaft oder für Sie unerschwinglich,
- über Ihre Verhältnisse leben.

Berufsbezogener Stress:

- Arbeitslosigkeit, Unterbeschäftigung,
- langweilige oder uninteressante Arbeit,
- Schichtpläne, die für Sie ungünstig oder zu unregelmäßig sind,
- Mangel an fachlicher Unterstützung,
- drängende Fertigstellungstermine,
- Überforderung durch zu viele Verpflichtungen,
- aggressive Vorgesetzte oder Kollegen,
- krankmachende Arbeitsbedingungen.

Psychische Störungen/Sucht:

- übermäßiger Konsum oder Missbrauch von Alkohol und Drogen, Suchterkrankungen,
- Angst- oder Panikstörung, Zwangsstörung,
- Depression, bipolare Störung, andere gravierende psychische Erkrankungen,
- Aufmerksamkeitsdefizit-/Hyperaktivitätsstörung (ADHS) und damit verwandte Beeinträchtigungen von Exekutivfunktionen des Gehirns,
- eine von Gewalt, Vernachlässigung oder zu geringem Engagement der Eltern geprägte eigene Kindheit,
- traumatisierende Erfahrungen, posttraumatische Belastungsstörung,
- übermäßige oder suchtartige Beschäftigung mit Computerspielen, Glücksspielen, Pornografie,
- selbstschädigendes Verhalten, Suizidgedanken oder -impulse.

Körperliche Probleme:

- chronische Schmerzen, chronische Erkrankungen,
- eine ernste und lebensverändernde Diagnose bekommen,
- Entwicklungsstörungen, körperliche Behinderungen,
- häufig Ärzte, Akutsprechstunden, Notfallambulanzen in Anspruch nehmen müssen; häufige stationäre Behandlung
- Fehlgeburten, Unfruchtbarkeit,
- hormonelle Veränderungen durch Menstruationszyklus, Schwangerschaft, Perimenopause, Menopause,
- Allergien, die ständige Beobachtung und Aufmerksamkeit erfordern,
- leichtere Erkrankungen, Infekte und Verletzungen des Kindes, aufgrund deren es zu Hause bleiben muss und/oder Sie selbst nicht zur Arbeit können,

- Verletzungen aller Art,
- Erkältungen, grippale Infekte; verschiedenste Viruserkrankungen, von denen Sie noch nie gehört haben, bis Ihr Kind in die Kita oder den Kindergarten kommt.

Diskriminierung, gesellschaftliche und soziale Stressfaktoren:

- Konfrontation mit strukturellem und personellem Rassismus, mit Homophobie, Frauenhass, Behindertenfeindlichkeit und anderen Formen der Diskriminierung, ob in Ihrer Familie, im Beruf oder in Ihrem sozialen Umfeld,
- in einer gefährlichen Wohngegend leben,
- Ängste und Belastungen, die auf Konflikte mit dem politischen System oder dem Rechtssystem zurückgehen.

Krisen und Traumata:

- Unfälle und Verletzungen,
- Inhaftierung,
- Tod oder Verlust von nahestehenden Personen und auch von Haustieren,
- Amokläufe *(warum geschieht so etwas noch immer?)*,
- Naturkatastrophen (Erdbeben, Waldbrände, Hochwasser, Stürme),
- Verlust einer Möglichkeit der Kinderbetreuung,
- Arbeitsplatzverlust,
- erzwungener Umzug, Obdachlosigkeit,
- beunruhigende Diagnosen.

Danksagung

Dieses Buch wäre ohne die Hilfe und Anleitung von Gillian MacKenzie, Literaturagentin der Extraklasse, und von Margot Herrera und ihrem fantastischen Team beim Verlag Workman nicht zustande gekommen. Außerdem bin ich den Lehrinnen und Lehrern an der Schule meiner Töchter auf ewig dankbar, denn der Ganztagsunterricht hielt mir den Rücken frei fürs Schreiben.

Durch das aufrichtige, kluge und oft umwerfend komische Feedback der folgenden Vorableserinnen und -leser hat das Buch sehr gewonnen: Rachel Barbanel-Fried, Mayim Bialik, Dave Cutler, Kathleen Flinton, Alex McAdam und Kate Rope.

Die fabelhafte Buch-Coachin Lisa Tener unterstützte mich beim Erstellen des Buch-Exposés, und meine Therapeutin Heather hat mir jeden Dienstagnachmittag auf die eine oder andere Weise immer wieder aus der Klemme geholfen. Ohne meine Peergroup in den sozialen Medien, die auf jede erdenkliche Frage zu Fernsehserien der Neunziger und zu anregenden Getränken Antworten parat hatte, hätte ich die langen Tage am Schreibtisch niemals überstanden. Und ich möchte auch meinen Katzen danken, denen das Buch schnurzpiepegal war und die mir trotzdem treu Gesellschaft leisteten.

Ich bin ein Glückspilz, denn ich habe ich ein großartiges Unterstützungssystem, zu dem meine Schwester Daniela Silverstein, die mit mir durch dick und dünn gegangen ist, und meine vielen lieben

Freundinnen gehören, unter ihnen Kathleen Flinton, die mich, als ich es geschehen ließ, dass mein Baby mehrmals hintereinander von ihrer Couch plumpste, trotzdem nicht verurteilte. Und last not least danke ich meinem Mann und meinen Töchtern für, nun ja – für alles. Ihr seid mein Ein und Alles.

Bibliografische Information der Deutschen Nationalbibliothek
Die Deutsche Nationalbibliothek verzeichnet diese Publikation in der Deutschen Nationalbibliografie; detaillierte bibliografische Daten sind im Internet über http://dnb.d-nb.de abrufbar.

Programmplanung: Katja Liese
Projektmanagement: Anja Bippus
Redaktion: Bettina Snowdon
Übersetzung: Christoph Trunk

Umschlaggestaltung und Layout:
CYCLUS · Visuelle Kommunikation, Stuttgart

Zeichnungen, Umschlag und Innenteil:
Grafikbüro Schaaf, Bellheim

Die US-amerikanische Originalausgabe erschien 2019 unter dem Titel »How to Stop Losing Your Sh*t with Your Kids«. Copyright © 2019 by Carla Naumburg. Published by Arrangement with Carla Naumburg.
Dieses Werk wurde vermittelt durch die Literarische Agentur Thomas Schlück GmbH, 30161 Hannover, in Verbindung mit MacKenzie Wolf, New York

1. Auflage 2021

TRIAS Verlag in Georg Thieme Verlag KG,
Rüdigerstraße 14, 70469 Stuttgart, Germany
www.trias-verlag.de

Printed in Germany

Satz und Repro: Fotosatz Buck, Kumhausen
Gesetzt in Adobe Indesign CS6
Druck: AZ Druck und Datentechnik GmbH, Kempten

Gedruckt auf chlorfrei gebleichtem Papier

ISBN 978-3-432-11225-1 1 2 3 4 5 6

Auch erhältlich als E-Book:
eISBN (ePub) 978-3-432-11226-8